中俄典型地区职业教育调查与比较分析

ZHONG E
DIANXING DIQU ZHIYE JIAOYU
DIAOCHA YU BIJIAO FENXI

主编：徐长发　　副主编：赖立

教育科学出版社
·北京·

俄罗斯参与课题研究人员

课题主创：Н. Е. 鲍列夫斯卡娅（Н. Е. Боревская）

课题领导：Е. А. 戈洛夫卡（Е. А. Головко）

成　　员：С. А. 伊万诺夫（С. А. Иванов）

　　　　　В. И. 布利诺夫（В. И. Блинов）

弗拉基米尔州课题组

课题领导：М. В. 科列什科夫（М. В. Корешков）

成　　员：С. А. 博尔图诺夫（С. А. Болтунова）

　　　　　В. В. 安德烈耶娃（В. В. Андреева）

　　　　　А. В. 加夫里林（А. В. Гаврилин）

沃罗涅日州课题组

课题领导：Н. А. 科罗列娃（Н. А. Королева）

成　　员：С. М. 什利亚霍娃（С. М. Шляхова）

　　　　　Ю. Г. 泽列宁（Ю. Г. Зеленин）

坦波夫州课题组

课题领导：И. Э. 法伊祖琳娜（И. Э. Файзулина）

成　　员：Т. Н. 尤扎科娃（Т. Н. Южакова）

　　　　　Т. Н. 丹尼洛娃（Т. Н. Данилова）

序　言

2007年4月，时任中央教育科学研究所所长朱小蔓教授率领中国职业教育代表团访问俄罗斯。正是在这次访问的过程中，中国职业教育代表团与俄罗斯欧亚基金会进行了接洽，双方感到有进一步交流与合作的需要，于是达成了意向性的合作约定。首先，启动中俄两国典型地区职业教育改革和发展方面的比较研究。随即，中央教育科学研究所组织专家队伍落实具体工作，组织了科研课题立项，并拨专项资金予以支持。同时，由徐长发研究员牵头组织了专题研究队伍，设立总课题组；经与俄罗斯欧亚基金会协商，在中国选择了沈阳市、苏州市、日照市分设三个子课题组，组织研究力量，制订了研究计划，分别开展调查研究工作。

课题组认为，这项研究是非常有价值、有意义的。它对于进一步加强中国和俄罗斯教育领域的合作具有引领和示范作用，也具有探索性。比如如何开展比较研究，如何开展实证研究，如何促进政府、企业、学校、社会组织之间对教育的关心、关注、支持与合作问题，等等。2007年11月，俄罗斯代表团访问了中国山东省日照市和江苏省苏州市的职业技术学院，进行了考察交流。中央教育科学研究所也选派姜晓燕女士到俄罗斯学习进修、考察研究一年。通过考察交流，中俄两国研究人员之间加深了了解，增进了友谊，扩大了合作，促进了发展经验的相互借鉴。

通过对俄罗斯弗拉基米尔州、沃罗涅日州、坦波夫州三个典型地区职业教育发展状况的了解，我们对俄罗斯教育体系有了整体的把握，对俄罗斯教育政策的学习、理解和品读，能够从历史、现实和未来的教育视野与发展走向上，联系中国的实际捕捉对我们有益的经验和实践模式。俄罗斯职业教育发展的经验对我们的启示，主要有这样几个方面：一是在教育体制、机制方面中俄两国各有自己的特长。二是从教育观念上进一步促进思想解放。俄罗斯的"大职业教育"观念，把义务教育后的职业教育分为初等职业教育、中等职业教育、高等职业教育和大学后职业教育与补充职业教育四个层次。这种教育结构的设计深化了职业教育的最终目的和功能。俄罗斯重视大职业教育体系的构建，重视职业观的培养，重视解决职业教育基础性的问题，这对于中国有重要的深入思考和研究价值，为搞好区域职业教育发展规划和战略研究提供了新的思路和模式。三是在课程设置方面，俄罗斯注重国家标准的制定和有效实施。适应经济社会发展需要，建构了新的国家标准框架。四是在经费的筹措方面以国家为主体，同时又趋于多元化。五是强调提高职业教育质量，注重建立独立的职业教育质量评价体系，不断改进教学的内容和方式。六是在增强职业教育吸引力方面也有一些好的经验和做法，比如产学结合，前厂后校，注重"教学工厂"的建设，坚持职业教育与生产一体化方向，发挥职业教育资源的统筹作用，坚持保障服务的普及性和有效性。七是建立连续职业教育体系，为学生提供了多样选择的可能，在时间和空间上，增加了选择的自由度，有利于学生的个性发展和潜能开发。这些对于我们更全面深入地研究中国特色职业教育体系和区域职业教育发展模式，都有比较重要的启示和借鉴意义。

中俄两国教育系统开展区域间职业教育的调查和比较研究，是一项具有开创性的工作。虽然工作难度是客观存在的，但这种尝试是有积极意义的。应该说，第一阶段的合作，特别是调查和比较研究是成功的。当然也存在一些不足和遗憾，比如在双方协调方面还缺乏有效的机制，效率上有待继续改进。但是，中俄两国人民之间有着传统的友谊，两国教育系统也有交流与合作成功的经验，我们也有友好合作的愿望和真诚的期待，相信在双方的共同努力下，后续的研究工作将会有序实施，并得到进一步完善，今后合作的前景会更广阔，更有成效。

中央教育科学研究所
徐长发
2010 年 10 月 25 日

目　　录

第二部分：　分报告

第三部分：　附　录

第一部分：总报告

一、课题研究的背景及过程

（一）研究目的与意义

本课题研究是在中央教育科学研究所和俄罗斯新欧亚基金会共同设立的合作研究项目基础上开展的，旨在加强对中国和俄罗斯职业教育新变化、新特点、新情况的交流与沟通。从两国职业教育改革的实际出发，总结经验，探索发展规律，力图从俄罗斯职业教育发展的历史、现实和未来的视野，反思中国职业教育发展的战略及相关政策，分析当前中国职业教育发展面临的挑战和主要问题，以切实有效的措施服务于中国职业教育改革和发展，推动有中国特色的职业教育健康、协调发展。

新中国成立以来，特别是 20 世纪 50 年代，中国职业教育的体系架构基本上沿袭了苏联时期职业教育的发展模式，坚持国家办学为主，建立单一的学校职业教育体系，层次上仅有中等职业教育层次，学校类型主要是中等专业学校和技工学校。这种模式大体适应了计划经济时期对技术和技术人才的需要。随着经济社会的发展，科学技术的进步，以及改革开放的不断深化，中国职业教育的改革与发展取得了历史性的进步，从传统职业教育逐步向现代职业教育转变。因此，从中国的国情出发，吸收和借鉴国际现代职业教育成功的经验，从不同国家的职业教育发展特色和优势中，思考和选择构建具有中国特色职业教育体系和多样化的职业教育发展模式，是一项具有战略性和现实性的研究课题。

通过文献检索，我们发现，改革开放以来，中国教育界比较关注德国、加拿大、美国、澳大利亚、英国等国的职业教育发展模式，形成了较丰硕的研究成果。相比较而言，对俄罗斯的职业教育研究较少，且研究成果限于一般性的介绍和评述，真正进行两国区域性职业教育发展比较的研究并不多见。本课题将在关注全球趋势的同时，针对中俄两国区域性职业教育开展调查和比较研究，这种尝试是有积极意义的，也是必要和可行的。

中俄两国职业教育发展具有可比性和互补性。全球化、技术进步、产品周期缩短和新的工作组织方式给职业教育带来广泛的不确定性，改变了职业教育发展的宏观环境。无论是发达国家还是发展中国家，其职业教育都面临巨大的变革和挑战。中俄两国职业教育发展都处于调整改革的进程中，从国家层面看，两国职业教育改革有着相同的特点：从 20 世纪 90 年代开始，中俄两国相继开始从计划经济向市场经济转轨，职业教育发展先后出现了一些波折，在改革中推进，经历重大改革探索，在制度、体制和发展战略等方面作出了重要的政策调整。

中俄两国重视发展职业教育，以有力的政策支持和制度创新，引导和推进职业教育的改革和发展。俄罗斯通过立法和制定战略规划，确立了职业教育的国家地位。俄罗斯政府于 1992 年至 1997 年先后颁布实施了《俄罗斯联邦教育法》《联邦高等及大学后职业教育法》《联邦初等职业教育法》，从法律上保障了职业教育的发展。《俄罗斯联邦教育法》规定，政府保证初等、中等职业教育为免费的职业教育，规范了学校职业教育体系的基本框架，推行"大职业教育"概念，将职业教育调整为初等职业教育、中等职业教育、高等职业教育、大学后职业教育和补充教育四个层次，建立了连续性、开放性的职业教育体系。2000 年颁布的《俄罗斯联邦教育发展纲要》以及《2010年教育优先发展构想》规划了教育和职业教育的发展远景，提出了"超前发展初、中等职业教育"的任务。俄罗斯职业教育改革呈现三方面趋势：一是国家对初等、中等职业教育系统实行非集权化管理，突破中央政府对职业教育管理权力过于集中的弊端，将职业教育管理权限根据需要逐步下放给各联邦主体和地方政府。地方政府一级的教育主管部门负责地区职业教育的发展规划、经费预算和教育计划的制订，并担负对职业学校的办学和管理职能。从 2005 年开始，94% 的初等教育机构和 55% 的中等教育机构已交由联邦主体管辖。二是国家加强对职业教育质量的监督和控制，确立职业教育的标准体系。俄罗斯国家职业教育标准由联邦政府、民族政府或地方政府制定。这些标准涉及的内容包括各阶段职业教育的基本教学大纲、办学审批评估和专业目录划分等。通过标准，加强对学校的教学管理，不断提高职业教育质量。三是国家逐步加大投入力度，同时推进经费投入渠道的多元化。随着职业教育管理体制的改革，目前职业教育经费拨款呈现多元化。

中国重视职业教育法规建设和制度建设。1996 年 5 月颁布《中华人民共和国职业教育法》，近年又先后出台了《国务院关于大力推进职业教育改革与发展的决定》和《国务院关于大力发展职业教育的决定》等，明确了中国职业教育改革和发展的指导思想、目标任务和政策措施。中国先后召开了 6 次全国职业教育工作会议。在国家优先发展教育的全局中，强调大力发展职业教育，把加快发展职业教育作为国家经济和社会发展的重要基础和教育工作的战略重点，坚持发挥政府的主导作用，中央和地方加大对职业教育的投入，充分调动行业、企业及社会各方面举办职业教育的积极性，努力改善办学条件，加强职业学校基础能力建设。适应经济发展方式转型的需要，中国进行了职业教育管理体制和办学体制的改革，建立和完善"在国务院领导下，分级管理、地方为主、政府统筹、社会参与的职业教育管理体制"和"政府主导、依靠企业、充分发挥行业作用、社会力量积极参与的多元办学格局"。中国职业教育政策走向体现为三个重点：一是把大力发展中等职业教育作为加快发展高中阶段教育的重要举措。巩固和扩大中等职业教育的招生规模，实现教育结构调整的战略突破。2005 年、2006 年，中等职业学校连续两年分别扩招 100 万，2007 年再扩大招生 50 万，2008 年中等职业学校招生规模突破 810 万人，在校生规模突破 2 000 万人。截至 2009 年底，全国中等职业教育招生 873.6 万人，在校生达到 2 178.7 万人，初步实现了"高中教育阶段职普比例大体相当"的目标。二是加大公共财政对职业教育的投入，加强职业教育基础能力建设。2005 年颁布的《国务院关于大力发展职业教育的决定》提出加强职业教育基础能力建设。至 2009 年底，中央财政已投入 80 多亿元实施职业教育基础能力建设，建立了 1 270 个职业教育实训基地，2 158 所县级职业教育中心和示范性中等职业学校，100 所示范性高等职业院校，对 13 万名骨干教师进行国家级培训。三是加强政策扶持，推进中等职业教育贫困家庭学生助学制度建设，建立健全以国家助学金为主，以奖学金，学生工学结合、顶岗实习，学校减免学费等为辅的资助政策体系。财政部、教育部联合印发了《关于完善中等职业教育贫困家庭学生资助体系的若干意见》和《中等职业教育国家助学金管理暂行办法》，规定所有来自农村的中职学生和城市家庭经济困难的中职学生，都能得到国家助学金。2009 年 12 月 2 日，国务院常务会议决定从 2009 年秋季学期起，对公办中等职业学校全日制在校生中农村家庭经济困难学生和涉农专业学生逐步免除学费。2009 年中央财政下拨秋季学期中等职业学校免学费补助资金 24 亿元，专项用于中等职业学校一、二年级学生免学费补助和三年级顶岗实习困难专业补助。

基于上述情况分析，我们清楚地看到：中俄职业教育有着相似的发展背景、相近的发展任务，面临共同的发展问题，同时由于两国社会、经济、文化背景的差异性，两国职业教育发展战略重点和实施途径是不同的。研究与中国国情相似、面临的发展机遇与问题更为接近的国家，关注它们现实的困境与应对措施，有助于我们冷静思考和面对自身的矛盾与挑战，把握政策取向和战略选择的不同特点，找准职业教育的服务定位和发展定位，促进中国特色职业教育事业科学发展。

（二）研究内容

本课题总体定位：突出综合性、应用性的比较研究。

1. 利用国际职业教育的发展经验，对职业教育发展的区域性模式进行比较性分析

中俄两国各选择三个典型地区（市、州），对职业教育区域性发展的现状进行比较分析。中俄典型地区包括发达、中等发达和欠发达地区，各自有着不同的职业教育发展特点和发展模式，以服务于不同的产业类型和所选地区发展的主导性行业。

共同关注的内容：获得典型地区关于中等和高等职业教育发展现状和趋

势的经验型信息（统计信息和社会信息），并进行比较。

（1）推动地区职业教育发展的政策研究。

（2）地区职业教育发展的基本状况（地区社会发展水平，职业学校规模、条件、质量等）。

（3）地区职业教育发展的主要特征和经验（选择成功案例及相关数据分析与论证）。

（4）存在的问题及相关制约因素分析。

相互比较研究的内容：从政府、企业、职业学校三者的互动机制，探索产学研一体化发展有效模式。重点分析的四个维度：

（1）职业教育的质量。

（2）职业教育的普及性。

（3）人才培养结构对地区（雇主）人才需求的适应性。

（4）地区（雇主）对毕业生质量满意度。

通过文献研究和国际比较，总结中俄两国职业教育的历史传统和发展趋势，为探索构建适应经济社会发展所需要的连续性、开放性职业教育体系提供理论和政策依据。

通过对两国职业教育的现状调查和案例研究，总结当前两国职业教育发展的主要经验，集中探讨学校与企业合作、工学结合的职业教育人才培养模式，找出存在的问题，提出解决问题的办法和措施，形成有说服力的理论概括和可操作的工作方案，提供成功的案例、成熟的经验和发展的理念。

对职业教育保障机制（包括协调机制、投入机制、激励机制）进行评估，提出有益于职业教育全面协调和可持续发展的政策建议。

2. 在地区实验方案的框架内，以典型地区主导产业为中心，制订人才培养计划，探讨促进两国职业教育发展的有效的合作模式，并予以推广

（1）以典型地区中等和高等职业学校为基础形成区域教育中心。

（2）两国合作地区的教育中心研究并交流教学经验。

（3）以教育中心为基地，两国合作地区互派专业人员考察进修；组织交换学生；合作制订教学计划，吸引合作地区相关专业人员参与教育中心的学

生培养活动。

在中俄商定的研究与合作的内容方面，双方同意分期、分阶段进行，逐步探讨有效的合作和交流方式。

（三）研究方法

本课题综合采用文献研究、调查研究、案例研究、比较研究等方法。

通过文献研究和比较研究，提供职业教育发展的国际视角，以及职业教育相关理论与研究成果；通过调查研究，了解两国职业教育发展的现状和水平，运用定量与定性结合的方法进行分析，提供一个实证研究的统计分析结果和研究报告；通过案例研究，探索职业教育科学发展的新模式，寻找政策依据，提供政策建议，促进研究成果向科学决策的转化。

调查研究是本课题研究的基础性工作。

1. 调查对象的选择

中俄双方基于良好的合作基础和意愿，考虑两国经济、文化、教育发展的不平衡性，又兼顾地区调研分析结果的可比性，重点选择 6 个典型地区（市、州）进行职业教育的综合调研。

俄罗斯课题组选定的地区：坦波夫州、弗拉基米尔州、沃罗涅日州。

坦波夫州是俄罗斯联邦的主体组成部分之一，机械制造业特别是化工设备生产，汽车和拖拉机零件制造，纺织工业设备生产以及化学工业、轻工业和食品工业是坦波夫州的主导工业。但是初等职业教育人才培养体系、专业人员培养的技能水平，初等职业学校学生、职业和专业数量难以满足地区经济发展的需求。坦波夫州积极寻找初等、中等职业学校和企业界合作的新形式，选择建筑专业作为与中方开展合作的专业，希望通过合作，在双方协商框架内，在坦波夫州和沈阳市合作建立建筑专业资源中心，旨在交流提高职业教育质量方面的经验，制订教学计划，引进创新性教学和生产工艺。

弗拉基米尔州也是俄罗斯联邦的主体组成部分之一，工业在地区经济中占据主导地位。工业结构中以机械制造业为主，占工业产值的 40%。弗拉基米尔州重视发展历史文化旅游和生态旅游产业，期望通过中俄职业教育合作项目，在相互借鉴经验的基础上，调整旅游业人才培养的目标和任务，在弗拉基米尔的苏兹达里和中国江苏省苏州市建立培养旅游业人才的中心。

沃罗涅日州以农业为主导产业，是俄罗斯最大的农产品供应地，生产谷物（主要是小麦）、甜菜、向日葵以及土豆和蔬菜。甜菜制糖业、畜牧业发达。工业主要是食品加工工业、机械制造业、电力工业、化工工业以及农业资源加工工业。由于现代农业对于技术使用的水平要求提高，生产结构的调整导致大量劳动人口失业，因此，开展职业技术培训，保证人口就业成为亟待解决的问题。沃罗涅日州希望通过中俄职业教育项目，与日照市紧密合作，以沃罗涅日高新技术学院为基础建立沃罗涅日农业、饮食业和小型工商业企业人才培养资源中心，着力解决农业领域人口就业问题，为小企业解决人员不足问题提供新的人才培养模式。

中方课题组选定的地区：辽宁省沈阳市、江苏省苏州市、山东省日照市。

沈阳市是中国重要的老工业基地之一，素有"共和国的装备部"之称，形成了以机械加工为主，包括汽车、石化、航空、制药、建材、冶金、轻工、纺织、电子、煤炭等行业在内的门类齐全的工业体系。随着产业结构的调整升级，数控机床、汽车制造业、电子信息逐步成为沈阳市的支柱产业。适应产业结构和就业市场的变化，沈阳市的职业教育重点发展数控技术、机械制造、汽车制造与运用、信息技术以及现代物流等专业，进行中等职业学校布局调整与重点学校建设，通过建设一批高标准、高规格的学校，带动沈阳市职业教育整体办学水平提升。同时，着力解决熟练技术工人紧缺、高技能人才匮乏的问题，从职业教育中谋求突围，打造技工培训品牌，重塑"技工摇篮"的标杆，加速技术工人的成长。2010年4月，经国务院同意，沈阳市设立"国家新型工业化综合配套改革实验区"。这标志着沈阳市的经济发展已经上升为国家产业发展战略。2010年，教育部在沈阳市设立"国家装备制造业职业教育沈阳实验区"。这标志着沈阳市职业教育发展被纳入国家职业教育体制改革重大试点规划。探索新时期中国职业教育支撑产业发展的新路子，沈阳市是有条件和良好基础的。

苏州市地处经济发达的长江三角洲地区，苏州的人均国内生产总值超过了1万美元，已于2007年底率先实现教育基本现代化。苏州市区位优势明显，文化底蕴深厚，城市发展进入工业化转型、城市化加速、经济外向型提升的新阶段。苏州市努力建设以制造业为主导，加快服务业发展，形成农业适度保障、先进制造业集约发展、现代服务业繁荣发达的新型产业体系。苏州市职业教育坚持"以就业为导向，以服务为宗旨"，积极主动地服务于地方经济建设和社会发展，提出"把苏州建设成为全省领先、国内一流的高水平职业教育强市"的发展目标，高起点、高水平地发展职业教育，构筑起城市竞争力的新优势。

日照市是正在崛起的港口城市，产业结构中第一、第二、第三产业结构比例为13.3:51.2:35.5。日照市坚持以发展农村经济、促进农民增收为重点，大力调整优化农业结构，积极推进产业化、标准化、品牌化战略，茶叶、蔬菜、水产、畜牧等特色农业和农村第二、第三产业快速发展，钢铁、能源、机械制造、浆纸、食品加工、石油化工等临港工业迅速崛起，一批骨干企业培育壮大，成为经济增长的重要动力。日照市职业教育目前已初具规模，基本形成中等、高等职业教育体系。日照市加快职业教育改革发展，调整职业学校布局结构，优化职业教育资源配置，探索职业教育混合型发展模式，不断提高劳动者素质，促进区域经济协调发展。

2. 调查工具的设计

为保证调查获得的信息准确、有效，中方课题组对调研方案及调查工具设计进行了反复讨论，确定调研的目的、对象、内容、方法和实施步骤，选择教育行政部门、学校、企业和家庭四个角度进行调查和评价，以期对不同地区、不同层面的职业教育发展有比较全面的把握。

针对不同的调查对象，共设计编制了四种调查问卷，分别用于教育行政部门工作人员、职业院校校长及教师、企业人员和家长。调查的内容涉及地区职业教育的普及性、质量和效益，职业教育的参与意识、参与障碍以及对职业教育的认同度和满意度等情况。

3. 调查的具体实施

中方课题组从2007年7月开始，分别对沈阳、苏州和日照三市的职业教育发展现状进行了一定规模的问卷调查和访谈调查。调查涵盖中等职业学校（职业高中、中等专业学校、技工学校和成人中等学校）和高等职业院校。

调查共发放问卷 1 355 份，其中发放教育行政部门和学校问卷 55 份，职业院校校长和教师问卷 1 100 份，企业人员和家长问卷 200 份。调查回收教育行政部门和学校有效问卷 50 份，职业院校校长、教师有效问卷 923 份，企业人员和家长有效问卷 191 份，问卷有效率为 85.7%（参见表 1 - 1 - 1）。

表 1 - 1 - 1　课题调查问卷回收情况

城市	工具 1 （教育行政部门）	工具 2 （学校）		工具 3 （校长、教师）	工具 4 （企业、家长）
		中职学校	高职院校		
日照	1	8	3	233	45
沈阳	1	14	5	389	88
苏州	1	9	8	301	58
合计	3	31	16	923	191

（四）研究过程

2007 年 7 月课题正式开题。中央教育科学研究所整合了职业教育方面的研究力量，形成团队，培训骨干，成立了总课题组。同时，积极与地方合作，选择有代表性的三个城市（沈阳、苏州和日照）的研究力量联合攻关，设立了三个子课题组，建立实验基地，通过开题会和研讨会，大家了解了中俄合作项目及本课题的背景、意义、研究现状、主要内容、课题调查预期目标、课题的主要创新点和特色，理清思路，集思广益，制订了详尽的实施计划和工作方案，明确了研究的内容、范围和重点，进行了人员分工，保障了课题研究的有效实施。

研究分四个阶段进行。

1. 准备阶段

（1）准备阶段主要完成文献资料的搜集工作，为问卷调查的实施做准备。首先对文献资料进行广泛搜集，了解职业教育发展的理论前沿，了解职业教育的研究进展，为课题研究做好理论储备。

（2）确定研究的框架，明晰课题研究的重点。经过与俄罗斯课题组的沟通和交流，在了解俄罗斯课题组研究思路、研究重点以及研究方案建议书具体结构和内容的基础上，对课题整体研究思路进行调整。在时间紧、要求高的情况下，集中将调查研究作为基础性研究工作，选择沈阳、苏州、日照三个城市进行区域职业教育的综合研究，侧重对三市的职业教育发展现状进行一定规模的问卷调查，从职业教育的质量、普及性、适应性、模式等方面进行国际比较。

（3）进行调研方案设计和准备，确定调研的目的、对象、内容、方法和步骤，设计和编制针对不同对象的调查问卷和访谈提纲。集中编制调查工具，拟定了中国三个城市职业教育调查提纲，参考、兼顾俄方调查的内容和要求，结合中国的实际进行设计、补充。课题组共编制了4个调查工具，即调查工具1（教育行政部门问卷）、调查工具2（学校问卷）、调查工具3（校长、教师问卷）、调查工具4（企业人员和学生家长问卷）。同时，完成调研的准备和调研人员的培训。

2. 调查研究阶段

（1）组织沈阳、苏州、日照三市的调查研究，突出实证研究的针对性。根据研究需要，综合采用定量研究、个案研究、问卷调查、国际比较等实证研究方法；进行信息采集，实地开展问卷调查研究；召开小型研讨会、座谈会，向三个市的子课题组进行布置。调研工作得到三个市的大力支持，三个市的子课题组积极组织深入细致的调研，保证了回收数据信息的数量和质量，也保证了课题的顺利推进。

（2）汇总各地的调查数据和访谈资料，进行数据处理和统计分析，形成各子课题的数据分析的阶段性成果。

3. 专题研究阶段

（1）各子课题组依据调查反馈信息进行补充调查和专题研讨，对各自地区职业教育现状及各类职业院校的改革发展进行研究分析，精心撰写研究论文，完成各子课题的专题研究报告。

（2）召开专题研讨会，邀请相关专家就阶段性研究成果进行座谈，根据有关专家提出的意见和建议，进一步修订、完善阶段研究成果。

（3）中俄双方利用互访的机会，深入实地考察交流。俄罗斯新欧亚基金代表团一行 9 人到中央教育科学研究所访问，就课题进行了座谈研讨，并赴日照、苏州进行实地考察和交流。中央教育科学研究所课题组成员利用在俄学习进修的机会，对俄罗斯的职业教育作了全面的了解和研究。

4. 综合研究阶段

（1）汇集各子项目成果，总课题组分工进一步修改、统稿。

（2）在汇总、研究各子项目成果的基础上，召开总课题组主要成员会议，就总报告理论、实践及技术问题进行了研讨，拟定了课题研究总报告内容框架。总课题组着手进行总报告的撰写。

（3）完成总报告初稿后，数易其稿，进行反复修改和完善工作。

（4）进一步核对俄罗斯方面的情况，并组织专业人员翻译文稿。

在这个过程中，总课题组要求国内的三个典型地区及时补充了最新的职业教育发展情况。

二、中国典型地区职业教育发展的调查与分析（以沈阳、苏州、日照为例）

（一）职业教育发展的政策建设

职业教育是中国教育事业的重要组成部分，是国民经济和社会发展的重要基础，它承担着培养数以亿计的高素质劳动者和数以千万计高技能专门人才的任务，在推进中国走新兴工业化道路，发展现代服务业，促进就业，改善民生，建设社会主义新农村中发挥了不可替代的作用。

中国正处在全面建设小康社会，加快社会主义现代化建设的关键时期，经济社会持续快速发展和新一轮增长，产业结构、技术结构和城乡结构发生深刻的变化，对劳动者的数量、结构、质量提出更新更高的要求。如何为世界上最庞大但教育水平相对偏低的劳动大军提供有效的、高质量的职业教育和培训，是中国职业教育发展面临的巨大挑战。大力发展职业教育是将巨大的人口压力转化为人力资源优势、建设人力资源强国的根本途径，其意义重大。

改革开放以来，中国从社会主义现代化建设的大局和教育事业发展的全局出发，国务院先后召开 6 次全国职业教育工作会议，并于 1991 年、2002 年和 2005 年三次作出关于大力发展职业教育的决定。特别是进入 21 世纪以来，党中央、国务院明确提出把发展职业教育作为中国经济社会发展的重要基础和教育工作的战略重点，要求在整个教育结构和教育布局当中，必须把职业教育摆到更加突出、更加重要的位置。国家重点采取了两大政策举措，一是加大投入，加强职业教育的基础能力建设。在"十一五"期间，中央财政安排 100 亿元专项资金，用于实施职业教育实训基地建设计划、县级职教中心建设计划、示范性职业院校建设计划和职业院校教师素质提高计划。据统计，从 2003 年到 2008 年，中央财政已累计投入专项资金 100 多亿元，重点支持了 1 700 多个职业教育实训基地、2 200 个县级职教中心和示范性中等职业学校、100 所国家示范性高等职业技术学院的建设；组织实施了"中等职业学校教师素质提高计划"，培训骨干专业教师近 10 万人。各地用于职业教育基础能力建设的投入有较大幅度增加，这些为中等职业教育的发展提供了重要条件。二是建立健全中等职业学校学生资助政策体系，有效促进教育发展和社会公平。2005 年印发的《国务院关于大力发展职业教育的决定》提出，要建立职业教育贫困家庭学生助学制度。2007 年出台的《国务院关于建立健全普通本科高校、高等职业学校和中等职业学校家庭经济困难学生资助政策体系的意见》，就职业教育学生资助政策体系的框架和内容作出了具体规定。按照新的资助政策体系，从 2007 年秋季入学开始，政府每年至少要拿出 164 亿元资助中等职业学校学生，使所有来自农村的职业学校的学生和城市家庭经济困难的学生都能够在一、二年级的时候享受到每学年 1 500 元的基本生活补贴。职业院校家庭经济困难学生资助政策体系的建立，对于增强职业教育的吸引力，促进教育发展、改善民生，起到了重要作用。

宏观改革政策的出台，使职业教育发展思路更加清晰，进一步明确了坚持走中国特色职业教育发展之路，坚持育人为本、德育为先，全面实施素质教育；在办学方针上明确了以服务为宗旨，以就业为导向，面向市场、面向社会、面向企业、面向农村办学；在人才培养模式上明确了工学结合、校企合作、顶岗实习，培养高素质劳动者和技能型、应用型人才；在教学方面明确了"两加强"，即加强学生的职业道德教育，加强实践操作能力的培养和训练。

大力发展职业教育，有赖于一个良好的政策环境，重在政策引导、制度保证、优质高效的管理体制的建立及运行。

1. 加强政府宏观统筹

加强政府宏观统筹管理，各级政府运用"有形之手"，从政策和投入两方面为职业教育发展"保驾护航"。

沈阳、苏州、日照三市积极贯彻落实党中央和国务院关于大力发展职业教育的政策方针，制定颁布了职业教育地方性配套政策法规和职业教育发展规划，提出职业教育发展目标，出台了一系列具体措施。沈阳市先后发布《沈阳市人民政府关于大力推进职业教育改革与发展的决定》《沈阳市技工振兴行动纲要（2004—2010 年）》《关于进一步加强区、县（市）职业教育中心建设工作的意见》《沈阳市农村初中毕业生培训（9＋1）工作实施方案》等重要文件，为沈阳职业教育的发展和振兴营造了良好的宏观政策环境。日照市人民政府印发《关于进一步加强职业教育工作的意见》，提出争取用 3～5 年的时间，建立起职业教育与职业培训并举、与其他教育相互沟通、与经济社会发展相适应的职业教育体系。日照市对职业教育加强了四个方面的统筹：一是统筹规划，根据全市经济发展趋势、就业需求预测和教育发展实际，制定全市职业教育发展规划，使职业教育与普通教育协调发展，城镇与农村职业教育协调发展，职业教育与经济建设协调发展。二是统筹办学，审核和批准市属和区县属中等职业（成人）学校的设置、合并、撤销，指导、协调招生计划、专业设置、教学管理、学校管理等工作。三是统筹资源配置，制定优惠政策，积极鼓励部门、行业、企业、社会力量和个人举办职业教育，结合办学实际，搞好职业学校布局调整，优化职教资源配置，支持建设一批重点职业学校、骨干示范专业和实习实践基地。四是统筹政策和措施，协调有关部门做好与职业教育发展相关的招生就业、经费筹措、实习安排、师资聘用和职业培训等方面的工作。在管理体制上，加强统筹协调与分工合作机制，完善"分级管理、以产为主、政府统筹、社会参与"的职业教育管理体制。苏州市强化政府在职业教育方面的责任，调整充实市职业教育工作领导小组，进一步组织协调全市的职业教育工作；各区（县）政府建立健全相应机构，及时研究解决职业教育改革发展中的重大问题。各级教育部门加强职业教育工作的统筹规划、综合协调、宏观管理。苏州职业教育坚持"以就业为导向，以服务为宗旨"的办学方针，推进各项改革，积极主动地服务于地方经济建设和社会发展，实施三大工程、四项计划，即职业教育创新工程、职业教育国际融合工程、职业教育布局优化工程和就业创业培训计划、高技能人才培养计划、现代农民教育计划、外来务工人员培训计划，基本形成了"结构合理、专业配套、灵活开放、形式多样、城乡协调"的区域性现代职业教育体系。

政府对职业教育的投入是职业教育健康持续发展的根本保障。大力发展职业教育，需要财政政策的有力支持。沈阳、苏州、日照三市政府加大经费投入力度，完善成本分担与多渠道筹措资金机制。苏州市政府建立了职业教育经费投入的长效保障机制，进一步拓宽职业教育经费筹措渠道，完善公共财政体制的职业教育拨款政策和成本分担机制，切实保障职业教育预算内经费、财政性经费和公用经费逐年增长。"十五"期间，苏州职业教育的投入达 30 亿元；"十一五"期间，苏州市财政在原有基础上每年新增专项经费 1 000 万元用于职业教育实训基地建设，每年安排 200 万元用于职教师资培训。沈阳市政府按照《中华人民共和国职业教育法》的规定，确保用于职业教育的财政性经费逐年增长，保证教育费附加用于职业教育的比例达到 30% 以上。全市 2004 年用于职业教育建设的经费为 4 000 万元，2005 年为 8 000 万元，2006 年为 9 000 万元，2007 年达到 1.1 亿元。2001—2004 年，对中等职业学校累计投入 3.28 亿元，年均递增 12%。其中，从教育费附加中安排职业教育专项经费累计 9 160 万元，年均增幅达 51.8%。① 日照市人民政府加大对职业教育的支持力度，逐步增加公共财政对职业教育的投入。2006 年

---

① 2005 年王玲市长重点调研课题"大力推进沈阳市职业教育发展，为工业立市培养适需对路人才"总结报告。

中等职业教育学校财政性经费达 2 882 万元，占学校总收入的近 70%。

加大对职业教育贫困学生的经济支持。为了"不让一个学生因为家庭贫困而失去就学机会"，国家推行中等职业教育资助政策，充分发挥公共财政的导向作用，力促教育公平，吸引更多的人选择就读职业学校，让愿意接受职业教育的学生上得起、学得好。沈阳市政府设立了扶困助学专项资金，发动社会力量开展多种形式的救助活动，帮助贫困学生顺利就学。2007 年，日照市积极做好职业学校贫困生资助工作，确保就读职业学校学生不因家庭贫困而辍学。在中等职业学校设立助学金，对所有农村户口和城市低保家庭学生，年资助 1 500 元/人，学生受资助比例达 20%，这些显示了社会重视和政府在发展职业教育投入中的主导作用。

加大对职业教育师资培训的投入。沈阳市政府、教育局重视职业教育师资培训工作，在政策上倾斜，经费投入力度上逐年加大，2005 年投入师资培训专项经费 50 万元，2006 年提高到 250 万元。由于沈阳市落实教育部、财政部组织实施的"中等职业学校教师素质提高计划"，2007 年对教师培训的投资已突破 500 万元。

推进多元投入机制，在保证政府有效投入支持下，积极引导社会力量办学。鼓励企事业单位、社会团体和公民个人捐资助学，凡通过政府部门或非营利组织对职业教育的资助和捐赠，可按现行税收法律法规和政策规定在应纳税所得额中扣除。各级教育、财政、劳动和社会保障、审计、物价等部门加强对职业教育经费的管理，严格执行财务审计制度，提高职业教育经费的使用效益，改革财政投入方式，坚持以奖代补的原则。职业教育专项经费主要采用奖励、直接补助等方式，重点用于职业学校实训基地和专业的建设。

2. 选准政策的着力点

职业教育作为一种与区域社会经济发展联系最密切的、最直接的教育形式，它的发展必然会受到区域社会经济的影响，同时职业教育也会为区域社会经济发展提供人才支撑。

由于中国经济社会发展不均衡的影响和制约，中国职业教育的发展呈现区域化发展的特征，区域发展不平衡，不同区域所面临的问题、解决问题的条件、体制、制度环境等存在明显的差异，发展战略和政策策略的选择必须结合区域的特点，既有统一性，又体现差异性。国家通过公共政策的制定对区域进行宏观导向和统筹调控，国家职业教育发展目标的确定，引导地方确立各自的职业教育发展目标。在国家政策的框架内，地方职业教育政策的着力点各不相同。沈阳、苏州、日照三市积极贯彻"大力发展职业教育"的方针政策，"以服务为宗旨，以就业为导向"，着眼于区域经济特点，探索各自的职业教育改革发展之路。

（1）沈阳：实施"六大工程"，打通培养技术工人的"绿色通道"

作为技术装备制造业的基地，沈阳市有着不容忽视的产业优势，同时也有潜在的人才危机。职业教育发展面临的突出矛盾是市场经济和劳动力市场呈现对技能人才的强劲需求，而"技工荒"成为发展的瓶颈。沈阳市曾因为培养了大批技术工人，而被誉为"技工之都"。随着中国工业向装备制造业转型、升级，沈阳市熟练技术工人供不应求、高级技工匮乏的问题十分突出。据资料显示，在沈阳市 66.8 万技术工人中，高级技工仅占 4% 。为此，沈阳市委、市政府把全面发展职业教育列入沈阳市"十一五"规划中，并写进了政府工作报告。为着力解决生产服务一线劳动者素质低和技术型人才紧缺的问题，沈阳市出台了《沈阳市技工振兴行动纲要（2004—2010 年）》，制定培训各级技工人才目标，并纳入市人才队伍建设的总体规划，围绕培养、凝聚、举荐、配置四个关键环节制定一系列政策。比如，实行技工培训主体多元化：以企业为主体，开展在职技工技能提升培训；以职业学校为主体，加速新生技术工人的培养；以劳动就业培训机构为主体，搞好下岗职工再就业技能援助培训。探索建立技工成长的激励保护机制：严格执行就业准入制度；建立技能竞赛奖励制度；建立对高技能人才的津贴制度；积极探索培训成果和技术工人有偿使用的办法。沈阳市教育局制定了《打造沈阳职教品牌，创建全国技工高地行动计划（2007—2010 年）》，为推动沈阳市职业教育发展，提升教育教学质量，打造全国技工高地，启动"加深校企合作、实施专业技能'大比武'、教学质量提升、学生人格塑造、教师素质提高、社会服务功能拓展"六项工程，并围绕六项工程的实施，提出了相关的主要措施。

发挥行业、企业在职业教育发展中的作用，实行校企合作是职业教育人才培养的重要途径。沈阳市深化校企合作，创新校企合作机制，以组建职教集团为抓手，通过多种方式，整合原有的中等职业教育资源，率先成立了化工、橡胶两个职业教育集团，相继围绕支柱产业又建立了装备制造、汽车、信息技术、金融商贸、服装、旅游、酒店服务与管理等9个职业教育集团。这些职教集团的组建，实行校校联合、校企联合，建立行业、企业、学校共同参与的机制，形成共同促进职业教育发展的合力，通过整合资源，实现职业教育规模化、集约化；通过订单培养，"量身定做"适用人才；通过顶岗实习，破解学用脱节难题。

（2）苏州：多元共建，开放办学

2006年《苏州市人民政府关于大力发展职业教育的决定》提出，"把苏州建设成为全省领先、国内一流的高水平职业教育强市"，高质量、高水平地发展职业教育，率先构筑起适应社会主义市场经济体制，满足人民群众终身学习需要，与市场需求和劳动就业紧密结合，校企合作、工学结合，结构合理、形式多样，灵活开放、自主发展、特色鲜明的区域性现代职业教育体系。根据经济发展，重新布局并整合职业教育资源，推进校校合作、校企合作、区域合作、行业合作和国际合作。苏州市职业教育开展了形式多样的校企合作。一是人才培养基地化，根据企业的需求定向培养，企业需要什么技能，学校就教什么，尽量满足企业的需求。学校和企业共建实训基地，企业将一些生产设备提供给学校作教学、训练使用，并用于企业的产品研发与制作。二是课程设置企业化，为学生提供最合适的课程，做到课程设置与企业工作现场对接。三是师资队伍专家化，一方面聘请行业的资深经理、员工为学校的兼职教师，让他们把行业一线鲜活的经验和操作实务直接教给学生，另一方面可以派专业教师下企业顶岗工作，以弥补行业经验不足的缺陷。另外，企业到学校设立奖学金，设立冠名班；建立专业委员会或校董会，企业的技术人员和人事部门负责人参与相关专业教学计划和培养目标的制订，共同进行过程管理，使职业教育最大限度地贴近现实生产技术水平和管理水平；实行校企股份合作办学，实现学校与企业的"零距离"对接。

苏州市实施国际化战略，全面提升职业教育开放水平，投巨资建设了苏州国际教育园区，充分利用苏州市开放型经济快速发展的优势，把职业教育作为对外合作办学的优先领域。一是深入开展国际交流与合作，积极引进先进的课程、教材、教学方法和国际职业资格证书认证体系，学习和借鉴国外的先进教育教学和人才培养模式，主动参与国际教育服务市场竞争，大力拓展学生海外就业市场和深造渠道。到目前为止，苏州与国外开展友好交流与合作的职业学校已达50%，涉及的国家有美国、德国、澳大利亚、荷兰、日本、芬兰、新加坡等。苏州职业教育平均每所学校与30家外企建立了产学研深度合作关系，近2 200家全球500强企业和跨国公司融入到职业学校专业设置、课程改革、实习实训中，使苏州职业教育连年整体实现99%的高就业率。二是充分发挥苏州市职业教育的资源优势，加大与外省、市教育机构的交流与合作，建立一批生源基地，每年对外省市招生人数超万人。苏州职业教育招生采取了"立足本地、开拓外地"的工作思路来扩大规模，在合理进行普职分流，招足本地生源的同时，积极拓展招生范围，从最初面向苏北到现在面向全国10多个省市，开展多种形式的联合办学，不断满足苏州市劳动力市场需求，并为国内外其他地区提供人才服务。

（3）日照：抓基础建设，增强职业教育吸引力

"面向市场，服务企业"是日照市职业教育明确的办学方向。以服务为宗旨，以就业为导向，深化办学模式和人才培养模式改革。面向市场办学，强化实践技能的培养，让学生有谋生技能和就业竞争能力。着力强化职业教育特色，一是狠抓实训基地建设，二是狠抓专业建设，三是狠抓"双师型"师资队伍建设。根据社会需求，特别是山东半岛制造业基地建设和日照市冶金、造纸、木制品加工、能源、粮油加工、液体化工六大重点领域设置专业，开发培训项目，增强职业教育的针对性。推行工学结合和校企合作，重点建设四大实训基地：依托日照职业技术学院建设以水产养殖技术、建筑工程技术、旅游管理为基础的服务全市的综合性实训基地；依托市工业学校建设以数控技术应用、计算机技术应用、汽车运用与维修、服装加工技术为基础的综合性实训基地；依托市农业学校建设以电工电子和自动化技术为基础的区域性实训基地；依托市高级技工学校建设以机电一体化、电焊、电工为基础的区域性实训基地，最大限度地为学员、企业和社会提供实训和培养机会。日照职业教育的专业设置与其产业和经济结构的调整相适应，与市场经

济的发展相适应。

3. 政策实施取得成效

（1）扩大办学规模，实现职业教育内涵发展

"十五"期间，苏州中等职业学校进行了"瘦身"。2002 年苏州市出台了《苏州市职业教育布局结构调整的总体方案》，经过不断努力，全市 94 所中等职业学校通过"整合提升、转制重组、保留发展、撤销停办"四种途径，到 2007 年调整为 58 所。其中，公办 46 所，民办 12 所；省级以上重点职业学校达 25 所，其中国家级重点职业学校 15 所。中等职业学校的校均规模由原来的 900 人增加到 2 500 人，在校生由原来的 9.17 万人增加到 14.5 万人。同时，办学层次也得到了提升，优化了职业教育结构，高职院校由 5 所增加至 17 所，在校生由原来的 3 万人增加到近 7 万人。职业教育布局调整，打破了行业、部门的界限，提高了行政统筹能力，增强了办学的规模效益。全市形成了以国际教育园为龙头，每个县级市都有 1～3 所职业院校和 1～3 所主体型、规模型、示范性中等职业学校的新格局。

日照市通过撤并、整合等方式，调整职业学校的布局结构，优化了职业教育资源配置，各类中等职业教育实现招生首次超过 1 万人大关，实现了职业教育发展的新突破。全市共投入资金 1.4 亿元，改善职业学校校舍条件，新建校舍 9.5 万平方米，全市中等职业学校校舍总面积达到 42.1 万平方米，新增容纳能力 4 000 多人，高中段在校生职业教育与普通教育的比例已达 4∶6。高等职业学校在校生人数由 10 557 人增加到 17 208 人，在校学生数和每万人接受职业教育的人数逐年上升。

（2）加强基础建设，办出职业教育特色

为保障学生接受高质量的职业教育，强化实践技能培养，强化职业教育特色，苏州市加强综合性实训基地建设，重点打造专业门类齐全、设备水平较高、优质资源开放共享、起示范作用的实训基地。全市建成包括数控加工、电子技术、计算机、汽车、物流等专业在内的省级以上实训基地 8 个，市级基地 20 个。同时加强骨干学校和高水平示范性职业学校建设，全市 75 所中高职院校有 41% 成为省级以上重点职校，已建成国家级技能型紧缺人才培养基地 3 个，每年输送高技能复合型人才 6.5 万名。日照市发挥现有职业院校

优势条件，重点建设一批设施完备、资源共享、适应培养高素质技能型人才的实训基地，最大限度地为学员、企业和社会提供实训的机会。围绕全市确立的支柱产业、新兴产业，调整学校的专业设置，建设一批重点骨干专业和特色示范专业，面向市场和社会需求，培养服务当地经济建设的实用型人才。鼓励企事业单位有专业技术、管理经验和特殊技能的人员担任专兼职教师。以提高师生动手能力，促进实践教学为重点，组织开展部分学科专业教师、学生提高职业技能和实践能力。

（3）校企"无缝对接"，增强职业教育服务功能

以政府行为支持职业学校与企业联姻，企业参与学校教学活动，实行招工与招生同步、生产与教学同步、企业管理与学校管理同步，实现校企之间的"无缝对接"。职业学校与多家企业签订"产学结合"校企合作协议，形成互惠双赢的人才培养工作机制，有效发挥学校和企业各自的优势，一方面实现职业学校毕业生与就业岗位的"无缝对接"，另一方面也为企业培养了一批合格的高级蓝领工人，达到为地方经济提供优质服务的目的。沈阳市通过举办"校企合作对接"洽谈会，促使100多所学校与400多个企业对接，11位知名的企业家被聘请为职业教育事业发展顾问，70位企业技术人员被聘请为专业建设指导教师。在20个企业建立了职业学校实习基地，在20所职业学校建立了企业职工培训基地。全市职业学校与398个企业签订了424个校企合作协议，有效推行订单培养、工学结合、半工半读等多种培养形式，进行校企联合招生试点，学校与企业共同合作对报考者进行面试考核，校企联合共同培养学生，提高了职业学校毕业生的岗位技能和就业率。苏州市高职院校在校企合作中，引领着校企"无缝对接"的实践，工厂被"搬"进了校园。苏州工业职业技术学院建立了庞大的教学工厂，让学生"零距离"实践学习。该学院模具设计与制造专业的学生学习修模技术，就到"一墙之隔"的宇田数控设备有限公司，公司技术人员会手把手地教。在苏州工业园区职业技术学院，三维吉特、伟智科技、狮峰电气、力嘉模具、三维数控5家校内企业，形成了机电一体化及精密制造技术专业的核心技术链，成为学生和教师的校内实训工厂。苏州旅游与财经高等职业技术学校将物流、导游等系统程序引入实验室，让学生进行模拟操作，培养的毕业生可直接进入市场，

毕业生的就业质量、就业稳定性和用人单位满意度逐年提高，实现了学生
"学业有其成、就业有其所、创业有其能"的培养目标。

（二）职业教育发展规模及其结构调整

中国的职业教育是伴随着中国经济和社会的改革发展而不断发展变化的。
自 20 世纪 90 年代特别是进入 21 世纪以来，中国政府提出深化经济体制改
革，加快现代化建设步伐，全面建设小康社会，使中国的职业教育得到迅
速发展。由于中国地域辽阔，经济社会发展状况不同的地区，其教育包括
职业教育的发展差异很大，职业教育的发展规模和结构调整呈现出不同
特点。

1. 发展规模及其特点

进入 21 世纪，中国经济结构的战略性调整、城镇化进程的加快和全面建
设小康社会的推进，对劳动者素质提出了新的要求，迫切需要培养大批掌握
专门技能的应用型人才。在中国政府大力发展职业教育政策的指导下，中国
的职业教育得到了空前迅速的发展。据 2008 年的教育统计显示，中职学校在
校生数、招生数和在校生平均规模比 2001 年分别增长了 79.16%、103.06%
和 112.07%（参见表 1-2-1）。

表 1-2-1　2001—2008 年全国中等职业教育发展统计

年　份	2001	2002	2003	2004	2005	2006	2007	2008
学校数（所）	17 580	15 795	14 658	14 454	14 466	14 693	14 832	14 847
在校生数（万人）	1 164.94	1 190.81	1 256.72	1 409.24	1 600.05	1 809.89	1 987	2 087.09
招生数（万人）	399.94	473.54	515.76	566.2	655.66	747.82	810.02	812.11
在校生平均规模（人）	663	754	857	975	1 106	1 232	1 340	1 406

中国的高等职业教育也取得了较大发展。从横向上看，高等职业教育的
招生数占据了普通高等学校招生数的"半壁江山"，使高等教育大众化成为
可能；从纵向上看，2001 年高等职业教育（含专科）招生数 66.56 万人，在

校生数146.79万人，2008年招生数310.6万人，在校生数916.8万人，在短短的7年中，其招生数和在校生数分别增长了366.65%和524.57%（参见表1-2-2）。中、高等职业教育的规模不断扩大，职业教育在培养高素质的劳动者和实用技术人才、完善国民教育体系、构建终身教育体系上正在发挥着极其重要的作用。

表1-2-2　2001—2008年全国高等职业教育发展情况统计

年　份	2001	2002	2003	2004	2005	2006	2007	2008
学校数（所）	628	767	908	1 047	1 091	1 147	1 168	1 184
在校生数（万人）	146.79	193.41	479.36	595.65	712.96	795.5	860.59	916.8
招生数（万人）	66.56	89.05	199.64	237.43	268.09	292.97	283.82	310.6
毕业生数（万人）	19.34	27.73	94.79	119.49	160.22	204.8	248.19	286.27
教职工数（万人）	24.12	28.71	35.06	40.36	44	50.14	54.24	57.07
专任教师数（万人）	12.42	15.59	19.69	23.77	26.79	31.63	35.48	37.71

近年来，沈阳、苏州和日照三个城市的职业教育快速发展，对当地人力资源开发，落实科教兴国战略和人才强国战略，推进中国走新型工业化道路、解决"三农"问题、促进就业再就业发挥了巨大的作用。

（1）样本城市职业教育发展状况

从本课题选取的三个城市的调查情况来看，随着当地经济和社会的发展，近年来，沈阳、苏州和日照三个城市各级各类职业学校的总体数量和规模都有较大发展，逐步适应了当地对不同层次和规格的技能型人才培养的需要。

① 学校数量

2006年，沈阳、苏州和日照三个城市共有各级各类职业学校280所，其中，高等职业学校43所，占各级各类职业学校总数的15.36%；中等职业学校237所，占各级各类职业学校总数的84.64%（参见表1-2-3）。

表1-2-3　2006年沈阳市、苏州市、日照市各级职业学校数量统计

各级各类职业学校总数（所）	高等职业学校		中等职业学校	
	学校数（所）	占学校总数百分比（%）	学校数（所）	占学校总数百分比（%）
280	43	15.36	237	84.64

2004—2006 年，三个城市的高等职业教育稳步发展，各类高等职业学校数由 2004 年的 39 所增长到 2005 年的 43 所，增长了 10.3%，主要是独立设置的高等职业技术学院有了明显增加，而成人高等学校中高职类院校则有所减少（参见表 1-2-4）。据沈阳市和苏州市的调查统计，2007 年两市又新增了 3 所独立设置的高等职业技术学院，其中，沈阳市增加 1 所，苏州市增加 2 所，使高等职业学校在各级职业学校中的比重得到进一步提高。

表 1-2-4　2004—2006 年沈阳市、苏州市、日照市
高等职业学校类型与数量

（单位：所）

年份	各类高等职业学校总数	其　　中			
		普通专科	独立设置的高等职业技术学院	普通高等学校中的二级学院或独立学院	成人高等学校中高职类院校
2004	39	3	16	15	5
2005	43	3	22	15	3
2006	43	3	22	15	3

2004—2006 年，三个城市的各类中等职业学校数有所减少，从 2004 年的 248 所减少到 2006 年的 237 所，减少了 4.4%（参见表 1-2-5）；三个城市的职业高中虽然经过调整有所减少，但仍是各地中等职业教育发展的主要力量。三个城市的普通中等专业学校则保持持续增加的态势，技工学校稳定发展。

表 1-2-5　2004—2006 年沈阳市、苏州市、
日照市中等职业学校类型与数量

（单位：所）

年份	学校总数	其　　中			
		中等专业学校	职业高中	技工学校	成人中专
2004	248	54	136	45	13
2005	245	55	129	48	13
2006	237	56	124	48	9

② 学校发展规模

2004—2006 年，三个城市的高、中等职业学校规模均呈逐步增长的态势，虽然在 2006 年总体上的增长幅度均有所减缓，但总的来说，2006 年仍比 2004 年规模要大。

2006 年，三个城市的各类高等职业学校在校生数从 2004 年的 12.04 万人增长到 17.35 万人，增加了 5.31 万人，增长了 44.06%（参见表 1-2-6）。苏州市和沈阳市高等职业学校招生数从 2004 年的 4.56 万人增长到 5.32 万人，增加了 7 625 人，增长了 16.73%；毕业生数从 2004 年的 2.10 万人增长到 3.53 万人，增加了 1.43 万人，增长了 68.16%（参见表 1-2-7）。

表 1-2-6　2004—2006 年沈阳市、苏州市、日照市
高等职业学校在校生数分年度统计

| | 2004 年 | 2005 年 | | | 2006 年 | | |
	合计 （万人）	合计 （万人）	比上年 增加 （万人）	比上年 增长 （%）	合计 （万人）	比上年 增加 （万人）	比上年 增长 （%）
在校生数	12.04	15.10	3.05	25.36	17.35	2.25	14.92

表 1-2-7　2004—2006 年沈阳市和苏州市高等职业
学校招生数与毕业生数发展情况

| | 2004 年 | 2005 年 | | | 2006 年 | | |
	合计 （万人）	合计 （万人）	比上年 增加 （万人）	比上年 增长 （%）	合计 （万人）	比上年 增加 （万人）	比上年 增长 （%）
招生数	4.56	5.00	0.44	9.71	5.32	0.32	6.39
毕业生数	2.10	3.12	1.02	48.65	3.53	0.41	13.13

2006 年，三个城市的各类中等职业学校在校生数从 2004 年的 27.32 万人增长到 29.11 万人，增加了 1.79 万人，增长了 6.55%；毕业生数从

2004 年的 7.00 万人增长到 8.97 万人，增加了 1.97 万人，增长了
28.17%；招生数从 2004 年的 9.64 万人增长到 9.88 万人，增加了 2 463
人，增长了 2.56%。其间，经过 2005 年的扩招，2006 年的招生出现下滑
（参见表 1 - 2 - 8）。

表 1 - 2 - 8　2004—2006 年沈阳市、苏州市、
日照市中等职业学校发展规模

	2004 年	2005 年			2006 年		
	合计 （万人）	合计 （万人）	比上年 增加 （万人）	比上年 增长 （%）	合计 （万人）	比上年 增加 （万人）	比上年 增长 （%）
在校生数	27.32	30.75	3.43	12.55	29.11	1.64	5.33
毕业生数	7.0	7.75	0.75	10.75	8.97	1.22	15.73
招生数	9.64	11.12	1.49	15.45	9.88	-1.24	-11.17

③ 培训数量

近年来，三个城市普遍开展了各类职业培训，参与培训的人次逐年增加。
2007 年各类职业培训总人次达到 21 460.5 万，比 2004 年增加了 3 591.5 万，增长
了 20.10%。培训的主要类型为在职培训和职业资格培训（参见表 1 - 2 - 9 和
表 1 - 2 - 10）。

表 1 - 2 - 9　2004—2007 年沈阳市、苏州市、
日照市开展各类职业培训情况

	2004 年 （万人次）	2005 年		2006 年		2007 年	
		人次 （万人次）	比上年 增长（%）	人次 （万人次）	比上年 增长（%）	人次 （万人次）	比上年 增长（%）
各类职 业培训 总人次	17 869.00	12 806.20	28.33	11 691.50	-8.70	21 460.50	83.56

表 1 - 2 - 10   2006 年沈阳市和日照市开展各类职业培训统计

		各类职业培训	其中				
			职业资格培训	农村劳动力转移培训	在职培训	再就业培训	短期培训
沈阳市	总人次（万人次）	11 634	3 184	314	6 144	647	1 345
	比例（%）	100	27.37	2.70	52.81	5.56	11.56
日照市	总人次（万人次）	6.50	1.90	0.90	2.40	0.80	0.50
	比例（%）	100	29.23	13.85	36.92	12.31	7.69

④ 师资队伍

2004—2006 年，三个城市中等职业教育教职工总数逐步减少，然而专任教师数和兼职教师数却逐年增加。专任教师与学生比有所提高，反映了教师增长速度不及学生增长速度，使师生比出现一定幅度的攀升（参见表 1 - 2 - 11）。教师的学历层次主要以本科为主（参见表 1 - 2 - 12）。

表 1 - 2 - 11   2004—2006 年沈阳市、苏州市、日照市
中等职业学校师资情况

（单位：人）

年份	教职工总数	兼职教师数	专任教师数	专任教师与学生比
2004	19 660	2 636 (13.41%)	12 695 (64.57%)	1:21.52
2005	19 345	2 682 (13.86%)	12 706 (65.68%)	1:24.20
2006	19 053	2 974 (15.61%)	12 807 (67.22%)	1:22.73

注：括号内为兼职教师和专任教师占教职工总数的百分比。

表 1 - 2 - 12   2006 年沈阳市、苏州市、日照市中等职业学校教师学历构成比较

（单位:%）

学历 \ 城市	沈阳市	苏州市	日照市
高中及以下	2.73	2.37	0.30
专科	17.61	12.37	29.92
本科	76.73	83.18	68.27

城市 学历	沈阳市	苏州市	日照市
硕士	2.92	2.08	1.51
博士	0	0	0

⑤ 学校基础设施建设

2006 年，苏州市和日照市中等职业学校占地总面积为 357.65 万平方米，建筑面积为 160.55 万平方米，分别比上年增加 35.6 万平方米和 26.23 万平方米；教学用计算机共有 16 468 台，比上年增加 2 756 台；藏书总量约为 373.61 万册，比上年增加 115.25 万册。值得注意的是，2005 年和 2006 年随着学生数量的变化，其生均占地总面积、生均建筑面积、生均教学用计算机和生均藏书量均在发生变化，说明学生数量与学校基础设施建设情况呈负相关（参见表 1 - 2 - 13）。

表 1 - 2 - 13　苏州市和日照市中等职业学校基础设施建设情况

		2004 年	2005 年	2006 年
占地面积	总面积（万平方米）	302.42	322.05	357.65
	生均面积（平方米）	24.80	17.21	21.86
建筑面积	总面积（万平方米）	115.5	134.32	160.55
	生均面积（平方米）	8.01	7.18	9.81
教学用计算机	总数（台）	13 224	13 712	16 468
	生均数（台）	0.09	0.07	0.10
藏书量	总量（万册）	217.07	258.36	373.61
	生均数（册）	17.53	13.81	22.84

（2）不同样本城市职业教育发展特点

本课题所选取的三个样本城市分属不同的经济类型地区，其社会、经济发展的基础、条件与水平有着显著差异，因此，对当地人才需求和教育特别是职业教育发展的要求明显不同。基于上述三个样本城市社会经济发展的不同背景，通过对比和交叉分析，可以看出其职业教育发展呈现出不同的特点。

① 沈阳市为全面振兴当地工业经济发展，形成了较为完善的高等和中等职业教育体系

沈阳市作为辽宁省的省会城市，历史上一直是东北地区经济、文化、交通、金融和商业中心。自新中国成立以来，该市成为以装备制造业为主的全国重工业基地之一，其第二、第三产业基础雄厚、规模宏大、发展迅速。2005 年以来，沈阳市第三产业在当地国民经济发展中的比重已经超过第二产业，并逐步形成了以机械加工为主，包括汽车、石化、航空、制药、建材、冶金、轻工、纺织、电子、煤炭等行业在内的门类齐全的工业体系，成为辽宁地区的领头军。2008 年，沈阳市地区生产总值达到 3 860.5 亿元。近年来，该市在"工业立市"的战略思想指导下，明确提出了振兴沈阳老工业基地的发展目标，集中做强汽车及零部件、装备制造、电子信息、化工医药和农产品加工五大支柱产业，争取把沈阳建成全国装备制造中心，从而带动辽宁乃至东北实现全面振兴（参见表 1 – 2 – 14 和表 1 – 2 – 15）。

表 1 – 2 – 14　2004—2008 年沈阳市地区生产总值及三大产业增加值

（单位：亿元）

年份	地区生产总值	其　　中		
		第一产业增加值	第二产业增加值	第三产业增加值
2004	1 900.7	110.7	940.5	940.5
2005	2 084.1	126.3	906.3	1 051.5
2006	2 482.5	135.2	1 137.7	1 209.6
2007	3 073.9	166.5	1 451.9	1 455.5
2008	3 860.5	183.7	1 934.1	1 742.7

表 1 – 2 – 15　2004—2008 年沈阳市工业及规模以上工业实现增加值

年份	全市实现工业增加值（亿元）	规模以上工业实现增加值（亿元）
2004	830.3	407.7
2005	786.3	665.7
2006	1 008.2	929.3
2007	1 233.5	1 233.4
2008	1 616.3	1 714.2

　　沈阳市社会经济的发展，要求职业教育为其培养大量的技术型、技能型人才。经过近年来的发展，沈阳市基本上形成了较为完善的高等职业教育和与普通高中规模相当的中等职业教育。从绝对数量来说，沈阳市高、中等职业教育的学校数和学生数均处于较高的发展水平；办学类型较为齐全，其中，高等职业教育以普通高等学校中的二级学院或独立学院以及独立设置的高等职业技术学院为主，中等职业教育以职业高中和中等专业学校为主；沈阳市高等职业教育在校生人数和招生人数总体上逐年增加，而中等职业教育的学生人数近年来则有所减少。同时，沈阳市开展了以在职培训、职业资格培训和短期培训为主的各类职业培训活动（参见表1-2-16和表1-2-17）。

表1-2-16　2004—2006年沈阳市高等职业院校发展状况统计

（单位：所，人）

年份	各类高职院校		其　　中							
			普通专科院校		独立设置的高等职业技术学院		普通高校中二级学院或独立学院		成人高校中的高职类院校	
	总校数	在校生总数	校数	在校生数	校数	在校生数	校数	在校生数	校数	在校生数
2004	24	74 108	1	5 814	7	23 049	14	39 337	2	5 908
2005	27	84 455	1	6 248	9	33 206	14	38 894	3	6 107
2006	27	90 453	1	7 121	9	38 514	14	39 634	3	5 184

表1-2-17　2004—2008年沈阳市各类中等职业学校发展状况统计

（单位：所，人）

年份	各类中等职业学校		其　　中							
			中等专业学校		职业高中		技工学校		成人中专	
	总校数	在校生总数	校数	在校生数	校数	在校生数	校数	在校生数	校数	在校生数
2004	171	129 022	39	66 434	98	62 496	33	—	1	92

续表

年份	各类中等职业学校		其 中							
	总校数	在校生总数	中等专业学校		职业高中		技工学校		成人中专	
			校数	在校生数	校数	在校生数	校数	在校生数	校数	在校生数
2005	164	120 416	38	64 409	91	55 949	34	—	1	58
2006	159	116 540	39	60 739	85	55 667	34	—	1	134
2007	146	111 878	45	58 541	66	52 606	34	—	1	731
2008	137	108 037	43	64 690	58	41 657	35	—	1	1 690

注：在"各类中等职业学校"的"在校生总数"中未含技工学校在校生数。

② 苏州市为适应当地经济快速发展对高技能人才的需求，迅速发展其高等职业教育

苏州市作为全国历史文化名城和重要的风景旅游城市，自改革开放以来，其经济发展势头强劲。在产业结构和经济收入方面，其第一产业所占比例在三个样本城市中为最低，而国内生产总值和年人均收入在三个样本城市中为最高；在产业布局方面，信息技术等6大高科技支柱产业迅速崛起，苏州被列为首批国家电子信息产业基地，钢铁、化工、建材、纺织等优势产业加快发展，沿沪宁高速线高新技术产业带的优势凸显，沿江基础产业带迅速崛起。当地正以制造业为主导、加快服务业发展，努力形成农业适度保障、先进制造业集约发展、现代服务业繁荣发达的新型产业体系（参见表1-2-18、表1-2-19和表1-2-20）。

表1-2-18　2004—2008年苏州市经济发展状况

年　份	2004	2005	2006	2007	2008
生产总值（亿元）	3 540	4 026.52	4 820.27	5 700.85	6 701.29
第一产业增加值（亿元）	1.25	11.66	5.35	4.77	10.08
第二产业增加值（亿元）	496.14	413.54	470.49	480	523.51
第三产业增加值（亿元）	151.05	151.32	317.9	395.82	466.85

表 1 - 2 - 19　2006 年沈阳市、苏州市、日照市不同产业结构比较

（单位:%）

	沈阳市	苏州市	日照市
第一产业所占比重	5.45	1.90	14.45
第二产业所占比重	45.90	65.40	49.73
第三产业所占比重	48.65	32.70	35.67

表 1 - 2 - 20　2006 年沈阳市、苏州市、日照市国内生产总值和年人均收入比较

	GDP 总值（亿元）	年人均收入（元）
沈阳市	2 478.9	19 812
苏州市	4 820.27	30 388
日照市	505.87	1 720

为了适应苏州高新技术产业发展和建设国际新兴科技城市的需要，建设一支知识水平高、实践能力强的高技能人才队伍成为当务之急。据统计，到2010 年，苏州市计划人才总量要达到 84 万余人，其中对本科人才需求将增加 21.8 万人，高等职业专科人才需求将增加 22.4 万人。为了适应经济社会的快速发展，"十五"以来，苏州市全力加快高等职业教育的发展，高职学校的数量和事业规模得到迅速提升。苏州 5 个县级市都有了自己的高职院校，形成了中职与高职协调发展，市区与县市共同发展的良好态势。苏州市的办学类型主要以独立设置的高等职业技术学院为主，各类高等职业院校的在校生数和招生数以年均 30% 左右的速度增长，在三个样本城市中独占鳌头，其在校生校均规模的增长也明显高于其他两个样本城市（参见表 1 - 2 - 21、表 1 - 2 - 22 和表 1 - 2 - 23）。

表 1 - 2 - 21　2004—2007 年苏州市高等职业教育发展状况

（单位：所，人）

年份	各类高职院校		其　　中							
	总校数	在校生总数	普通专科院校		独立设置的高等职业技术学院		普通高校中的二级学院或独立学院		成人高校中的高职类院校	
			校数	在校生数	校数	在校生数	校数	在校生数	校数	在校生数
2004	14	35 776	2	10 271	8	20 809	1	1 175	3	3 521

续表

年份	各类高职院校		其　　中							
	总校数	在校生总数	普通专科院校		独立设置的高等职业技术学院		普通高校中的二级学院或独立学院		成人高校中的高职类院校	
			校数	在校生数	校数	在校生数	校数	在校生数	校数	在校生数
2005	14	50 080	2	14 881	11	33 283	1	1 916	0	0
2006	14	50 358	2	1 724	11	46 299	1	2 335	0	0
2007	16	80 215	2	18 849	12	58 614	2	2 752	0	0

表 1-2-22　2006 年沈阳市、苏州市、日照市各类高等职业院校类型结构比较

（单位：所,%）

城市	各类高等职业院校总数	其　　中							
		普通专科院校		独立设置的高等职业技术学院		普通高校中二级学院或独立学院		成人高校中的高职类院校	
		校数	比例	校数	比例	校数	比例	校数	比例
沈阳市	27	1	3.7	9	33.33	14	51.85	3	11.11
苏州市	14	2	14.29	11	78.57	1	7.14	0	0
日照市	2	0	0	2	100	0	0	0	0

表 1-2-23　2005—2007 年沈阳市和苏州市高等职业院校
在校生数和招生数分别比上年增长情况

（单位:%）

城市	2005 年		2006 年		2007 年	
	在校生数增长	招生数增长	在校生数增长	招生数增长	在校生数增长	招生数增长
苏州市	39.98	39.06	31.49	11.18	21.82	34.23
沈阳市	13.96	3.76	7.10	3.22	—	—

③ 日照市高等职业教育正在起步，中等职业教育持续发展

日照市作为地处山东半岛南翼的一座新兴沿海港口城市，其区位优势明显，文化底蕴深厚，旅游资源丰富。日照市自 1989 年建地级市，尽管起步较晚，但经济快速持续增长。2007 年全市实现生产总值 600 亿元，年均增长 17.1%；人均国内生产总值突破 3 000 美元；地方财政收入实现 28.98 亿元；城镇居民人均可支配收入 13 000 元，农民人均纯收入 5 240 元；主要经济指标增幅均居全省前列。日照市不断加大产业结构调整力度，逐步实现由第一产业向第二、第三产业为主的转变（参见表 1 - 2 - 24 和表 1 - 2 - 25）。一方面通过调整优化农业产业结构，积极推进农业产业化、标准化、品牌化战略，使当地茶叶、蔬菜、水产、畜牧等特色农业得到快速发展；另一方面，大力推进工业化发展进程，使钢铁、能源、机械制造、浆纸、食品加工、石油化工等临港工业迅速崛起，一批骨干企业迅速壮大。2007 年，全市规模以上工业企业由 233 家增加到 813 家，主营业务收入过亿元的企业由 31 家发展到 118 家；高新技术产业产值年均增长 64.3%；物流、旅游、金融等服务业快速发展，年旅游人数突破 1 200 万人次，旅游收入突破 65 亿元；日照港年货物吞吐量从 3 805 万吨提高到 13 063 万吨，跃升为中国大陆沿海第 9 个亿吨综合枢纽大港。

表 1 - 2 - 24　2004—2007 年日照市产业结构变化

（单位:%）

年　　份	第一产业	第二产业	第三产业
2004	19	44	37
2005	16	48	36
2006	15	50	36
2007	13.3	51.2	35.5

表 1 - 2 - 25　2004—2006 年日照市人口及收入基本情况

年　　份	2004	2005	2006
人口数（万人）	278.5	281.71	282.4
职工月均收入（元）	1 218	1 438	1 720
教师月均收入（元）	1 218	1 438	1 720

随着日照市经济的跨越式发展，该市职业教育得到迅速发展。建市前，全市仅有一两所中等职业学校，高等职业教育更是一片空白。建市后特别是近年来，随着"教育兴市"战略的推行，职业教育得到迅速发展。全市现有高等职业院校3所，均为独立设置的高等职业技术学院，在校生规模逐年增长，2007年达到2万人以上；中等职业学校19所，主要以职业高中和中等专业学校为主，在校生规模为2.76万人。近年来，日照市中等职业学校的在校生数和招生数持续增长，高、中等职业教育有着较强的发展后劲。同时，该市开展了以企业和劳动部门举办的在职培训和职业资格培训为主的各类职业培训（参见表1-2-26、表1-2-27、表1-2-28、表1-2-29和表1-2-30）。

表1-2-26　2004—2007年日照市高等职业学校发展情况

年　　份	各类高等职业学校总数（所）	学校发展规模（人）
2004	1	10 557
2005	2	16 451
2006	2	17 208
2007	3	20 000

表1-2-27　2004—2006年日照市中等职业学校发展状况

（单位：所，人）

年份	中等职业学校		其　中							
			中等专业学校		职业高中		技工学校		成人中专	
	总校数	在校生总数	校数	在校生数	校数	在校生数	校数	在校生数	校数	在校生数
2004	18	23 120	3	8 626	11	10 271	1	3 800	3	423
2005	19	27 086	3	9 880	12	12 909	1	4 072	3	225
2006	19	27 560	3	11 234	12	12 054	1	4 200	3	72

表 1 - 2 - 28　2004—2006 年日照市接受中等职业
教育学生数与接受普通高中教育学生数比较

年　份	2004	2005	2006
接受中等职业教育的学生数（人）	19 320	27 086	23 360
接受普通高中教育的学生数（人）	61 841	63 614	60 479
比例（%）	3.2	2.35	2.59

表 1 - 2 - 29　2004—2006 年日照市每万人中接受
中、高等职业教育的人数及比例

年　份	2004	2005	2006
每万人接受中等职业教育的人数（人）	69	96	83
每万人接受高等职业教育的人数（人）	38	58	61
比例（%）	1.82	1.66	1.36

表 1 - 2 - 30　2004—2007 年日照市举办各类培训（非学历教育）情况

年份	各类职业培训总人次（万人次）	教育部门主办培训人次（万人次）	企业主办培训人次（万人次）	劳动部门主办培训人次（万人次）	社会力量主办培训人次（万人次）
2004	6	1.1	2.2	1.8	0.9
2005	6.2	1.2	2.3	1.8	0.9
2006	6.5	1.2	2.3	2	1
2007	6.5	1.3	2.4	2	0.8

2. 职业教育结构调整

如上所述，自 20 世纪 90 年代特别是进入 21 世纪以来，中国职业教育在规模上得到了快速发展。然而，由于发展初期，中国职业教育仍然是基于计划经济条件下的发展模式，社会经济发展对技能型人才的需求与职业教育人才培养模式之间的矛盾愈加突出。特别是国家经济体制改革的不断深化，极大地推动了社会生产力的发展。经济的快速发展，必然引起产业结构、产品结构和劳动力结构的变化，直接影响着职业教育在其学校布局结构、专业及课程结构、层次结构、形式结构等方面的变化。原有的职业教育结构已经不能适应国家经济建设、经济体制改革及教育体制改革的需要，影响制约着职业教育的进一步发展。因此，推进职业教育结构调整，深化职业教育办学体制和管理体制改革，优化职业教育资源配置，提高职业教育办学质量和整体效益，便成为 20 世纪末以来中国职业教育发展的重要方向和主要任务。1999年，教育部印发《关于调整中等职业学校布局结构的意见》，对中等职业学校布局结构调整的指导思想、工作目标、主要实现形式及组织实施均作了明确部署和要求。近十年来，各地根据经济社会发展的需要和产业结构的调整，不断加大对学校布局结构和专业设置结构调整工作的力度，使职业学校的布局结构更加合理，校均规模不断扩大，教育层次和办学形式更加多样化；课程设置的专业面得到拓宽，面向新兴产业和服务业、具有较强技能性的专业不断涌现，如数控技术、计算机应用、电子商务、物业管理等，进一步适应经济社会发展对职业教育专业结构和内容的需求，切实提高了办学水平和整体效益。

从本课题选取的三个样本城市的职业教育的发展中也可以看出，各地经济的发展和产业结构的调整，对职业教育提出了强劲的需求；实现全面建设小康社会的宏伟目标，走新型工业化道路，推进城镇化，解决"三农"问题，促进就业和再就业，都要求职业教育在新形势下要有一个大的发展。各地要通过布局结构、专业结构、层次结构和形式结构等方面的调整，使职业教育更好地适应当地经济建设和社会发展的需要。

（1）合理调整布局结构，扩大办学规模

20 世纪 90 年代特别是进入 21 世纪以来，三个样本城市根据当地经济发展和产业结构调整对技能型人才培养的需求，在各级政府和教育部门的指导下，对各自在单纯计划经济条件下建立的各类中等职业学校进行整合，通过合并、共建、联办、划转等调整形式，进行资源重组，改变"条块分割"的传统管理体制和分散办学、重复办学、资源配置不合理、办学效益低的状况，建立起在当地政府的统筹规划下，适应区域经济和社会发展需要的新的中职学校布局结构，使当地的中等职业教育在规模上得到进一步发展，结构更加合理，质量、效益明显提高。

苏州市政府为了改变当地中职学校长期存在的条块分割、多头办学、政出多门、学校"小而散、小而弱"的突出问题，于2002年12月作出了大力实施布局调整的决定，下发了《苏州市职业教育布局结构调整的总体方案》，全面推进布局结构调整工作。经过4年的努力，全市94所中等职业学校通过"整合提升一批、转制重组一批、保留发展一批、撤销停办一批"，逐步被调整为58所，其中建成省级以上重点职业学校25所。经过资源重组，苏州市职业学校的布局结构得到了明显改善。一是打破了行业、部门的界限，提高了政府的统筹能力。同时，实行政府办学、行业企业办学和民间办学，形成以政府办学为主，行业企业和民间办学为辅的格局。二是彻底改变了学校"小而散、小而弱"的状况，提高了规模效益，中职学校的校均规模由原来的900人增加到2 500人，在校生由原来的9.17万人增加到14.5万人。苏州市所属的常熟职教中心是由6所学校合并组建的新学校，占地500亩，在校生近万人，通过布局调整成为全省规模最大、实力最强的学校之一。三是提升了办学层次，优化了职业教育结构，高等职业院校由5所增加至17所，在校生由原来的3万人增加到7万人。近年来，高职院校又进一步增加到43所，在校生增至21万人。四是创新了发展模式，推动了职业教育的集约发展。从2006年三个样本城市接受中等职业教育学生数与接受普通高中教育学生数的比较中可以看出，在适龄学生中，苏州市接受中等职业教育的学生比例最高（参见表1-2-31）。

表1-2-31 2004—2006年三城市接受中等职业教育
学生数与接受普通高中教育学生数的百分比

年份 城市	苏州市	沈阳市	日照市
2004	0.998	1.054	0.31
2005	1.234	0.922	0.43
2006	1.195	0.95	0.39

（2）整合专业课程，适应当地经济发展

近年来，三个样本城市在调整职业学校布局结构的同时，普遍对传统专业进行改造，使传统的学科专业向社会发展急需的新兴专业转变；面向当地支柱型产业、高新技术产业和服务业发展的需要，灵活设置专业，加强应用型专业和特色专业建设，保证专业培养与当地社会经济发展的实际需求紧密联系；通过多学科专业的交叉、渗透与融合来实现专业的有效设置，实现资源优化，以适应地方经济建设和产业结构调整的需要。

沈阳市作为辽宁省乃至全国的工业龙头城市，在大力发展第二产业的同时，积极发展第三产业，特别是现代服务业。产业结构的不断升级，要求对职业教育的专业结构进行重新规划与布局，将传统专业的闲置资源、富余资源或利用率不高的资源向社会未来发展急需的高新技术类专业、高层次管理类专业等新兴专业转移，实现资源优化，同时重点发展与沈阳市支柱产业相对接的数控技术、机械制造、汽车制造与运用、信息技术以及现代物流等专业（参见表1-2-32和表1-2-33）。

表1-2-32　2004—2007年三城市中等职业学校专业设置情况

城市 专业类型	苏州市	沈阳市	日照市
该地区优先发展的专业	现代服务业	数控技术、机械制造与控制、现代服务业	机电、机械、电子、计算机
该地区占主导地位的专业	制造业	信息技术、商贸旅游、加工制造、文化艺术与体育	机电、计算机、财会
实施"订单培养"的专业	机电	汽车制造与维修、汽车运用与维修、数控技术、化学工艺、	机电
根据市场需求灵活设置的专业	—	报关、物流、物业管理	—

专业类型＼城市	苏州市	沈阳市	日照市
近三年新增的专业	物流	报关、物流	钢铁冶炼、模具设计与制造、商务外语、电子商务、装潢与设计、棉纺、数控、船舶驾驶、轮机管理、物业管理

表 1 - 2 - 33　2004—2007 年苏州市和沈阳市高等职业院校专业设置情况

	苏州市	沈阳市
该地区优先发展的专业	现代服务业	装备制造、交通运输、现代服务业
该地区占主导地位的专业	制造业	电子信息、文化教育、财经、制造业
实施"订单培养"的专业	机电	老年服务、船舶机械、石油化工、数控技术
近三年新增的专业	物流	现代物流

（3）提升教育层次，满足对高技能人才的需求

近年来，三个样本城市在推进职业教育布局结构调整的过程中，通过改变传统发展方式，使中等职业教育在规模上得到进一步发展，结构更加合理，质量、效益明显提高。同时大力发展高等职业教育，除总量增加以外，开始从规模扩张转向内涵发展，按照当地经济和社会发展对技术应用型人才的实际需求，合理配置不同类型专科层次的高职教育资源，基本走出了补偿性增长阶段而步入了适应性发展阶段。

日照市在调整职业教育布局结构的同时，大力发展高等职业教育，经过近年来的发展，现有高等职业学校 3 所，分别是日照职业技术学院、山东水利职业学院和山东外国语学院，高职院校在校生 2 万余人。普通中等专业学校 4 所，分别是日照市工业学校、日照市农业学校、日照市卫生学校、日照

师范学校；中等职业学校（职教中心）7 所，分别是东港区职业教育中心、东港区职业教育中心河山分校、岚山区职业中专、莒县职业教育中心、五莲县职业教育中心、日照市高级技工学校、日照市水产技工学校，中职在校生（含实习期）2 万余人，初步形成了较为完整的中、高等职业教育体系。

（4）多种形式办学，促进职教多样化发展

为了进一步优化教育结构，合理有效地开发利用职业教育资源，近年来，三个样本城市积极推进职业教育办学体制改革，大力扶植民办职业教育发展，改变由政府一手包揽的传统办学格局，促进多元化办学体制的形成。在发展各级正规学历教育的同时，积极构建多种办学模式，大力发展各种形式和内容的职业培训，走学历教育与非学历教育并举，职前教育、在职教育、转岗转业教育培训相互沟通、协调有序的发展道路，以满足不同学习者提高专业技能、谋求职业发展及实现个人兴趣爱好的各种学习需求。

近年来，苏州市民办职业教育发展迅速。其中，民办高职院校在当地高校总数中所占比例较民办中等职业学校在当地中等学校总数中所占比例大，且办学情况良好，呈现蓬勃发展的势头，初步形成了政府办学、行业企业办学和民间办学的多元化办学体制，总体呈现出以政府办学为主，行业企业和民间办学为辅的格局（参见表 1 - 2 - 34）。

表 1 - 2 - 34　2008 年苏州市职业教育不同办学形式的学校数和百分比

	学校数（所）	比例（%）
政府办学	32	66.7
行业企业办学	9	18.7
民间办学	7	14.6

日照市在不断深化职业教育改革，加大职业教育结构调整力度，提高正规职业学校办学质量和效益的同时，坚持"以服务为宗旨，以就业为导向"和"面向市场，服务企业"的办学方向，积极面向市场，发挥政府各有关部门的作用，加强与企业的合作，大力推行工学结合和校企合作，积极推进"双元制"办学模式改革。在与企业合作办学上主要是校企合一型、校企契

约型和半工半读（工学交替）型，三种模式占办学类型的73%，体现了不同形式的办学特色。在此次调查中，在"如何了解社会用工需求"上，57%的学校是通过企业和市场，82%的学校则通过订单、推荐和招工的形式促进学生就业。同时，日照市还广泛开展了各种形式和内容的职业培训，如，2004—2007年，该市企业和劳动部门根据新兴城市发展的特点，广泛开展了在职培训和职业资格培训，同时，兼顾农村剩余劳动力转移培训和再就业培训，体现了该市职业培训与当地产业、经济结构及社会发展相适应的特点。

综上所述，中国职业教育经过近十年的体制改革和结构调整，正在逐步走向与经济和社会发展相适应的发展道路，在21世纪中国全面推进小康社会与和谐社会建设中，在构建终身教育体系、推进学习型社会建设中，正在发挥越来越重要的作用。

（三）职业教育发展模式

日照、苏州、沈阳三市的职业院校坚持以就业为导向的办学方针，与地方经济紧密结合，贴近劳动力市场需求，为社会各行业的发展培养了技能型应用人才。日照、苏州、沈阳三市的职业院校根据本地区社会经济发展对技能型人才的需求，努力探索职业教育发展模式。

1. 校企合作办学模式

校企合作是一种以市场和社会需求为导向的运行机制，是学校和企业双方共同参与人才培养的过程。它是以学生的全面素质、综合能力和就业竞争力为重点，利用学校和企业两种不同的教育资源和教育环境，采用课堂教学和学生参加实际工作有机结合的教学形式，培养适合不同用人单位需求的人才培养模式，是实现"最佳标准"的基础。它以开放的环境让学生接受更全面的教育，是对传统封闭的学校人才培养模式的创新。

（1）办学模式

2005年《国务院关于大力发展职业教育的决定》指出："实施国家技能型人才培养培训工程，加快生产、服务一线急需的技能型人才的培养，特别是现代制造业、现代服务业紧缺的高素质高技能专门人才的培养。""大力推行工学结合、校企合作的培养模式。"2006 年，教育部在《关于全面提高高等职业教育教学质量的若干意见》中指出："大力推行工学结合，突出实践能力培养，改革人才培养模式。""积极推行与生产劳动和社会实践相结合的学习模式，引导课程设置、教学内容和教学方法改革。"

经过多年的努力，日照、苏州、沈阳三市的职业院校和企业在合作办学模式方面进行了许多大胆探索和有益尝试，促进了校企双方的持续发展。调研发现，三个地区的职业院校校企合作办学模式主要有校企契约型、职业教育集团型、半工半读（工学交替）型、校企合一型、学校自办产业型、企业主办型六种。由表 1-2-35 可知，很多所学校采用多种校企合作办学模式，其中以校企契约型居多，被选次数最多，职业教育集团型次之，半工半读（工学结合）被选次数也较多。

表 1-2-35 三市校企合作办学类型（多选）

序　　号	类　　　　型	被选次数（次）
1	校企契约型	28
2	职业教育集团型	16
3	半工半读（工学交替）型	14
4	校企合一型	10
5	学校自办产业型	8
6	企业主办型	1

从表 1-2-36 可知，选择校企契约型办学模式，苏州市比例最高达40.7%，依次为沈阳市达 37.1%、日照市占 26.7%；选择职业教育集团型办学模式，沈阳市比例最高达 25.7%，依次为苏州市 18.5%、日照市 13.3%；选择半工半读（工学交替）型办学模式，沈阳市位居第一为 22.9%；选择校企合一型办学模式，日照市位居第一为 26.7%；学校自办产业型和企业主办型在沈阳、苏州、日照三市不具有普遍性，所占比例很少，有的甚至没有。

表 1-2-36 三市的校企合作办学类型

合作办学方式	沈阳市		苏州市		日照市	
	被选次数	百分比	被选次数	百分比	被选次数	百分比
校企契约型	13	37.1	11	40.7	4	26.7
职业教育集团型	9	25.7	5	18.5	2	13.3
半工半读型	8	22.9	3	3	3	20.0
校企合一型	1	2.9	5	18.5	4	26.7
学校自办产业型	3	8.6	3	11.1	2	13.3
企业主办型	1	2.9	0	0	0	0
合　　计	35	100	27	100	15	100

松散型校企合作办学模式中，校企契约型合作方式是主要模式。许多学校校长反映，通过签订"契约"的合作方式，能够确保校企双方合作目标的清晰性和合作内容的确定性，如在专业设置、培养目标、培养方式、实训形式等方面明确无误；合作权益具有保障性，双方均承担相应的责任和义务，必须信守作出的承诺。这就避免了校企合作的随意性，保障了校企合作的稳定性。

松散型校企合作办学模式中，职业教育集团型在沈阳市、苏州市所占比率也较高。调研中发现，沈阳市、苏州市的职业教育集团正在向规模化、集团化、连锁化方向发展。2003年江苏省教育厅出台了关于职业教育集团的专门文件，提出由一批高等职业技术学院牵头，以中等职业学校为主体，企业广泛参与，组建跨地区的省级专业职业教育集团。苏州市积极响应，相继成立了经贸、现代服务、信息、旅游、机电等职业教育集团。沈阳市也出台了相关政策，围绕支柱产业组建了化工、橡胶、装备制造、汽车工程、服装、旅游、现代服务、金融商贸、信息产业9个职业教育集团。

紧密型校企合作办学模式中，校企合一型在日照和苏州两市所占比例相对较高。校企合一型是指学校通过合作办学，整合企业生产资源与学校培训资源，形成产学一体化的培养模式。这种模式既集中了各种类型校企合作之优势，又避免或减少了合作中的难题，使职业技术学院从校企合作进入了校企融合，走上了高技能人才培养的快车道，实现了跨越式发展。此模式下，企业和学校是一个整体，企业直接参与办学过程和教学管理，将高技能人才培养作为企业发展的重要组成部分。

　　课题组针对企业与学校的具体合作方式又进行了深入调查。从表1－2－37中可知，三市的职业学校与企业共同承担人才培养的合作方式排在前三位的是：企业为学生提供实习机会、与企业联合实施订单培养、企业为教师提供实践机会。

表1－2－37　　三市学校与企业的合作方式

序号	合　作　方　式	百分比（％）
1	企业为学生提供实习机会	18.2
2	与企业联合实施订单培养	16.7
3	企业为教师提供实践机会	15.1
4	企业参与学校人才培养方案的设计与实施	12.5
5	企业委托学校进行职工培训	12.0
6	企业为学校提供实训设备	10.9
7	企业为学校提供兼职教师	8.9
8	企业向学校提供教育培训经费	4.7
9	暂时没有建立合作关系	1.0
合　　　计		100

　　职业院校与企业合作办学的方式较为多样化，多是采用订单式培养的方式，或为学生和教师提供实习、实训机会等方式。而企业主动性的合作办学方式，如企业参与学校人才培养方案的设计与实施，企业委托学校进行职工培训，企业为学校提供实训设备、兼职教师和教育培训经费等合作办学方式所占比例较低，说明企业参与职业学校合作办学的积极性不高，有待于进一步加强和改善。

　　（2）影响校企合作的因素

　　由于中国校企合作办学刚刚起步，处于探索阶段，因此在实践中遇到许多困难。调研中发现，影响校企合作的原因是多方面的，与各地的社会经济发展水平和文化背景密切相关，因此，日照、沈阳、苏州三市存在一定的差异性。这里仅以沈阳为例分析影响校企合作的原因，从表1－2－38可知，影响沈阳市校企合作的最重要因素是"缺乏相应的政策引导"，占总被选次数的 26.8%，其次为"缺乏有效的合作机制"和"企业缺少积极性"，各占总被选次数的 22.5% 和 21.1%。

表 1 - 2 - 38　影响沈阳市校企合作的主要因素

序号	影响校企合作的主要因素	被选次数	百分比（%）
1	缺乏相应的政策引导	19	26.8
2	缺乏有效的合作机制	16	22.5
3	企业缺少积极性	15	21.1
4	缺少校企双方交流的平台	13	18.3
5	传统办学观念制约学校的主动性	8	11.3
合　计		71	100

以上数据说明，影响沈阳市校企合作的主要因素是多方面的，政策性因素和机制性因素均占到较高的比例，从而大大影响了企业对校企合作参与的积极性。由此可见，要进一步改革和完善校企合作，应将政策机制和合作机制问题摆在首先要解决的战略地位。

2. 职业培训

（1）职业培训任务

中国劳动力就业市场，一方面需要依靠职业学校向"更专"的方向发展，提高就业者的文化水平、职业能力和整体素质，进行定向教育；另一方面还需要充分利用职业学校的师资、管理、项目开发、试验设施设备的优势，开展各种职业培训，有针对性地进行职业资格培训、农村劳动力转移培训、在职培训、再就业培训和岗位培训，使劳动者扩大就业机会、提高适应能力和自主创业能力。也就是说，职业培训是职业教育的重要组成部分。

由于中国各地的经济发展水平不同，对职业培训内容需求也就有所不同。课题组在对沈阳和日照两个城市的培训内容、类型进行调研时发现，在各类培训中，沈阳市和日照市都是在职培训所占的比例最大，沈阳市为 52.8%，日照市为 36.9%。日照与沈阳相比，其农村劳动力转移培训所占的比例超过沈阳 10 个百分点。这是因为日照正处于由第一产业向第二产业和第三产业转型时期，农村劳动力转移还需要一段时期，而沈阳市原本就是以第二产业为主的国家重工业基地，现在正处于重要工业基地改造、新兴产业开创时期，逐步向以高新技术为龙头带动产业结构升级，因此，两个城市均以在职培训和职业资格培训为主（参见表1-2-39）。

表1-2-39　2006年沈阳市、日照市承担的各类职业培训任务

城　　　市		各类职业培训	其　　中				
			职业资格证书培训	农村劳动力转移培训	在职培训	再就业培训	短期培训
沈阳	万人次	1.16	0.3	0.03	0.6	0.06	0.17
	比例（%）	100	25.9	2.6	51.7	5.2	14.7
日照	万人次	6.5	1.9	0.9	2.4	0.8	0.5
	比例（%）	100	29.2	13.9	36.9	12.3	7.7

（2）委托培训机构

从承担培训的主办单位来看，依靠社会力量举办职业培训的比例苏州市高于日照市，苏州市为43.1%，日照市为15.4%（参见表1-2-40）。由此可以看出，开展职业培训的市场化程度与当地社会经济发展水平有着密切关系。不可否认，社会力量举办职业培训更能满足就业者对职业培训多样化的需求。但也要看到，正处于向工业化、城镇化转型的日照市，在开展职业培训的初期，在一定程度上还是需要由政府、企业和个人共同分担，实现劳动者的职业技能培训。

表1-2-40　2006年苏州市、日照市承担职业培训的委托机构

城　　　市		各类职业培训总人次	其　　中			
			教育部门	企业主办	劳动部门主办	社会力量主办
苏州	万人次	51	13	7	9	22
	比例（%）	100	25.5	13.7	17.7	43.1
日照	万人次	6.5	1.2	2.3	2	1
	比例（%）	100	18.5	35.4	30.8	15.4

近年来，中国政府扶持职业培训的政策力度不断加大。沈阳、苏州和日照三市各级政府及其有关部门为了促进经济发展模式的转变，日益重视劳动者素质的提高，将职业培训纳入人才培养工作体系，制订了许多行之有效的政策措施，人们越来越认识到职业培训的重要性。课题组根据职业教育的使命、职业教育的作用、影响职业教育发展的根本因素和职业教育发展四个维度，对教育工作者、企业人员和家长进行了问卷调查。结果表明，校长和教师对职业教育的认识程度最高；按地区看，苏州认识程度最高分值为 4.63 分，其次沈阳 4.60 分，日照 4.49 分（参见表 1-2-41）。由此可以看出，经济发达地区的人们和职业教育工作者对职业教育的认识程度较高。相信随着职业教育对当地社会经济发展贡献率的增长，人们对职业教育的地位和作用的认识会日益深化。

表 1-2-41　对职业教育认识程度的调查情况

	所有被调查者	校长和教师	企业和家长	地　区		
				日照	苏州	沈阳
平均分	4.58	4.60	4.51	4.49	4.63	4.60

（3）存在的问题

随着社会经济的发展，职业培训将成为职业教育发展的重要环节。沈阳、苏州、日照三市为满足产业结构调整与升级对高素质、应用型、技能型人才的需求，都认识到现有的职业培训格局、培训体制、培训效益等方面还存在不少问题。

一是培训总量小，培训层次低。从调查情况看，各市有关部门资料表明，目前发展现代服务业"极度紧缺"的动漫设计、展厅管理、注册会计师等 25 种人才及"非常紧缺"的会展策划、物流师等 59 种人才，尚无培训机构开展相应的培训工作。

二是培训资源分散，培训机制不健全。现有的培训机构，分散于各市、各行业部门、职业院校和社会领域，缺乏有效的统筹、整合；同时，政府包办型的职业培训体系带有计划经济色彩，职业培训与市场需求脱节的现象时有发生。

三是培训政出多门，培训效率低下。目前，职业培训工作涉及劳动、人事、经济、农业、教育、旅游、经贸等多个行政主管部门，职业培训工作以条为主，相互缺乏统一的管理协调机制，造成政策不统一、信息不对称、财政专项经费使用绩效不高。

四是培训内容单一，培训方式老化。职业培训的内容普遍陈旧，实训、考核标准与生产实际脱节严重；培训标准体系缺乏，培训品牌建设滞后；少数培训机构应试倾向严重，培训管理不严，培训证书社会实际认同率较低。

职业培训对于一个区域的发展至关重要。只有一个地方的培训有质量，这个地方的企业才会有质量；只有一个地方的培训有活力，这个地方的产业才会有活力；只有一个地方的培训可持续，这个地方的经济发展才会可持续。但是，职业培训工作是一个复杂的大系统，改革与完善并非一朝一夕即可完成，需循序渐进，逐步完善。

3. 管理体制改革

（1）改革方向

长期以来，中国职业教育管理存在条块分割、多头管理、交叉管理的问题，没有形成统筹协调的管理系统。《国务院关于大力推进职业教育改革与发展的决定》中提出："推进职业教育管理体制改革，建立并逐步完善在国务院领导下，分级管理、地方为主、政府统筹、社会参与的管理体制。"这为中国职业教育管理休制改革指明了方向。

通过调研可以看出，目前沈阳、苏州、日照三市职业教育管理体制改革的基本思路是：落实科学发展观，树立大职业教育观念和"管理即服务"的新理念，扫除制约职业教育发展的体制性障碍，推动职业院校由传统的政府包揽办学的格局逐步向职业学校办学体制多样化转变；改革职业教育管理体制，遵循教育与社会发展的规律，构建有利于职业教育发展的新体制；通过体制创新，职业教育实现由单一性领域向综合性领域、由学科型模式向技术应用型模式的转变；各级政府大幅度增加对职业教育的投入，大力推进职业教育战略性结构调整，进一步优化职业教育资源配置。

（2）管理体制、机制改革新进展

在被调查的沈阳、苏州、日照三市的 36 所中高职院校中，92% 的学校建立了校企合作培训制度，89% 的学校建立了家长参与学校的民主管理与监督制度，83% 的学校成立了由学校、行业与企业代表组成的学校咨询委员会，61% 的学校与国外建立了合作办学制度。

在调研中发现，有些地方的重点、示范、骨干职业院校的国际交流与合作是有成效的，如建立校际交流关系，聘请外籍教师讲学，派遣师生去国外学校参观学习，学习国外职业教育办学的先进经验，以项目合作形式培养技能型人才。此外，三个市的教育部门都在拓展职业教育的对外开放度，制定和出台一些积极推动的相关政策，以提高本地区职业教育的国际竞争力。

以苏州为例，2006 年 8 月，苏州市人民政府在《关于大力发展职业教育的决定》中提出三个主要目标，其中之一就是要打造苏州国际教育园，力争 2007 年基本建成，2010 年全面建成。加强教育园的管理和资源统筹，实现教育资源的充分利用和共享，凸显职教特色，打造职教园区、共享园区和平安园区。为此，苏州提出实施扩大职教对外开放计划，使职教成为对外合作办学的优先领域，鼓励更多的学校开展国际交流合作，学习和借鉴国外先进的教育教学经验和人才培养模式，拓展学生海外就业市场和深造渠道。到 2010 年，苏州市职业学校开展中外合作办学和建立合作关系的比例超过 70%。同时，加大与外省、市教育机构的交流和合作，建立一批外省、市生源基地，年对外招生人数超过 1 万人，不断满足本市劳动力市场需求，同时为境内外其他地区提供人才服务。

（3）存在的问题

我们在调研中发现，随着经济社会发展以及政府职能的转变，"条块分割"的职业教育管理体制日益暴露出越来越多的问题。

一是职能交叉，政出多门，多头管理，难以进行统筹协调。

二是各类职业学校培养目标、招生、收费、投入、教学管理和评价、毕业生质量等缺乏统一、合理的标准。

三是一些学校专业服务面窄，人才流向不合理；部分学校办学规模小而分散，专业设置重复，教育资源浪费，办学质量参差不齐，甚至出现学校之间的恶性竞争，影响职业教育的质量和效益。

四是一些职业学校事实上出现"表面上的多头管理，而实际无人管理"的局面，加之经济体制改革、产业结构调整等原因，学校面临自主办学和自筹资金发展的困难局面，一些学校由于长期缺乏办学经费而难以为继。

总之，三个市还需要积极推进职业教育管理体制创新，尽早形成政府主导、行业企业和社会积极参与的多元办学格局，构建和完善能够快速推动地区经济社会发展的职业教育管理体制。

4. 课程体系建设

职业教育改革的核心是教学改革，教学计划和课程体系又是重要的教学条件。因此，三个市都已认识到职业院校在当前的教育教学改革中，必须做到合理确定培养目标，构建起面向 21 世纪的课程体系，才能更好地适应新时期对劳动者素质的要求，取得更好更快的发展。根据对日照、苏州、沈阳三市职业教育在教学改革方面的调研，我们看到许多学校开始积极推行适应企业、行业用人标准和规格的课程改革，初步形成了以项目课程为主体的模块化专业课程体系，并在以下几个方面有较好的突破。

（1）"对证施教"的教学模式

近年来，职业院校为落实全国职业教育工作会议提出的"以服务为宗旨，以就业为导向"的办学方针，积极推动职业教育从计划培养向市场驱动转变，从政府直接管理向宏观引导转变，从学科本位向能力本位转变，充分发挥职业资格证书制度在引导职业院校办学中的作用。

以沈阳市为例，2003 年以来，在数控、电气控制与运行、汽车维修与运行、计算机及应用、化学分析与检验、电子技术应用、服装设计与制作、饭店服务与管理 8 个骨干专业设计了"对证施教"的培养方案，打破传统学科体系概念，采取"模块组合"方式，将各项知识与技能整合成相应的课程。在课程类别上，纯理论教学的课程做到少而精，同时增加实验、实习、实训课程。在教学内容的分布上，既注意同一课程教学内容的关联性，又注意课程间的相互衔接；既涵盖职业证书知识与技能要求的全部内容，又避免了交叉重复。教学实行学分制，考核形式灵活多样，体现出"以人为本"的原则。课程体系的改革取得良好的效果，学生毕业后能拿到两个以上证书（毕业证、职业资格证、企业岗位资格证、行业职业资格证等），为顺利进入劳动力市场提供保证。

（2）模块化课程结构体系

模块化又叫模件化，它是综合了系列化和组合化的特点来解决系统多样化的一种方法。在对一定范围内的不同产品进行功能分析和分解的基础上，划分并设计、生产出一系列通用模块或标准模块，然后从这些模块中选取相应的模块并补充新设计的专用模块和零部件一起进行相应的组合，以构成满足各种不同需要的产品的一种标准化形式。模块化课程结构，是将课程培养目标与岗位职业能力有机地结合，从学习的单元库中选出合适的学习单元，形成一个以综合能力培养为主体、突出技能和岗位要求的课程教育体系。通过把教育内容编排成便于进行各种组合的单元，组成具有不同功能的、相对独立的课程模块。课程目标针对相应岗位或工种群，使学生具有从事同类专业多个岗位工作的能力。不同的对象可以按目标自主地选择，并组合成各自的学习或培训计划。每个模块由若干个学习单元组成。一个完整的课程模块还包括该部分内容的培训目标、所需的学习材料、完成该部分材料学习所需的辅导材料，以及考核评估标准等。

模块化结构设计方法，可以说是标准化、系列化、通用化的提高和发展，为专业开发、设置，课程的设计和学生专业方向的确定带来人力、物力和时间上的效益，也促进了教育服务、教育产品的可靠性和可用性的提高，其本身组合的过程就体现出从设计到实践，然后改进、提高，再完善，又创新，不断螺旋上升的发展过程。就实施环境而言，模块课程实际上是学分制下的一种弹性课程。

我们在调研中发现，三个市的许多职业院校都开设模块课程。如，沈阳市汽车工程学校与华晨宝马汽车有限公司参考中德双方的有关教材，由学校教师和企业技术人员共同编写了汽车制造与维修专业"双元制"实训校本教材系列。这套教材富有很大的弹性及灵活性，具有以企业实践为主的特点，改变了传统职业教育以学科为中心的单元结构，取而代之的是以能力为本位的模块课程结构。

（3）强化"三位一体"的教学方法

加强实训基地建设，强化"三位一体"的教学方法。"三位一体"即将课堂、实习车间和实习企业融为一体。即在课堂教学中解决了"应知"问题，在实习车间中解决了"应会"技能问题，在实习企业中解决技能熟练问题。实训基地建设对学生职业技能的培养和动手能力的提高起到至关重要的作用。贴近市场办学的关键就是设置符合市场需求的专业，同时不断加强专业实训场地、设施设备的建设。如，苏州市已建成包括数控加工、电子技术、计算机、汽车、物流等专业在内的省级以上实训基地8个，市级基地20个。苏州旅游与财经高等职业技术学校将物流、导游等系统程序引入实验室，让学生进行模拟操作，培养的毕业生深受用人单位的好评。苏州工业职业技术学院建立了庞大的教学工厂，让学生"零距离"实践学习。苏州建设交通高等职业技术学校紧紧扣住苏州建筑业和交通业的发展，设置了建筑工程、市政工程、室内装潢工程等专业；仅汽车运用与维修专业的实训设备投入就达200多万元；已建成31个省级示范专业和40个市级重点专业。

（4）创设激励为主的评价体系

课程改革评价机制会对探索中的课程改革在广度、深度、进度三个维度上均产生重大影响。沈阳、苏州、日照三市教育主管部门对本地区职业院校的教学实施了灵活的弹性管理，科学合理地进行考核评估，鼓励成功但也允许失误甚至失败。依据职业教育的特点，从学生知识技能习得的角度来说，岗位实习及社会实践效果都应该纳入课程改革评价体系中加以综合考虑，逐步建立和完善学分制条件下的特色专业课程改革评价和监控体系，以提高课程改革的有效性，确保特色专业不断成长与可持续发展。

总之，职业院校的课程改革起步不久，为适应社会经济发展的需要，按照工作岗位和职业能力要求来确定课程内容，按照技术领域和职业岗位（群）的任职要求建立课程标准、规范课程教学等的改革任重道远。

5. 师资队伍建设

提高教师素质是推进职业教育改革和提高教育质量的关键。职教师资队伍的建设，尤其是专业师资的建设，在很大程度上代表着学校的办学水平、办学质量，甚至代表着学校未来发展的方向。职业学校教师队伍建设特别需要强调专业课教师、文化基础课教师、"双师型"教师的人数比例、专业技能水平、教学水平、协调能力等的有机结合，从而实现最优化组合。因此，职业学校教师队伍建设的任务就更为艰巨。课题组对日照、苏州、沈阳三市中等职业学校教师的学历构成、职称构成、"双师型"教师比例、校长的工作年限、工资收入、继续教育等方面进行了调研。

（1）学历构成

沈阳、苏州、日照三市中等职业学校教师学历均以本科学历为主，苏州市本科及以上学历教师占85%，沈阳市占80%，日照市占70%。

高等职业院校的专任教师学历也是以本科层次为主，但高学历层次的教师在增加。从表1-2-42可以看出，2006年沈阳市高等职业院校共有专任教师3 901人，其中专科学历教师373人，占专任教师总数的9.6%，比2005减少4.6%；本科学历为3 108人，占专任教师总数的79.7%，比2005年增长6.8%；硕士学历为398人，占专任教师总数的10.2%，比2005年增长60.5%；博士学历为22人，占专任教师总数的0.6%，比2005年增长29.4%。

表1-2-42　2005—2006年沈阳市高等职业院校专任教师学历情况

学历	2005 年		2006 年		变化幅度
	人数	百分比（%）	人数	百分比（%）	（%）
专科	391	11.0	373	9.6	-4.6
本科	2 909	81.6	3 108	79.7	6.8
硕士	248	7.0	398	10.2	60.5
博士	17	0.5	22	0.6	29.4
合计	3 565	100	3 901	100	9.4

2008年苏州市高等职业院校共有专任教师8 498人，其中专科及以下学历教师191人，占专任教师总数的2.2%；本科学历教师为4 659人，占专任教师总数的54.8%；硕士学历教师为2 591人，占专任教师总数的30.5%；博士学历教师为1 057人，占专任教师总数的12.4%（参见表1-2-43）。

表 1 - 2 - 43　　2005—2008 年苏州市高等职业院校专任教师学历情况

年份\学历	2005		2006		2007		2008	
	人数	百分比（%）	人数	百分比（%）	人数	百分比（%）	人数	百分比（%）
专科及以下	264	4.1	159	2.2	174	2.2	191	2.3
本科	3 894	60.6	4 294	60.2	4 398	56.7	4 659	54.8
硕士	1 741	27.1	2 041	28.6	2 418	31.2	2 591	30.1
博士	529	8.2	644	9	772	9.9	1 057	12.4
合计	6 428	100	7 138	100	7 762	100	8 498	100

由上述数据可知，2006 年沈阳市高等职业院校专任教师中本科及以上学历比例达到 91%；2008 年苏州市高等职业院校专任教师中本科及以上学历比例达到 97%，两市专任教师中具有硕士及博士学历的教师增幅明显。

（2）职称构成

专任教师专业技术职称结构以副高级和中级为主。2006 年日照市中等职业学校共有专任教师 1 327 人，副高级和中级合计占总数的 78.6%。2008 年沈阳市共有专任教师 6 384 人，副高级和中级合计占总数的 63.3%；高等职业院校共有专任教师 3 896 人，副高级和中级合计占总数的 63%。

根据沈阳市的调研发现，沈阳市中等职业学校专任教师中以专业实习、指导课教师居多，占总数的 60.6%，其中"双师型"教师占专业实习、指导课教师总数的 29.5%，占教师总数的 17.9%。几年来，"双师型"教师的数量和比重逐年增长，说明政府与学校都非常重视"双师型"教师的培养，并且取得明显效果。但总体而言，"双师型"教师所占比例依然较低，还需要进一步加强对"双师型"教师的培养工作。

（3）工作年限与工资收入

从沈阳、苏州、日照三市被调查的 921 个教师从事职业教育工作年限看，1～5 年所占比例是 25.2%，为最高，工作年限 11～15 年所占比例是 23.9%，为第二（参见表 1 - 2 - 44）。可以看出，职业学校教师从事职业教育工作的教龄比较短。

表1-2-44 职业学校教师从事职业教育工作年限

年 限	人数（人）	百分比（%）
1~5 年	232	25.2
6~10 年	150	16.3
11~15 年	220	23.9
16~20 年	141	15.3
21~25 年	98	10.6
26~30 年	48	5.2
30 年以上	32	3.5
合 计	921	100

　　经济待遇也是直接影响教职工工作热情的因素之一。三个市被调查的923位职校教师问卷调查结果显示，占87.1%以上人的月工资低于3 000元，甚至还有5.4%的教师工资月收入低于1 000元（参见表1-2-45）。一般而言，职业学校教师的工资低于普通学校，因此，提高职业学校教师的工资是调动教师工作积极性的重要保障之一。调研中一些职业学校反映，近年来，为进一步完善结构工资制，学校采取了以岗定聘、聘酬结合、活化分配、按绩取酬、拉开档次、奖勤罚懒、奖优罚劣等措施，起到了调动教师的工作热情的作用。

表1-2-45 职业学校教师的月工资收入

金 额	人数（人）	百分比（%）
1 000 元及以下	50	5.4
1 001~1 500 元	200	21.7
1 501~2 000 元	253	27.4
2 001~2 500 元	183	19.8
2 501~3 000 元	118	12.8
3 001~3 500 元	58	6.3
3 501~4 000 元	32	3.5
4 000 元以上	29	3.1
合 计	923	100

（4）教师继续教育培训

许多职业学校十分重视教师的继续教育，根据工作岗位的性质，为教师创造各种培训学习的机会，提高教师的管理能力、专业能力、教学水平和科研能力，提升职教师资的综合素质。课题组对三个市 922 位职业院校的校长和教师的继续教育情况进行了问卷调查。2006—2007 年，922 位校长和教师中，参加职业教育培训的有 589 人，占 64.2%，其中参加过 1 次培训的 338 人、2 次培训的 120 人、3 次以上培训的 91 人；未参加培训的 330 人，占 35.8%（参见表 1-2-46）。参加培训最多的是教学工作岗位的教师，其次是教学兼管理岗位和管理岗位的教师。

表 1-2-46　2006—2007 年教师参加有关职业教育培训情况

工作岗位	未参加	参加				合计
		1 次	2 次	3 次以上	其他	
管理工作	61	32	19	15	5	132
教学工作	205	206	84	42	5	542
实习指导或实践教学	15	25	7	4	1	52
管理兼教学	35	64	28	26	3	156
科研工作	3	5	2	2	0	12
其他	11	6	3	2	6	28
合计（百分比）	330 (35.8%)	338 (36.7%)	143 (15.5%)	91 (9.9%)	20 (2.2%)	922 (100%)

灵活多样的培训方式是职业学校教师培训的突出特点。调研中发现，许多学校采取了结对式、讲座式、调查式、顶岗式、参与式、交流式、挂靠式、"联姻"式、自主式等多种培训形式，使教师参加了不同层次、不同形式的培训，努力促进专业教师朝着"双师型"教师目标努力。32.6% 的教师选择最喜欢参加的学习方式是脱产进修，22.6% 的教师选择参观考察，20.5% 的教师选择参加培训班。但选择远程教育和学术会议学习方式的教师均不足 10%（参见表 1-2-47）。

表1-2-47　你乐意选择的继续教育培训方式

选　　项	人数（人）	百分比（％）
脱产进修	301	32.6
学术会议	63	6.8
学术讲座	101	11.0
参观考察	208	22.6
培训班	189	20.5
远程教育	37	4.0
自学	16	1.7
其他	7	0.8
合　　计	922	100

（5）"双师型"教师培养

教师是学校教育、教学工作的主体，是实现教育、教学质量提高的关键。为了提高职业教育师资的总体素质，沈阳和苏州均采取了积极有效的措施，并取得了成效。

一是沈阳市的"双千互进"工程。该工程就是校企双方建立紧密型关系，千名教师进到企业岗位参加生产实践工作，千名技师进到学校课堂承担教学实训任务。在《打造沈阳职教品牌，创建全国技工高地行动计划（2007—2010年）》文件下发后，2007年有536家企业的1163名技术人员被聘为中职学校专业建设指导教师，走进学校参与教育教学改革、培训教师和指导学校实训基地建设、学生技能训练等工作；有1222名教师走进企业，进行实践考察和锻炼，提高实践技能，积累职业经验。"双千互进"工程加强了学校的实践教学环节，提高了培养人才的质量。

二是沈阳市的"师资培训工程"。2006年开始，沈阳市职业院校与清华大学联合举办职业学校管理干部高级研修班，借助清华大学高层次的培训平台，举办各种层次的研修班共10期，对分管各项工作的副校长和骨干专业教师约500人进行培训。① 除此之外，国外企业也对沈阳市的职业教育教师进行培训，如，沈阳市吉百思汽车培训学校成立后，得到了德国宝马集团的大

---

① 王庆环，程俭微．沈阳市50名职业学校校长清华"充电"［N］．光明日报，2006-05-10．

力支持，近 60 名汽车专业教师在基地进行了为期半年"双师型"培训，达到了德国宝马企业技术要求的标准，提高了职业学校汽车专业的师资水平。

三是苏州市建设教育培训、下厂实践、技能竞赛、教学评比、学历进修、名师评选六大平台，打造了一支结构合理、素质优良、名师辈出、"双师型"特色的教师队伍。2008 年，苏州市 5 000 余名职业学校专任教师的本科达标率超过 88%，硕士研究生的比例达到 5.4%；专业教师中"双师型"教师比例达到 56%，骨干教师队伍不断扩大。

（6）存在的问题

调研中发现，近年来，在各地职业学校招生数不断提高、办学规模不断扩大的同时，职业学校师资面临日益紧张的压力，特别是专业教师数量严重不足，专业师资队伍建设还存在着亟待解决的诸多问题。

一是专业师资队伍数量不足，文化课、专业课教师比例不当。教育部《关于"十五"期间加强中等职业学校教师建设的意见》中规定，"专业课教师在教师总量中的比例应达到 60% 左右"。而目前一些职业院校与这一要求相差甚远，专业课教师数量不足，以致一些学校不得不让文化课教师改行去做专业教师，影响了专业教师的整体素质和教学质量。

二是实习课指导教师和实验员缺乏。职业教育与普通教育不同，实践性很强，有的学校没有专任实习课指导教师，出现"在黑板上种田、开机器"的现象。由于受人事制度的限制，学校难以从企业和社会上录用专业技术人员或能工巧匠到校担任专业课教师或实习指导教师。

三是中年教师比例过低，30 岁以下的青年教师所占比例过大。由于学校扩招，很多学校专业师资严重不足。大部分学校采取的方法是大量招聘应届大学毕业生以解燃眉之急。在很多学校，近五年毕业的专业教师甚至超过专业教师总数的一半。而经验丰富的中年骨干教师严重短缺，更缺乏学科和专业带头人，出现结构断层。青年教师大多缺乏专业实践经验，专业技能教学能力不足，职业教育教学理论较缺乏，教学方法单一，导致培养的学生很难适应企业的需求，严重阻碍了职业教育的健康发展。

四是教师培训很难达到应有的效果。目前，职业学校教师要求参加培训的需求强烈，但由于经费紧张及专业教师严重缺编等问题，一些学校对教师培训工作不够积极。此外，一些教师培训形式和培训内容相对单一，教师可以选择的余地较小。首先，有些培训内容选择过于陈旧，或与学校的实际不符，缺乏可操作性。其次，培训形式比较单一。绝大多数还是由一些高校来承担，举办一些讲座或进行一些所谓的实习（其实是教学实验，与生产实际相差甚远）。因此在培训内容的时效性和实用性方面都大打折扣。最后，培训单位在组织方面随意性较大。有些培训在内容上和时间上不能按照计划进行，经常随意地削减或更改，使培训不能达到预期的效果。

五是评价模式落伍。管理型教师评价模式仍处于主导地位，有碍教师积极性的提高，不利于"双师型"教师队伍建设。管理型教师评价模式过分注重组织目标，格外突出等级地位，十分强调学校领导的权威，较少承认教师个人的作用。教育改革形势变化迅速，管理部门制定的组织目标不可能一成不变，应该经常修改或调整。在实现组织目标的过程中，必须考虑教师个人的未来发展目标，否则不可能最大限度地发挥广大教师的积极性，也就不利于"双师型"教师队伍的建设。

6. 学生就业能力

近年来，中国政府高度重视职业学校的发展，学校办学质量有较大提高，学生的就业质量也不断提高。课题组对苏州、沈阳、日照三市30多所职业院校进行了问卷调研，结果显示如下。

（1）对口就业率

在了解全国职业院校就业情况的基础上，课题组对苏州工业园区工业技术学校进行了调研。苏州工业园区工业技术学校是教育部门主管的公办三年制中专学校。从表1－2－48可以看到2004—2007年，该校直接就业率保持在92%以上，升入高一级学校率4%以上，未就业率仅为2%左右。

表1－2－48　苏州工业园区工业技术学校（中职）毕业生就业情况

年份	毕业生总数（人）	直接就业人数（人）	就业率（%）	升入高一级学校人数（人）	升学率（%）	未就业人数（人）	未就业率（%）
2004	376	346	92	24	6.4	6	1.6
2005	406	384	94.6	17	4.2	5	1.2

续表

年份	毕业生总数（人）	直接就业人数（人）	就业率（%）	升入高一级学校人数（人）	升学率（%）	未就业人数（人）	未就业率（%）
2006	414	389	94	18	4.3	7	1.7
2007	303	284	93.7	12	4	7	2.3

高等职业学校的就业情况较为乐观。如，苏州工业园区职业技术学院是股份制独立设置的高职高专院校，学制包括二年制、三年制、四年制和 3 + 2 学制。从表 1 - 2 - 49 可以看到，2004—2007 年，该学院直接就业率保持在 97% 以上，特别是 2007 年的直接就业率几乎达到 100%。升入高一级学校学习人数和未就业率都在 1% 左右。

表 1 - 2 - 49　苏州工业园区职业技术学院（高职）2004—2007 年毕业生情况

年份	毕业生总数（人）	直接就业人数（人）	就业率（%）	升入高一级学校人数（人）	升学率（%）	未就业人数（人）	未就业率（%）
2004	662	640	96.67	10	1.51	12	1.82
2005	1 021	1 008	98.73	3	0.29	10	0.98
2006	1 115	1 082	97.04	18	1.61	15	1.35
2007	370	1 359	99.19	3	0.22	8	0.59

从表 1 - 2 - 50 的 17 个专业领域看就业情况，11 个专业直接就业率达 100%，就业率最低的专业是视觉（92.86%）和动画制作（95.66%）。对口就业率最高的是汽车运用技术（95%）、机电一体化（92%）、模具设计与制造（91%）；对口就业率最低的是软件技术（72%）、商务管理（76%）、视觉（76%）。未就业率最高的是软件技术（3.7%）、动画制作（2.67%）、光电技术（2.5%）。由此可以看出，目前职业院校的直接就业率都很高，但对口就业率中有些专业面临挑战。

表 1 – 2 – 50　2007 年苏州工业园区职业技术学院主要专业毕业生情况

编号	专业名称	毕业生人数（人）	直接就业率（%）	对口就业率（%）	升学率（%）	未就业率（%）
1	机电一体化	241	100	92	0	0
2	工业设备安装	45	100	87	0	0
3	汽车运用技术	28	100	95	0	0
4	模具设计与制造	81	100	91	0	0
5	精密工程	136	100	89	0	0
6	光电技术	40	97.5	80	0	2.5
7	微电子技术	88	100	85	0	0
8	工业电子	223	100	87	0	0
9	现代通信技术	44	100	83	0	0
10	软件技术	81	96.3	72	0	3.7
11	计算机网络技术	45	100	82	0	0
12	英语	53	98.11	79	0	1.89
13	现代物流	83	100	83	0	0
14	商务管理	49	100	76	0	0
15	动画制作	75	95.66	79	2.67	2.67
16	视觉	14	92.86	76	7.14	0
17	环境艺术设计	44	97.73	78	0	2.27

目前职业学校了解社会用工需求的主要渠道有以下几种：31.5% 的学校是通过与企业联系了解社会用工需求；25.9% 的学校通过毕业生跟踪调查了解社会用工需求；22.2% 的学校通过政府信息了解社会用工需求；17.6% 的学校通过劳动力市场了解社会用工需求；2.8% 的学校通过中介机构了解社会用工需求（参见表 1 – 2 – 51）。由此可以看出，劳动力市场、中介机构、媒体这三个方面所提供的就业需求尚未成为学校获取就业需求的主要方式，也反映出中国职业学校的毕业生的就业市场尚未形成开放竞争、信誉度高的运行机制，因此，学校、学生、政府还要在相当一段时期内承担着就业市场需求的协调任务。

表1-2-51 三市职业院校如何了解社会用工需求

序号	方　式	次数	百分比（%）
1	通过与企业联系了解社会用工需求	34	31.5
2	通过毕业生跟踪调查了解社会用工需求	28	25.9
3	通过政府信息了解社会用工需求	24	22.2
4	通过劳动力市场了解社会用工需求	19	17.6
5	通过中介机构了解社会用工需求	3	2.8
6	通过媒体广告了解社会用工需求	0	0
	合　计	108	100

（2）学生岗位技能素质满意度

课题组围绕职业道德和工作态度、相关专业知识、岗位技能、团队合作精神、学习能力五方面分别对中、高职毕业生综合素质进行了评价。

校长和教师对中等职业学校毕业生综合素质的满意程度总的说来介于满意与不满意之间，t检验显示，与"满意"（值为4）存在极其显著的差异，由表1-2-52可知，中等职业学校毕业生的各项素质均未达到令校长和教师满意的程度。

表1-2-52 校长和教师对中等职业学校毕业生各项素质的
满意程度观测值与"满意"的t检验

项　目	t	自由度	显著性	和"满意"的差异
职业道德和工作态度	-36.817	885	0.000	-0.901
相关专业知识	-39.478	902	0.000	-0.905
岗位技能	-35.263	903	0.000	-0.816
团队合作精神	-35.403	903	0.000	-0.860
学习能力	-42.614	901	0.000	-1.099

注：根据调查工具的设定，"满意"的值为4。

校长和教师对中等职业学校毕业生各项素质的满意程度由低到高依次是：学习能力、职业道德和工作态度、相关专业知识、团队合作精神、岗位技能（参见图1-2-1）。认可度最低的是学习能力，认可度最高的是岗位技能。

这说明学生通过职业学校的学习，岗位技能的提高是十分有效的。

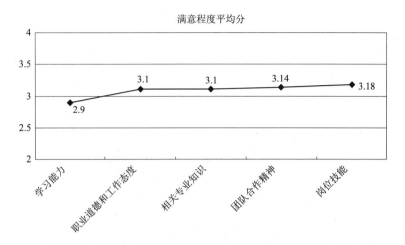

满意程度平均分

图1-2-1 校长和教师对中等职业学校毕业生各类素质满意度排序

校长和教师对高等职业学校毕业生综合素质的满意程度总的说来介于满意与不满意之间，t检验显示，与"满意"（值为4）存在极其显著的差异。从表1-2-53可知，高等职业学校毕业生的各项素质也均未达到令校长和教师满意的程度。

表1-2-53 校长和教师对高等职业学校毕业生各项素质的满意程度

项　　目	t	自由度	显著性	和"满意"的差异
职业道德和工作态度	-31.967	881	0.000	-0.721
相关专业知识	-31.533	882	0.000	-0.689
岗位技能	-30.176	879	0.000	-0.682
团队合作精神	-31.457	880	0.000	-0.720
学习能力	-30.782	880	0.000	-0.746

注：根据调查工具的设定，"满意"的值为4。

校长和教师对高等职业学校毕业生各项素质的满意程度由低到高依次是：学习能力、职业道德和工作态度、团队合作精神、相关专业知识、岗位技能（参见图1-2-2）。

由此可以看出，高等职业学校毕业生综合素质顺序的认可程度与中等职业学校毕业生基本吻合，只是满意程度分值略高于中等职业学校。随着中国

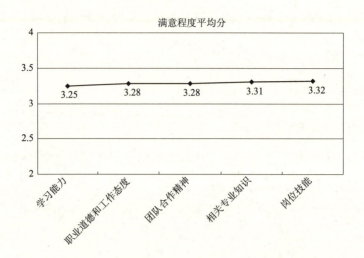

满意程度平均分

图1-2-2 校长和教师对高等职业学校毕业生各类素质满意度排序

社会经济的快速发展，中国制造业在国际上占据了越来越重要的位置，劳动力就业市场对人才的综合素质的要求越来越高，未来的职业学校不能仅局限于满足学生岗位技能的提升，还需要提高学生学习能力、职业道德和工作态度、团队合作精神以及掌握相关专业知识的综合能力。

（3）存在的问题

首先，招生和高质量就业、自主创业的压力依然很大，还没有形成"以就业为导向"的良性办学机制，学生的就业能力、专业种类、生源的质量都面临着激烈的竞争，招生就业激励机制还有待于完善，对毕业生质量的跟踪调查未形成制度化。

其次，职业学校的生源质量普遍偏低，学生的职业意识较差。由于受各种传统观念影响，很多家庭及学生还没有把职业教育当做一种就业和谋生的基础，考不上高中或大学，抱着一种退而求其次的心理来到职业学校学习专业技术，目的单纯、学习被动、学生自我发展和自我教育处于不利地位，这加大了职业学校教师就业指导工作的难度。

最后，职业学校学生的就业观念中存在"挑肥拣瘦"、好高骛远的情况。一些学生过分强调自己的权益保护而忽视了自己应该履行的义务。他们对求职就业期望值过高，取向上追求经济利益而忽视了社会的需要。择业中对职业、对自己缺乏正确的认识和评价。调研中，用人单位反映，毕业生最缺乏的是实干精神和职业道德，其次是专业水平、人际沟通能力和脚踏实地的工作态度。

总之，对于当前中职学生的职业观，需要站在一个新的角度去思考，正确开展职业学校学生的就业指导教育十分重要。

（四）职业教育发展特色

1. 校企合作形式多样化

三个市的职业院校基本实现了由传统的封闭式办学模式向校企合作多样化办学形式的转变，目前，形成了校企契约、职业教育集团、半工半读（工学交替）、校企合一等多样化的合作办学形式。

三个市职业院校校企合作办学模式多以"契约式"为主，"契约式"已成为促进校企合作办学模式持续发展的有效途径。校企之间建立合理的契约关系，避免了校企合作的随意性，保障了校企合作的稳定性。

"契约式"校企合作是大力发展职业教育的重要实现途径。由于校企合作没有固定统一的模式，各个专业都有各自的特点，其合作模式也不尽相同。因此，在市场经济环境下，需要政府根据职业教育的发展需求及时调整相关政策，以校企双赢为目标，探索和建立校企"契约式"合作的新机制。

2. 职业院校在构建终身教育体系中发挥了沟通与衔接作用

三个市充分利用职业院校的师资、管理、项目开发、实验设施设备的优势，广泛开展了政府扶持和就业者需求的职业培训，使众多劳动者扩大了就业机会，提高了职业适应能力和自主创业能力。职业院校发挥了连接国民教育体系和社会化终身教育体系的纽带作用。

职业院校开展职业培训虽然具有得天独厚的优势，但是潜在的教育培训资源优势能否转化为适应市场需求的职业培训优势，转化为职业培训的核心竞争力，还需要职业院校与时俱进，制定品牌发展战略，开发切实可行的战略计划，以及将其付诸实施的执行力，从而提升职业培训质量、水平和竞争力。

3. 逐步由政府包揽办学的格局向办学体制多元化转换

沈阳、苏州、日照三市按照市场运作规律构建有利于职业教育发展的新体制，推动职业院校由传统的政府包揽办学的格局，向政府主导、行业企业和社会积极参与的多元办学格局转换；通过营造职业教育办学的新环境，使三个市的职业教育实现由单一性领域向综合性领域转变；各级政府大幅度增加对职业教育的投入，大力推进职业教育战略性结构调整，进一步优化职业教育资源配置。

但是，职业教育的制度创新不是一朝一夕能够完成的，需要发挥地方政府的重要作用，以新的观念指导地方的职业院校的改革，制定新的行为规范，调整职业教育各利益主体（企业、职业学校、家长等）之间的权利关系，实现新的目标，调动职业院校的积极性，让它们自主地对职业教育进行创造性的变革。

4. 模块化专业课程体系建立达成共识

三个市积极推行适应企业、行业用人标准和规格的课程改革，初步形成了以项目课程为主体的模块化专业课程体系。特别是"对证施教"的教学模式、模块化课程结构体系、强化"三位一体"的教学方法、创设激励为主的评价体系等方面都有较好的突破。

由于职业院校的课程改革起步不久，为适应社会经济发展的需要，按照工作岗位和职业能力要求来确定课程内容，按照技术领域和职业岗位（群）的任职要求建立课程标准、规范课程教学等的改革任重道远。

5. 专业化培训课程体系将成为职教师资队伍建设的重点

虽然近年来沈阳、苏州、日照三市对师资培训工作颇为重视，加大了投入力度，实施了各种培训工程，搭建了各种学习平台，但其效果并不乐观，培训时效性和实用性效果不突出。其原因之一是课程设置偏离实际，缺少实践性强的知识，无法满足教师的需要。由于职业院校的特殊性，构建职教教师专业化培训课程体系需要整合资源，立足校企合作，创建灵活有效的工学、产学培训模式。

6. 职教学生的人文素养教育急需摆到重要位置

沈阳、苏州、日照三市职业学校学生的对口就业率不断提高，用人单位对学生的岗位技能素质满意度较高，但是用人单位对学生的学习能力、职业道德和工作态度满意度较低。因此，职业院校需要把人文素养教育摆到重要位置。谋求职业是人类生活必不可少的组成部分，但绝不是全部。学生的创造性智慧和能力的深度开发、丰富而均衡的精神世界的培育，包括丰富的人文历史知识基础和广泛的情趣爱好、丰富的道德情感和对道德人格追求的培养等需要引起教育界的关注和重视。人文的力量不能低估，它可以支撑人的价值追求，涵养人的精神，塑造完整的人格。因此，要坚持以人为本的教育原则，在职业院校全面开展人文素养教育，让一批又一批具有丰富的精神世界和高超的专业技能的优秀学生走向未来的职业和生活。

三、俄罗斯典型地区职业教育的调查与分析

（一）俄罗斯职业教育体系概况

从 1992 年《俄罗斯联邦教育法》颁布实施以后，俄罗斯形成了包括初等、中等、高等、高等后职业教育和补充职业教育在内的大职教体系，各级职业教育的共同使命就是赋予人职业知识和技能。受俄罗斯社会经济变化以及欧洲教育一体化进程的影响，近些年来，俄罗斯的职业教育体系一直处于调整和改革状态。

1. 俄罗斯初等职业教育

俄罗斯初等职业教育体系有 60 多年的发展历史，目前有 3 100 所初等职业学校，主要培养技术工人和职员。与其他教育层次不同，俄罗斯的初等职业教育一直在承担一定的社会职能，即对学生提供一系列社会支持，包括免费的食宿、奖学金和免费服装。75% 的初等职业学校学生来自生活保证不利家庭，或者不完整家庭，80% 以上的学生家庭收入都低于平均生活水平，6% 的学生入学动机是学校提供免费的饮食。

初等职业教育主要由两类学校提供，第一类为职业学校（职业技术学校，即 училище），这是传统的初等职业学校形式；第二类是近年来形成的新型的初等职业学校，即职业性实科学校（лицей）。二者的区别在于，实科学校提供更高层次的培养，甚至可以实施中等职业教育，主要培养高水平的技

术工人。目前，在初等职业学校中，第一类学校大约占总数的 2/3，还有部分初等职业学校向技校（техникум）方向发展，主要表现形式是学生学习年限延长，一般为 3~4 年。

初等职业教育阶段的学习时间取决于学生入学时的受教育程度，九年级毕业生入学一般学习 2~3 年，十一年级毕业生入学要学习 1~2 年，其中九年级毕业生占大多数，约为 75%，还有近 10% 的学生的教育层次低于九年级。初等职业教育在俄罗斯属于义务教育，入学基本不存在竞争。

初等职业教育的教学内容以实践课为重，不同专业的实践课占总课时的 50%~70%，远远超过理论课的比例。苏联时期的最后几年，初等职业技术学校涉及的职业有 1 400 多种。1999 年俄罗斯联邦制定了《俄罗斯初等职业教育标准》，根据这一标准对职业名录进行整合之后，目前有 280 个职业方向。从专业结构来看，苏联时期，初等职业教育体系为工业部门和服务行业培养工人的比例为 80∶20。目前，这一比例与苏联时期正好相反，而且出现了一些社会所需的新职业种类，主要培养小商品经营者、生态工作者、工艺品艺术设计师等。

2. 俄罗斯中等职业教育

《俄罗斯联邦教育法》规定，中等职业教育的目的是培养具备中等职业教育程度的、有熟练技能的专门人才；中等职业教育在基础普通教育、完全中等教育和初等职业教育的基础上满足个人深化和扩展知识的需要，使个人获得所选职业活动需要的技能、智力、身体、道德方面的发展。俄罗斯的中等职业教育相当于联合国教科文组织统计局制定的《国际教育标准分类法》中高等教育的第 5 级中的 5B，也就是相当于中国的高职教育。在经历了社会转型初期的低迷后，近年来俄罗斯的中等职业教育呈稳步发展状态。

至 2007 年底，俄罗斯共有 2 800 所中等职业学校。中等职业学校主要有三类：第一类是中等专业学校，包括中等技术学校和中等专业学校（техникум 或 училище），也有部分中等专业学校的名称使用"中学"（школа）一词；第二类是学院（колледж）；第三类是企业（机关）技校（техникум-предприятие 或 учреждение）。其中，中等专业学校是实施中等职业教育的基本专业学校；学院是独立的、提高型的学校（或者是综合性大学、专科性大学、高等专科学校的分校）。两类学校的主要区别体现为教学计划不同，前者实行中等职业基本教育计划的基础阶段的计划，学院实行中等职业教育基础阶段和提高阶段的计划。中等职业教育的提高阶段与基础阶段相比，人才培养的深度和广度均有所提高，学习期限增加一年。企业技校也是一种独立的学校，按照中等职业教育计划开展职业教育。技校毕业生获得"技师"资格，学院毕业生获得"高级技师"资格。

俄罗斯每年大概有11%的基础学校（普通学校九年级）和23%的完全中学（普通学校十一年级）的毕业生进入中等职业学校。中等职业学校在竞争基础上录取学生。2002年技校（техникум）入学竞争（公费生）比例为1.75∶1，其中面授形式的入学竞争比例为1.85∶1。根据入学层次的不同，学制为2～5年。中等职业教育以不同的形式实行，包括面授、面授—函授（夜校）、函授。在完全中等教育的基础上接受中等职业教育，学习期限为2～3年，面授—函授和函授形式比面授形式延长1年，也就是说，接受中等职业教育的毕业生要比完全中学的毕业生学制多一年。

在中等职业教育的人才培养过程中，理论培养占主导地位，占总学时数的60%以上。理论知识具有概括性，基本上具有一般职业知识的特点，这样学生可以从一组专业转到另一组专业中，而实践性培养则以实验室实践课程形式进行。

1995年，俄罗斯联邦批准实施《俄罗斯中等职业教育标准》，根据该标准，中等职业教育设有近300个专业。目前，中等职业教育的专业人才的培养结构发生了变化，以前比重很高的技术和农业专业的录取比例有所减少，分别从53%和12%降到了37%和5%，经济和人文专业的录取比例从1980年的11%增长到2002年的36%。但是，近年来由于劳动力市场对技术专业人才需求增长，使技术人才的培养也出现了回升趋势。服务和新型信息技术领域的职业属于最近几年的新增专业。

3. 俄罗斯高等职业教育

俄罗斯高等教育都属于高等职业教育，按照《俄罗斯联邦教育法》和大学生专业设置数量，大学可以划分为以下几类：综合性大学（университет）、专科性大学（академиия）、学院（институ）。其中，前两类发展迅速，目前占大学总数的 50% 和 30%。人数最多的是综合性大学。任何一类高等职业学校及其分校在有相应的许可证条件下都可以开展普通初等、普通基础、普通完全中等、初等和中等职业教育，甚至是补充职业教育。现有的三类高等学校在实行以上教学计划的同时，通常还要实行高等后职业教育计划，对高水平人才、科学和教育科学工作者实行培养、再培养和技能提高，兼顾开展基础性和应用性科学研究。对教育计划、教学量以及毕业生培养水平的要求都由高等职业教育国家教育标准决定。

高等职业教育阶段的教学形式包括面授、面授—函授（夜校）、函授、走读，所有的教学形式都实行统一的教育标准，教育计划可以连续或者分阶段实施。学校为通过国家评定的毕业生发放国家证书。

与其他的职业教育阶段相比，高等职业教育在近些年经历了最显著的数量和质量的变化，处于快速发展状态，使 16.3% 的高等职业学校涵盖了65.3% 的各层次职业学校的学生。

4. 俄罗斯高等后职业教育和补充职业教育

高等后职业教育和补充职业教育也是职业教育体系的一个重要的组成部分。按照《俄罗斯联邦教育法》的规定，高等后职业教育向公民提供在高等教育基础上提高自身教育水平和科学教育素养的可能。高等学校提供的研究生教育属于高等后教育。补充职业教育的目的是为了全面满足公民的教育需求。在职业教育的所有层次都存在补充教育，其主要任务是继续提高工人、职员、专业人员的专业技能素养。

随着俄罗斯连续职业教育理论研究与实践的展开，这一层次的职业教育愈加受到关注。据统计，近些年来，有 2 000 万各级领导、专业人员和国家职员需要提高职业技能，接受再培训。目前，在俄罗斯职业技能再培训领域，尤其是领导和银行家再培训领域，教育进口服务占了很大比例。为了完成这一任务，需要提高现有补充职业教育体系和高等后职业教育体系接收学生的能力，扩大到现有容量的 2 ~ 3 倍。目前，主要依靠在学校中创办专门的分支机构来为企业提供补充职业教育。此外，也倡导建立行业性的补充培养体系，并努力使这种行业培养体系与大学实现教育资源整合。

（二）俄罗斯职业教育体系变革的特点

苏联解体之后，俄罗斯的初等和中等职业教育的发展一度陷入低迷。从2000 年开始，俄罗斯的经济逐渐得以恢复。2000—2006 年，俄罗斯国内生产总值增长了 2.6 倍，总量为 6 790 亿美元，外资投入总量由 2000 年的 11 652 亿卢布增长到了 2006 年的 44 827 亿卢布。企业，尤其是小型企业，对于专业人员和技术工人的需求不断增长，技术工人的缺口达到 80% 以上。然而，在工业、建筑、交通和商业领域有近 20% 的专业人员和技术工人的职业技能没有达到应有的水平。在此情况下，根据劳动力市场需求调整人才培养结构，提高职业教育体系人才培养质量，就成为职业教育体系改革的主要目标。

2001 年 12 月 29 日，俄罗斯联邦政府颁布了《2010 年前俄罗斯教育现代化构想》（以下简称为《构想》）。《构想》是新时期俄罗斯各级各类教育改革的指导性文件。《构想》确定了职业教育体系改革的使命是"建立有效的职业教育发展模式，在教育部门、职能机构、商业界和社会组织开展合作的基础上，将职业教育转变为地区社会经济发展的资源"。同时也确定了初等和中等职业教育优先发展战略，以使职业教育的内容更加符合现实需求，提高初等和中等职业教育人才培养的质量，使人才培养符合国际标准，对职业名录进行整合，使初等和中等职业学校面向地区劳动力市场需求。从 2006 年开始，优先发展初等和中等职业教育的发展战略被纳入国家规划，从教育投资和教育政策角度对初等和中等职业教育的优先发展予以支持。从教育管理政策的角度来看，俄罗斯职业教育主要表现出了以下几个方面的特点。

1. 职业教育管理的去集权化和区域化

苏联时期的职业学校分属于不同的行业主管部门管理，职业教育体系首先定位于满足各行业个别大型企业的人才需求，对于行政区域的社会经济发展关注不够。市场经济体制的形成，使职业教育关注地区社会经济发展的需要，并满足地区经济发展对人才的需求，成为职业教育管理改革的主要方向。2004 年 2 月 29 日颁布的《俄罗斯联邦教育法》突出了职业教育体系"在多民族国家保护和发展民族文化、区域文化传统和特色"的职能。

从 2005 年 1 月 1 日开始，40% 的中等教育机构和 92% 的初等教育机构交由联邦主体所有，其余的保留在联邦层次。与初等职业教育体系不同，大部分的中等职业教育仍由行业性部门管理。从教育管理的去集权化趋势出发，可以预测，在不久的将来，所有的初等职业学校和大部分中等职业学校（甚至全部）会交给联邦主体。而且，在职业教育的所属关系方面出现了新的发展趋势，即不仅将学校管理权交给联邦主体，而且将部分初等和中等职业学校管理进一步下放给市政一级管理。现在有 10% 的初等和中等职业学校的管理权在市政一级。制定教育标准是俄罗斯统一教育的主要举措。在学校管理权限下放的同时，俄罗斯先后三次制定了不同层次的教育标准。

2. 职业学校投资和所有权形式的多样化

20 世纪 30 年代，由于苏联政府制定了一些相关政策，初等和中等职业学校长期以来一直保留着国家所有制形式，并有国家预算投资予以保证。《构想》制定了"初等和中等职业教育优先发展"的任务。这一任务要求审视职业教育体系的传统组织形式，并要求形成民主化的国家社会共管模式，使职业教育体系有机地融入到市场中，并对劳动力市场的发展变化作出灵活反应，对需求专业机构以及社会中主导的社会文化发展方向作出反应。

在《构想》实施之后，初等职业学校的预算投入占初等职业教育总开支的 90.7%；在中等职业教育体系中，这一比例由 61% 减少到 20%，其余不足部分由有偿教育服务收取的费用来补充，这一部分资金主要来源于学生的学费。这样，在中等职业教育体系中，付费学生的录取比例大大增长，已经达到预算生的 65%。中等职业学校付费学生占所有有偿接受教育的居民总数的 28%，而在初等职业教育层次，这一比例为 0.2%。鉴于初等职业教育承担社会职责，俄罗斯法令保证了这一层次教育的免费性。初等职业教育仅仅局限于通过对居民，尤其是无业居民，开展短期培训收取一定的费用来独立吸纳资金的方式。初等职业学校主要通过与企业签订合同（占 21%）、按照就业管理部门的方向开展培训（占 17%）、与个人签订合同开展培训（占 62%）来获取一定的补充投入。初等职业教育获取的预算外资金占投入总数的 20%，其余部分由国家预算资金投入。但是，国家投入仅仅可以满足初等职业学校现实需求的一半。根据官方统计，俄罗斯初等职业学校 80% 以上的基础设施和教学设备已经老化。

在社会转型时期，俄罗斯90%以上的企业实现了私有化，但是在教育领域，私有化的发展趋势并不存在。尽管一些企业准备购买需要的学校用于培养工人，由于俄罗斯法令禁止在初等职业教育阶段实行私有化，因此，至今在初等职业教育领域尚没有一所私立学校。在中等职业教育阶段，目前有188所非国立学校，所占比例较低，其中113所为学院，提供提高层次的职业教育。在高等教育领域，私立教育发展活跃。

3. 职业教育发展的一体化

职业教育管理地方化的实质是学校的教学活动转而关注地方需要，关注地区利益，使学校成为地方社会经济综合体的有机组成部分。因此，初等、中等职业教育发展的一个重要方向是"职业教育与生产的一体化"。具体措施有：建立职业学校与企业合作的教学科研综合体，这是初等、中等职业学校谋求进一步发展的方式，主要表现为创办企业学校；各层次职业教育的一体化，以保证初等和中等职业教育纵向延伸（垂直）的灵活性，实现教育计划的连续性，提高资源使用的合理性和有效性；建立地区学校、教学科研和教学生产综合体，即将不同类型的学校，普通学校、职业技术学校、中专、学院和大学以及生产和科学组织联合起来，这是更大规模的学校一体化形式。职业教育的一体化可以保证集中财力及人力资源发展职业教育。

职业教育的一体化主要表现为出现了一些新型的职业学校类型，例如1/3的初等职业学校已转变为职业实科学校，这类学校的教育计划整合了初等和中等职业教育的内容。部分中等职业学校转变为学院，在学院的第二教学阶段开展高等职业教育。这种变化趋势是实现连续职业教育的前奏。职业教育一体化在实践中的另一种表现是学校合并。近年来，俄罗斯初等职业学校的数量减少，在很大程度上是由学校合并引发的。

尽管一体化过程可以不同形式实现，但最终目的是更加合理地构建地区性、多层次的教育体系，这是职业教育，尤其是初等和中等教育进一步发展的选择。

4. 发展连续职业教育体系

俄罗斯职业教育改革的另一项成功的尝试，表现为职业教育体系的结构性改革，即初等职业教育领域出现了实科学校，中等职业教育领域出现了学院，高等职业教育领域也有少量的学院，而且每一阶段的教学计划都具有足够的伸缩性。以中等职业教育阶段为例，中等职业学校在提供中等职业教育的同时，向下也在部分提供初等职业教育服务，向上提供高等教育初级阶段的服务，这样一来，整个职业教育形成了一个连续的、相互沟通的体系，为学生的进一步发展创造了很好的制度环境。

建立连续职业教育体系在俄罗斯是一种实践性尝试，更是一种职业教育的发展理念。连续职业教育的理论研究与实践旨在培养一种新的职业观。因此，连续职业教育的理念不仅关系到职业教育体系的改革，也会影响从学前阶段到高等后教育的各级各类教育。

5. 鼓励合作与创新

长期以来，俄罗斯联邦政府制定的"初等和中等职业教育优先发展"的政策并没有从资金投入角度得到落实，国家每年对于初等和中等教育投入增长的部分实际上仅可以填补通货膨胀导致的开支增长。直到 2006 年联邦总统委员会对这一政策提出了具体的建议，要求改变俄罗斯职业教育的"追赶型发展"的模式，才使得俄罗斯的职业教育与世界发达国家的职业教育具有同样的竞争力。联邦总统委员会提出一系列政治、社会经济和教育措施，这些措施确定了职业教育领域的政策，其中包括职业教育要保证完全满足公民、国家、社会经济发展的需求，以及劳动力市场对培养高水平专业人员的需求，不断提高专业人员的职业水平和职业流动性。

2006 年年底，优先发展初等和中等职业教育被纳入到国家规划中。俄罗斯联邦政府发布的《国家为国立学校培养高科技生产（所需）工人和专业人员提供支持的措施》指出，根据《2007 年联邦预算法》第 60 条规定，决定于 2007 年在竞争性选拔的基础上，挑选部分实施创新性教学计划的初等和中等职业学校。其目的是通过向被选拔学校提供国家预算内资金，使学校有条件购置现代化的教学实验仪器、教学生产设备，保证学校实行创新性教育计划，从而能够培养高科技生产所需的工人和专业人员。2007 年，俄罗斯开展了"实行创新性教学计划的初等和中等职业学校竞赛"。该项竞赛实质上是对国立初等和中等职业学校的国家预算内资金划拨方式的变体，获胜学校获得的资金投入数量超过对学校的年度预算投资。从该项竞赛的选拔要求来看，鼓励学校进行教育创新并与企业界展开合作是未来俄罗斯职业教育发展的重要取向。

（三）俄罗斯典型地区职业教育体系的调查

与中国的调查相一致，俄罗斯方面也选择了三个地区作为典型地区（实验区），即坦波夫州、弗拉基米尔州和沃罗涅日州。这三个州均位于俄罗斯中央联邦区（俄罗斯联邦 7 个联邦区之一）。俄罗斯方面希望在对中俄职业教育进行比较分析的基础上，对地区职业教育体系的发展现状和趋势进行分析，并利用国际经验，确定通过职业教育体系对地区经济发展以及地区社会环境发生影响的可能性；以国际比较资料为基础，在与中方伙伴进行合作的基础上，结合每个州的相关职业制定地区职业标准；根据跨部门创建资源中心的原则，在沈阳市和坦波夫州创建培养建筑业人才的中心，在弗拉基米尔的苏兹达里和苏州市建立培养旅游业人才的中心，在沃罗涅日州和日照市建立农业小型企业、饭店业和商贸业培养人才的中心。建立权力机构、教育界和商业界共同支持职业教育，以促进实验区主导产业发展的模式，并促进区域和整体的有效发展。

1. 俄罗斯典型地区经济特点与人才需求

（1）弗拉基米尔州

弗拉基米尔州是俄罗斯联邦的主体之一，位于距莫斯科以东 200 千米的俄罗斯欧洲部分的中心地区，面积为 2.9 万平方千米，人口为 147.26 万（2006 年），城市人口占 77.5%，其政治文化中心为弗拉基米尔市。弗拉基米尔州交通发达，工业在经济中占主导地位，其中，机械制造业占工业产值的 40%，食品工业占近 17%，电力工业占 10%，玻璃生产占 7%，轻工业占5%。近些年来，弗拉基米尔州非常重视历史文化旅游和生态旅游业的发展，但是，旅游业发展所需的人才匮乏。该州期望通过中俄职业教育项目，在与中方合作者相互借鉴经验的基础上，调整旅游业人才培养的目标和任务，制订教学保证计划，对教师进行职业培养，构建开展培训和学生实践性培养的合作模式，创建人才培养综合体。

（2）沃罗涅日州

沃罗涅日州同样位于俄罗斯欧洲部分的中心地区，面积为 5.2 万平方千米，人口为 92.09 万，其中城市人口占 95.9%，行政中心是沃罗涅日市。在沃罗涅日州的经济结构中，农业占主导地位，工业有食品加工工业、机械制造业、电力工业、化工工业以及农业资源加工工业，约 4/5 的产品来自于这些行业。其中，食品加工业占 27%，机械制造和冶金加工业占 23%，居第三位的电力工业占 18%。工业领域主要生产机床、挖掘机、金属构件、冶金采矿机械、电子产品和民用飞机，等等。

沃罗涅日州是俄罗斯最大的农产品供应者，生产谷物（主要是小麦）、甜菜、向日葵以及土豆和蔬菜，甜菜制糖业和畜牧业发达。由于现代农业对于技术使用的水平要求提高，生产结构的调整导致大量劳动人口失业，因此，开展技术培训、保证人口就业成为亟待解决的问题。

近年来，俄罗斯联邦提出了支持中小型企业优先发展的策略，这也体现在沃罗涅日州的经济发展战略中。沃罗涅日建立了"俄罗斯的支柱"——中小工商业联合会分会，倡导在农业、餐饮业和服务业领域创办小型企业。为大、中型企业培养人员的职业标准体现了大、中型企业的生产技术过程，而小型工商业的特点在于，小型工商业从业人员需要具有大量的补充性职能。目前，由于缺少就业岗位，加之初等和中等职业学校的毕业生在劳动力市场上缺少竞争力，职业学校的学生就业面临困难。同时，当地也缺少培养符合雇主所需的小型工商业工作人员的学校。

目前，小型工商业的职业没有职业标准，因此，需要为小型工商业的职业制定标准，并将该标准引入教学计划中，按照新的教学计划对人才进行培养。

沃罗涅日州希望通过中俄职业教育项目，以沃罗涅日高新技术学院为基础建立沃罗涅日农业、饮食业和小型工商业企业人才培养资源中心，来系统地解决农业领域未就业人口问题，创建为小企业解决人员不足问题的人才培养模式。

（3）坦波夫州

坦波夫州是俄罗斯联邦的主体之一，面积为 3.5 万平方千米，人口总数为 113.04 万，机械制造业特别是化工设备生产、汽车和拖拉机零件制造、纺织工业设备生产以及化学工业、轻工业以及食品工业是坦波夫州的主导工业。

坦波夫州的社会经济存在一些问题，这些问题与职业教育相关。如初等职业教育人才培养体系无法满足地区劳动力市场的需求，专业人员的技能水平，初等职业学校学生、职业和专业数量难以适应地区经济发展的需求。这种情况要求在职业教育领域进行改革。

坦波夫州特别注重寻找初等和中等职业学校和企业界的新的合作形式，在坦波夫州为建立这种合作机制做了大量工作。坦波夫州建立了人力资源发展以及促进居民就业协调委员会。该委员会附属于州行政机构，并在城市和区一级建立了协调委员会，研究制订市和地区人才订单的形成机制。在协调委员会的努力下，2007 年，第一次在地区层面，由 18 个行业主管部门和 40 个不同所有制的企业以及所有市一级的机构提出人才需求申请，在此基础上制订了地区工人和专业人员地区需求明细。坦波夫州对 15 个行业的人才有需求，其中最受欢迎的行业是建筑业、建筑维修业（25%），小型加工业（23%），农业（16%）。同时，有些行业具有人才需求，但人才培养缺失，其中有木材加工生产业（1.2%）和建筑材料生产业（0.7%）。分析表明，在人才培养和地区需求间存在不匹配现象，建筑业工人和专业人员的需求成为最迫切需要解决的问题。坦波夫州认为中国在发展建筑业方面取得了显著成绩，所以希望选择建筑专业作为与中方开展合作的专业。坦波夫州希望，在双方协商的框架内，在坦波夫州和沈阳建立建筑专业资源中心。该中心的活动旨在交流提高初等职业教育质量方面的经验，制订教学计划，引进创新性教学和生产工艺。

坦波夫州的资源中心将会以坦波夫州国立中等职业技术学校"多科学院"为基础建立，该学校致力于培养建筑行业需求最高的职业人才。

2. 俄罗斯典型地区职业教育的特点

（1）以相关法律和法令为基础推进职业教育改革

俄罗斯职业教育改革在联邦层面以《俄罗斯联邦教育法》和《2010 年前俄罗斯教育现代化构想》为基础。同时，各实验区也制订了地区职业教育政策。在坦波夫州，主要法律法令包括《坦波夫州2007—2010年初等和中等职业教育发展战略》《2007—2010年坦波夫州人才培养和发展目标性计划》和《坦波夫州现有的经济领域人才发展以及促进居民就业协调委员会建立条令》。弗拉基米尔州的职业教育法令主要是《弗拉基米尔州2003—2007年职业教育发展目标性计划》，并以州长命令批准了《建立地区初等和中等职业学校网的构想》，提出地区职业教育体系发展的基本任务包括：提高职业教育质量，建立独立的职业教育质量评价体系；保证初等和中等职业教育体系提供的教育服务的普及度和有效性；发展连续职业教育体系；在对劳动力市场的未来需求进行预测的基础上向学校提出国家任务；通过向模块式教学计划的转变，使教学内容符合现实需求，制定地区初等和中等职业教育标准。

（2）优化地区职业教育体系的结构

2005年前，三个州的初等职业教育学校属于联邦，由联邦教育科学部投资并进行管理。从2005年开始，大部分的初等职业教育学校交由地区教育管理机构管理，同时开始进行学校结构调整，对由地区教育管理部门管理的学校进行合并。

地区独立确定职业教育体系结构调整的政策，每个州都有优先方面和方向。目前，三个州中，初等和中等职业教育学校分别占46%和44%。

近两年，由于学校结构的调整和合并，坦波夫州的初等职业学校由31所减少到27所，弗拉基米尔州的初等职业学校由44所减少到34所。在中等职业教育体系中，坦波夫州的中等职业学校由22所减少到14所。相反，弗拉基米尔州的中等职业学校由32所增加到35所。

职业教育体系结构调整的目的是：

——集中财力及人力资源用于发展职业教育中需要优先发展的方面。

——对职业教育体系进行调整，使其符合公民的现实需求；使教育内容实现现代化，符合经济需求；优化人才培养的职业技能结构，使初等、中等和高等职业教育实现一体化。

每一个地区职业教育体系的结构性调整，其最终结果应当是创造职业教育学校地区性网络，该网络同时能够满足当地居民和企业的需求。

（3）职业教育体系中学生数量的变化

近两年来，三个州职业学校学生人数的主要变化趋势是初等职业学校的人数在减少，而高等职业学校的人数在增加。坦波夫州 2004—2006 年，初等学校毕业生减少了 2.2%；中等学校毕业生减少了 2.8%，从 37.4% 减少为 34.6%；而高等学校毕业生增加了 5%，从 34.8% 提高到 39.8%。

弗拉基米尔州 2004—2006 年，初等学校毕业生减少了近 10%；中等学校毕业生减少了 6%，从 40.0% 降到 34.0%。但是，高等学校毕业生有所增加，从 28.5% 增加到 44.3%。

在各州对技术工人的需求增长的情况下，接受初等职业教育的毕业生数量却有所减少。学生数量结构根据层次不同产生的变化，并不符合各州经济发展的需求。

（4）职业教育的普及问题

在实验区，职业教育体系的普及完全取决于以下因素。

首先，所有的学生在初等职业教育阶段依靠国家预算支持获得教育，这样可以保证这一层次教育的社会普及度。可以认为，在实验区阻碍年轻人接受初等职业教育资源的经济障碍并不存在。

其次，职业教育普及的一个重要方面，就是教育计划是否达到需求者所要求的质量层次，其中包括需求者对于职业和教学计划的选择。在实验区，就数十种职业开展初等和中等职业教育，通常，在每所学校学生可选择 2~7 种职业。

再次，教育计划的可选择性，保证教育的普及度。特别是，教学主要在以下三种基础上展开：其一，在接受完全包括完全普通中等教育的基础性教育的基础上；其二，在接受包括不完全中等教育的基础教育基础上；其三，在接受完全中等教育的基础上。每一个学生可以选择最适合自己的教学计划。

最后，学生有着日常文化、体育设施服务保证以及医疗服务和饮食保证，保证不同社会弱势青年接受职业教育只是个别问题。于是，可以得出这样的结论，即总体上看来，三个州不同层次的青年均有接受职业教育的必要保证。

（5）职业教育的质量问题

提高职业教育质量，使人才培养与劳动力市场的现实需求相一致是职业教育改革的最主要目的。为了保证教育质量评价的客观性，职业教育的质量应当由雇主来参与评价。为此，在实验区建立了质量评价中心、毕业生职业技能认证中心等。同时，为了保证职业教育质量，现在根据以下几个方面来评价职业教育的质量，如毕业生在技能考试中获得怎样的评价，授予什么等级，多少毕业生去就业服务部门找工作，毕业生的就业比例为多少，其中哪些专业就业比例更高，等等。

在坦波夫州，近些年来，技能水平高的毕业生有所减少，2006年为28%，比2005年要少8%。弗拉基米尔州的情况相反，职业技能水平高的毕业生有所增加。初等职业教育阶段职业技能水平高的毕业生从23%增加到26%，获得优等毕业证的毕业生从8.4%提高到9.0%。

教育质量的一个重要指标是毕业生就业的数量，这一指标增长最快的是坦波夫州，坦波夫州初等职业学校毕业生从2004年的95.2%增加到2006年的98.1%，增长了2.9%。弗拉基米尔州初等职业学校毕业生从96.9%增加到97.9%，增长了1.0%。

另外，比毕业生就业总体水平更为重要的指标是不同职业方向的毕业生的就业指标，毕业生按照本专业就业的指标在不同的实验区都有所增加。在坦波夫州，根据职业方向就业的毕业生的比例占就业比例总数的82%，比2005年增加了1%。在中等职业教育阶段，这一比例为75%，比2005年增加了6%。弗拉基米尔州根据职业方向就业的毕业生比例，从2004年的62%增加到2006年的65%。在中等职业教育阶段，这一指标从93%减少到92%。

（6）职业教育的管理

职业教育体系管理的优化是地区人才培养体系最为主要的优化方向，其中包括：改变地区教育管理机构的结构和职能；在地区和市一级层次发展国家社会共管机构，如坦波夫州建立人才咨询委员会，弗拉基米尔州建立人才政策协调委员会，坦波夫州建立学校督导委员会。

为了协调州权力执行机构和实施就业人口管理的管理体系，制定并实施对劳动力市场上出现不良局面的城市和地区进行支持的措施，以现有的经济体系为基础，建立市政一级的人力资源发展委员会。

在坦波夫州，所有初等和中等学校都建立了督导委员会。督导委员会的成员包括对相应人才培养最感兴趣的组织和机构的领导人。在弗拉基米尔州没有建立相关机构。

（7）职业学校的投资

在实验区，有联邦预算投资的联邦学校，也有属于地区教育部门管理的学校。

在规划学校的投资时，有两种计算方式。① 以预算投资标准为基础，每一个学生的预算投资标准包括工资开支和直接与教育过程有关的其他物质开支。② 以教学楼维护相关服务支出的总和为基础，如通信费用、教学楼、设备、设施的大修和日常维护，保持场所清洁、合同服务，购置基本设施、物质储备、食物等。

实际上，初等和中等职业学校生均支出有增长趋势，因为初等职业教育体系的费用在迅速增长，这首先和初等职业学校需要更新贵重的物质基础相关。

除了预算投资以外，初等和中等职业学校有权自主赚钱并支配预算外投资，预算外收入以出售商品和学校提供的教育服务为基础。

（8）职业教育领域的社会合作

社会合作体系的形成是职业教育发展到现阶段的一个需要优先发展的方向。职业教育体系的社会合作是学校与企业、联邦主体、劳动力市场机构、国家和地区权力机构协调和落实这种关系的社会组织间的合作体系。

近些年来，实验区特别注意寻找新的职业教育机构和雇主间的合作关系，曾经召开教育管理机构和工业家、企业家协会的联合圆桌会议；在城市、地区层面建立了人才咨询机构——人才政策协调委员会，对人才需求以及职业教育机构之间的社会合作进行协调，对外国经验进行分析，制定了一系列法律政策性文件，以调整地区投资条件下的初等和中等职业学校的活动。

（9）实验区未来职业教育体系发展的基本方向

对三个州职业教育的现状进行分析，未来职业教育改革的基本方向包括以下几个方面。① 优化人才培养的职业技能机构，使教育计划实现多样化。② 在对劳动力市场的未来需求进行预测的情况下，向学校下达国家任务。③ 通过职业学校间的合并、合作以及一体化对职业教育网络进行进一步调整，以落实不同层次不同专业的职业教育计划。④ 发展连续的职业教育体系。⑤ 使职业教育内容符合现实需求。⑥ 巩固并进一步发展学校的人才、信息和物质技术基础。⑦ 发展对地区职业教育体系的国家社会管理体系。⑧ 以地区为基础，使职业教育管理体系实现现代化。⑨ 继续发展社会合作体系。⑩ 完善学校的职业导向性活动。⑪ 关注对社会弱势青年的职业培养。

四、中俄典型地区职业教育发展比较分析

（一）俄罗斯坦波夫州与中国沈阳市职业教育发展比较

尽管两个地区在地理、人口和经济发展等方面各有特点，但是仍有一些指标是可以进行比较的。两个地区都是重要的工业、交通和文化中心。

两个地区工业都比较发达，涵盖许多部门、行业和企业，彼此进行生产合作，相互交换产品，包括汽车制造、机械制造、各种类型电子产品及电子仪器生产、建筑材料等领域。

两个地区同处于蓬勃发展阶段，正在进行经济和社会基础结构的调整改革，目标是发展创新，提高城市居民的科技和教育潜力，发展生产和经营，吸引经济投资，并发展基础设施，在此基础上来完成提高居民生活水平和质量的任务。

近年来，坦波夫州社会经济呈现稳定发展态势，其许多指标超过俄罗斯联邦的平均指数。

沈阳市在工业化领域稳步达到既定目标，从重工业占优势的单一生产结构向多种类型经济全面发展。与坦波夫州一样，沈阳市高新科技的发展与传统生产更新相结合。沈阳市政府十分重视将国外先进技术引入经济领域，贯彻对地区重要企业和部门进行技术设备整体更新的方针。据预测，在两个地区中期发展目标中，建筑业、装备制造业、机电、电子行业是优先发展的方向。

1. 拓展规模，职业教育结构适应市场需求

两个地区社会经济的飞速发展和经济的增长要求更多的高水平人才。同

时，统计数据分析表明，2004—2006 年这两个地区职业学校的学生数、招生和毕业生规模呈下降趋势。俄罗斯是受不利的人口发展趋势的影响，而中国是职业学校社会声望低，而且缺少俄罗斯为保证初等职业教育社会普及性（特别是针对低收入家庭的孩子）而设立的免费教育。

沈阳市职业教育计划的社会普及性是由社会各方面支持完成的。学生数的增加主要体现在高等职业教育系统（主要是高等职业技术学院）。

为了调整职业教育体系的人才培养结构，使其更符合本地区经济的需求，两个地区根据经济社会发展需求着手建立有科学依据的地区人才预定培养机制。这不仅可以保证劳动力市场供求平衡，也为年轻专业人员的充分就业提供了可能。

为此，两个地区制定了人力资源培养和分配、初等职业教育和中等职业教育人才培养预定计划。

2004—2006 年，坦波夫州的初等职业学校实际上没有开设新专业。这种情况导致研究企业主对劳动力现有和长远需求的机制的缺失，导致职业学校根据雇主需求实施人才培养的专业和结构的缺失。从 2007 年开始，坦波夫州的所有市级教育部门以及 18 个行业管理部门和 40 个不同所有制形式的大型企业开始向州政府提供有关对工人和专业人员职业技能结构的需求信息。自此，坦波夫州开始以需求信息为基础建立地区人才培养计划预定。同时设立了发展经济领域人力资源的市级委员会、州协调委员会，以及职业教育和人才政策的州行业委员会；批准了坦波夫州《关于定向合同培养高等和中等职业教育专业人员》和《关于形成对工人和专业人员培养的地区需求》的决定。

坦波夫州认为，解决人才短缺问题的一种方法应该是开展职业定向工作，它能促进年轻人的职业自觉。因此，2006 年坦波夫州制定了 "2007—2010 年坦波夫州青年和非就业居民的职业定向和心理支持" 地区专项计划。

类似的情况同样出现在沈阳市，主要是劳动力市场供求矛盾比较突出，职业学校人才培养的结构和专业不完全符合当地经济发展的需求。因此，沈阳市出现了明显的人才短缺现象，市政府希望通过持续扩大中等职业学校的招生规模来解决人才短缺问题。

两个地区的经济结构改革不仅要求修改人才培养计划体系，而且需要调整职业教育自身的结构。

对毕业生培养质量新的较高要求意味着不仅需要提高毕业生的理论培养水平，而且要更好地掌握职业技能。只有发展和加强学校的教学物质基础，才能达到这一目标。

中国完成这些任务的方向之一是建立拥有更大发展潜力和现代资源基础的示范性职业教育机构。与其他教学机构不同的是这些学校的规模、专业化水平和管理体系。沈阳市积极创建了国家级和省级示范学校、职业教育中心，制定了《打造沈阳职教品牌，创建全国技工高地的行动计划（2007—2010年)》。在利用银行优惠贷款、国家预算拨款方面，沈阳市成功筹集了11.3亿元用于5所学校的改造和扩建，以使其达到先进示范职业学校的水平，打造"沈阳技术学校"的品牌。

为了挑选具有自身特点和保证本领域优质教学质量的先进学校，沈阳市决定建立6所学生人数不少于1万的市重点职业学校。

坦波夫州也呈现出发展多级部门学院和多部门培养中心的趋势。

无论是在俄罗斯还是中国，现代化生产都要求修订职业目录和专业目录，改变教学内容，开设新的专业。例如，坦波夫州有一些存在地区需求的行业，但人才培养还没有实施。这些行业包括木材加工和建筑材料的生产。而这些专业恰好是两个地区打算进行合作交流的领域。

坦波夫州近些年劳动力市场供求指数的动态变化表明，初等职业教育体系不能满足雇主对劳动力和人才的需求。初等职业学校准备只按58个工种进行培养，而地区对65种职业存在需求。同时，州中等职业教育体系基本上是另一种情况——学校能够按82个专业进行人才的培养，可是州经济只对70个专业存在需求。坦波夫州在学校建立营销服务部门是解决人才培养专业与雇主需求相符合问题的方法之一。营销服务部门组织研究劳动力市场和雇主的技能需求，将自己的教育产品借助大众传媒和网络资源推向教育服务市场。

沈阳市也存在人才培养结构和专业不适应市经济需求的问题，但是解决问题的方式不同。沈阳市意识到这些问题的解决首先在于与需求部门的更紧密合作和通过多方合作协议（如和宝马汽车公司、德国技术合作公司、沈阳大学的汽车制造学院以及辽宁省劳动和社会保障部门的合作），完善最具需求专业的人才培养机制。由于合作双方的共同努力，根据修订好的"汽车工业领域电子与机械的组合"专业开办了 8 所实验学校。此外，沈阳市为实现这些目标设立了专门基金，计划 4 年内为 30 个教育机构划拨补充经费，在此基础上按主要专业进行培养。2005 年，市政府对关键部门的人才培养给予支持。培养汽车工业人才的学校成为沈阳职业教育改革的实验基地。

2. 教学过程改革，教学质量管理

职业教育机构与商业社会的相互关系是更新教育内容，保证以需求方的现代要求为重要对象的必要条件。

坦波夫州和沈阳市在此背景下开展了建立由需求方参与的职业技能鉴定中心的工作。

沈阳市计划在教育机构开设职业技能鉴定中心。为了建立教学质量独立评估体系，坦波夫州从 2006 年开始为建立职业技能鉴定中心做了大量的准备工作，其中包括制定了关于鉴定中心的规定和建立了 3 个这样的中心。

教育过程的计算机化、连通网络的学校比例的增加，在提高职业教育质量方面起到了重要作用。职业技能竞赛、州奥林匹克竞赛是检验坦波夫州职业教育体系学生技能水平的重要手段。在这些竞赛中，学生现场展示自己的知识和技能。沈阳市职业教育体系采用"双证"系统带来了好的效果。从 2003 年起，根据职业技能水平（包括知识、能力和素质）要求 8 个主要专业的毕业生获得毕业证书，同时还获得技能水平证书。此外，毕业生还可以获得几个证书（行业专业证书），为进入劳动力市场创造有利条件。

两个地区对职业教师专业技术水平的要求不断提高。俄罗斯课题组认为，中国"双师型"教师的经验值得注意。

教育机构与企业的产学合作，在完善职业教育体系、提高毕业生职业技能方面起到了重要作用。沈阳市中等职业学校与企业的合作非常活跃，合作形式多种多样。企业主要根据教育机构的倡议，在协议的基础上为教师和学生提供实习基地，而各个职业学院同样也为企业员工设立培训站。企业经常参与制订人才培养计划和教学过程，为实习提供相应设备。但整体上企业参与教学过程的积极性目前还不高。因此，沈阳市教育机构与企业的合作体制机制还需进一步完善，应采用新的形式和方法。问题的关键是组建更复杂的模式，如新型教学生产综合体，提供政府机关、行业联合会、知名企业和职业教育机构平等、互利和互补性的合作。在这种条件下，企业代表更能积极参与招生考试和座谈以及教学过程。2007 年 4 月，沈阳市建立了主要部门联合的教学生产综合体——职业教育集团。

然而，受传统文化和政策措施的影响，整体上职业教育对人们的吸引力不够，因此，职业教育在社会经济发展中还没能处于应有的战略地位，一些学校尚未达到中等职业学校办学标准的要求，这严重制约了高水平技术人才的培养。

3. 职业教育机构管理体系及经费比较

根据俄联邦职业教育体系改革总战略，2005 年坦波夫联邦学校改属地方教育机关；允许州独立确定地区需要多少和哪些职业学校，各自的经费数额应该是多少。目前，职业教育经费主要来自州预算资金。初等和中等职业学校利用提供专业和职业补充收费教育服务来获得预算外收入。这种收入的比例不断增长，但暂时在 10% ~12% 的范围内波动。

与坦波夫州不同，沈阳市职业学校具有混合区域部门从属关系，使其管理和经费复杂化。政府对沈阳市职业学校的拨款 2006 年占 45.3%，其余是学费（占 40.2%）和其他来自补充服务的预算外收入。尽管投入增长，2006 年中等职业教育仍支出 171.3 万元，超过该体系的收入。根据《中华人民共和国职业教育法》，沈阳市政府每年增加投资，目的是使来自省筹集的补充教育税资金（靠税金为职业教育拨款）用于职业教育支出的比例达到 30% 以上。从 2005 年起，国家每年对中等职业教育投入的增长速度加快，社会投资积极流入职业教育体系。2005 年社会投资占国家拨款额的 1/4。

通过对中国沈阳市和俄罗斯坦波夫州职业教育体系现代化主要趋势的比较，我们可以看出，其目标和任务相似，存在问题和解决方法相同，在方法和模式方面呈现重要特点，所以双方进行经验交流是有益且有成效的。

（二）俄罗斯沃罗涅日州与中国日照市职业教育发展比较

1. 经济形势特征的比较

沃罗涅日州和日照市的经济发展状况有许多共同特征，主要表现为三点：发展趋势的一致性，经济结构改革方向和发展次序的相似性，地区经济特色产业的类似性。

无论是沃罗涅日州还是日照市，优先发展的关键工业领域都是能源、汽车制造、金属冶炼、化学和石油化工等。在沃罗涅日州，具有重要科学意义和发展潜力的工业部门享有基本的竞争优先权。沃罗涅日州个别种类工业产品的产量在俄罗斯中央联邦区中占重要地位。日照市成功地实现了工业化进程，黑色金属工业、重机械制造业、食品加工业等快速发展。近几年，日照市创建了基本的工业企业架构，已成为其经济增长的主要动力。

在沃罗涅日州和日照市，运输干线和交通枢纽是组成本地区交通运输设施的重要元素。沃罗涅日州的发展战略首先是建成大量的交通枢纽，以促进俄罗斯南北交通干道的客运和货运效率的提升。日照市是正在崛起的港口城市，是新欧亚大陆桥东方桥头堡、中国十大港口之一、中国中西部地区重要的输出港口，具有重要的战略意义。

这两个地区都积极发展食品工业，巨大的农业区位优势促使两个地区都积极开展农业经济优先发展项目。

两个地区都制定了经济发展战略。发展战略实施预计会使沃罗涅日州的区域产品总量在 2011 年比 2006 年增长 34.2%，使长期预算的个人收入增加 2.1 倍。从基本经济指标来看，2007 年，日照市的国内生产总值增长了 17.1%，经济总值是 600 亿元。年度人均国内生产总值的增长超过了 3 000 美元，国家财政收入达到 149.6 亿元，增长了 32.7%。

沃罗涅日州和日照市都十分重视经济结构调整，走创新的发展道路，把优势资源集中在关键工业部门。

2. 职业教育对区域经济的人才培养的作用

无论在沃罗涅日州，还是在日照市，区域经济的飞速发展都要求引入大量的有经验的劳动力和专业人员。要解决这一问题，首先是实现职业教育的现代化，使其与本区的经济相适应。但是，两个地区解决这一问题的机制既有一些共同点，也有一些特殊性，如人口状况差异、经济发展模型的差异、职业教育体系管理方式的差异和职业教育资金保障的差异等制约性条件。

沃罗涅日州和日照市都有权力机关制定并依法通过的职业教育体系发展纲要。培养符合本地区经济需求的人才是"纲要"最核心的目的。沃罗涅日州职业教育系统的中心任务是"为满足公民、社会和劳动力市场对优质教育的需求创造条件。通过创建必要的教育调控机制，革新教育结构与内容，增强教育纲要的基础性和实践性导向，完善连续教育体系"。2007 年，日照市也提出了类似的任务，"加速职业教育的改革，以使它更适应社会主义经济建设的目标，促进人才发展和劳动者职业素质的提高，以及城市竞争力的提高"。这些任务的完成及取得的成就在沃罗涅日州和日照市都有其特殊性。

沃罗涅日州改革人才培养专业结构使之适应社会需求的职业结构，需要采取以下措施，发展社会合作关系，建立经济对人才需求的预测机制，优化职业学校网络，创建资源中心，给职业学校以更多的自主权。

日照市职业教育的发展战略基于国家的积极支持，每年财政拨款数额的增长说明了这一点。在市内每一个行政区建立新学校，并巩固其生产（教学）基地。各级权力机关应当加强对职业教育的扶持，以使这一决定得以实现，各级政府加强对职业教育的扶持，筹措的社会资金的数量不断增加。同时，使职业教育最大限度地满足需求方的要求，成为职业教育体系改革的首要任务，创造条件使需求方对职业学校进行合作投资，特别是为改善学校教学物质基础进行投资。

为了保障人才培养结构和专业与社会需求的职业结构相适应，沃罗涅日州在州长的领导下建立了人才政策委员会，工业、工业领域的跨部门人才政策委员会，职业教育现代化委员会。这些机关组织制定了地区人才培养方面的决定。为了使人才培养的专业结构更适应经济需求，吸引雇主对职业学校的支持，近几年，职业教育体系开始按照新专业进行人才培养。

日照市的职业教育体系在满足经济需求方面取得了显著的成就。劳动市场分析的结果显示，在职业教育体系中出现了更多的符合需求的专业，这为转变人才培养结构奠定了基础。一些最受欢迎的职业成为学校的主要专业，其中包括与有色金属、航海学、后勤学相关的十多种专业。专业与港口扩建和山东省冶金工业的迅速发展相关。

职业教育体系在进行改革的同时，也存在一些遗留问题。

在沃罗涅日州，不是所有的人才培养专业都按照需求的数量进行。比如，机械操作员、建筑业技师和其他一些专业，专业人才培养的数量比需求低好几倍。在某些职业方向，满足市场需求的人才总是不足，主要是年轻人不愿意学这些职业，雇主给的工资过低也是原因之一。为了减轻劳动力供需不平衡的状况，沃罗涅日州的主要教育管理部门从 2005 年起，每年按照州在职业教育方面的财政预算资金，并依据劳动部门每年提交的报告来确定职业学校的招生数目。日照市在这方面也存在一定的问题，其中包括在人才培养结构中缺乏适应需求的专业，如发展旅游业所需人才以及农业发展所需的一些稀缺类专业人才。

无论在沃罗涅日州，还是日照市，摆脱这种局面的出路就是加强职业教育机构和企业之间的联系，更加积极地加强企业对人才培养决策的参与度，与企业家们合作制订教学计划、教学大纲和课程内容。职业教育改革的最终目的是提高职业教育质量。最基本的任务就是增强职业教育毕业生的竞争力以及满足雇主需求的就业能力。

3. 职业教育的质量保障

提高教育质量是沃罗涅日州和日照市职业教育发展的首要目标。近几年，沃罗涅日州在这方面取得了实质性的成就，很大程度上促进了教学物质基础的根本革新。职业学校按照所设课程，建立了 290 个新的教室，88 个实验室，184 个分教学生产车间，285 个普通教育课程的教室。近两年内，沃罗涅日州按照联邦纲要《教育信息媒体的统一化发展》的规定，一系列措施得以实施，所有的地方学校都拥有计算机设备，所有的学校都有电子邮箱，95% 的学校可以上互联网，97.1% 的学校可以利用网络视频进行信息交流。

教学大纲的改革、模块教学体系的引入、实践教学的发展等都促进了职业教育质量的提高。正如统计结果显示，毕业答辩得到优秀并在国家毕业鉴定中获优的毕业生数量增加；按专业就业的毕业生比例增加，2007 年为66.5%，其中不包括应征入伍和继续深造的毕业生。另外，和雇主们一起制定新的教育标准，贯彻一体化教育计划，吸引社会的支持，提高用人企业参与教学过程所有阶段的积极性，这些措施能够进一步提高初等和中等职业学校学生的培养质量。

日照市实施了提高教育质量的政策措施。日照市 30% 的预算和不少于20% 的地方预算都投向了职业学校。这些资金用于创建生产（教学）基地和培养教师，加强需求方对职业教育体系的参与。企业的盈利投入教育体系资金占教育体系预算投入的 1.5% ~2.5%。

提高职业教育质量最基本的一点是更密切地和企业合作。日照市有 42%的学校严格按照需求方的要求定向培养人才。在解决供求问题时，57% 的学校与企业联系，按照需求方提出的订单就业的毕业生占 82%。教学和生产实践相结合，积极地发展和企业的合作在学校中广泛推广。

在日照市的职业学校中，由职业教育质量提高缓慢引起的问题，与下列因素密切相关。首先，大量来自农村的学生只拥有较低的普通教育水平和发展水平，使他们掌握职业技能和得到高水平的职业技能难度较大。其次，教师工资过低仍然是一个问题，教师提高教学质量的动机较弱。70% 的职业学校教师的月收入少于 2 000 元。最后，教师进修方面也存在问题。

4. 职业教育体系面临的挑战

沃罗涅日州职业教育体系面临的最严峻的挑战之一就是人口的负增长状况。这一问题在日照市并不存在。尽管 2007 年沃罗涅日州初步形成了延迟人口数量减少速度的趋势，但是仍然不能制止地区人口数量指标的跌落。普通教育体系的学生人数随之减少，首先导致了初等和中等职业学校招生的缩减。

培养技术熟练专业工人的职业教育体系面临的第二个严峻的挑战就是，大量的年轻人以考上大学为首要目的。在沃罗涅日州的高等职业学校中学习的大学生比全部初等和中等职业学校的人数多 2.5 倍。在这种趋势下，2008 年高校学生数量增长的趋势一如从前，而初等和中等职业学校的在校生总数却在减少。在日照市，高等学校在校人数增长的速度同样超过中等职业教育系统，但是符合地方经济需求的职业学校的学生总数超过大学生总数。

沃罗涅日州的职业教育体系面临的一个问题是，学生数量特别是初等职业学校的学生数量，在很大程度上由社会贫困阶层补充。日照市的职业教育体系也面临着类似的状况。两个地区采用的共同方法是给这类学生以政府性财政支持（接近 20% 的初等职业学校的学生作为低收入家庭的孩子得到助学金）。

沃罗涅日州和日照市的职业教育体系还面临着一个共同的问题，那就是人才构成和教学人员的质量。在沃罗涅日州接连几年悬而未解的问题是，为职业技术学校和职业专业学校补充生产教学人才（在 2007 年，人员编制的完整率只有 63.1%）。初等职业学校产生人才缺乏问题的原因之一是工资偏低，缺乏吸引专业人员兴趣的优惠政策。这类人员包括高等职业学校和中等职业学校对应专业的毕业生。教学人才缺乏，再加上学生数量超过标准值，这无疑会影响培养的学生的质量。日照市也同样面临着类似的状况。

5. 职业教育现代化方向

沃罗涅日州和日照市的职业教育之所以面临类似的问题，与两个地区相似的职业教育发展方向和发展进程有关。在沃罗涅日州，职业教育现代化是优先发展的方向，其中包括下列措施：与知识经济的需求相适应，保障教育的创新性；教育内容和方法的创新，保证教学基础性与专业性的平衡；增加教学计划的可选择性；改革学校网络使之与创新发展的目的相适应；以创新发展为目的，改革学校的拨款机制。日照市职业教育集中力量解决下列问题：提高教育质量，使之更适应雇主的人才需求；优化人才培养结构，使之更适合地方经济和需求方的具体要求；增加农业生产部门和日常服务方面人才培养的数量；增加教育过程中的实践成分，为学生的生产实践奠定基础；拓展多渠道的职业教育资金来源，提高职业学校的投资吸引力；巩固职业教育人才培养的同时，提高"双师型"教师比例；发展教育内容，使之与劳动力市场需求相适应，同时特别注意提高人才质量，提高学生的思想道德水平和政治素质；加强教师的专业技能（专业课程的教师应该每两年参加一次不少于两个月的企业生产实践）；发展与企业的社会合作，实行学生在企业中同时学习和工作的教学体系，完善教学结果和专业技能的评定方法；拓展国际间的交流与合作，了解、掌握良好的国际交流经验。

综上所述，我们发现，沃罗涅日州和日照市的职业教育体系尽管存在明显的差异（这些差异是由国民经济总量、人口数量，甚至是历史因素造成的），但两个地区的职业教育体系仍呈现相似的发展趋势，面临着相近的挑战和问题，并采用了大致相同的解决途径。所有这些都是发展两地密切的合作关系和实现职业教育体系现代化的合作基础。

（三）俄罗斯弗拉基米尔州与中国苏州市职业教育发展比较

两个地区都是本国著名的旅游中心。在弗拉基米尔州境内有世界著名的"金环"地区、保存了文化名胜古迹的俄罗斯古老城市，以及湖泊众多、风景如画的郊区。弗拉基米尔州也是经济繁荣地区。"经济繁荣、科教发达、生活富裕、环境优美、社会文明"是苏州市基本现代化的标志。苏州市第三产业——服务行业，首先是旅游贸易及与之相联系的建筑业都有较大发展。苏州市在发展高新技术的同时，也在组织传统生产。与弗拉基米尔州不同的是，苏州市还是电子业和信息技术基地，它正逐渐转变为科学城——新型国际科研中心。

比较研究表明，两个地区同处于迅速发展阶段。在很大程度上，由于国家内部投资、个人投资和外国资金的注入，苏州市已经居于中国经济发展的最前列。

两个地区都把创建职业教育体系作为目标。这个职业教育体系以教育部门、职能部门、工商业界的合作为基础，成为地区社会经济发展的强有力资源。

苏州市的职业教育体系是在中国改革开放初期，也就是20世纪80年代刚刚起步，整体上还不能满足社会经济发展对技术工人和中等专业人才的增长需求。1980年，中国教育部把苏州市确定为职业教育体系结构改革的试点，并将它们的经验推广到全国。正因为如此，苏州市的职业教育体系具有较大的优势。除此之外，为了推行借鉴德国"双元制"模式的实验，中国—德国合作团队给苏州市投资了 10 万马克，当时的国家教育委员会在各城市中积极推广这项经验。

这一切给苏州市的职业教育发展带来巨大的优势条件，而这正是弗拉基米尔州所没有的。

我们把这两个地区职业教育体系现代化的主要方向进行比较。从两种视野中可以明显看出，弗拉基米尔州更多地关注确保高质量教育的普及性，将其作为增加社会流动和降低社会—经济差异的基础，这是职业教育体系活动的第一战略目标。这里必须确认一点，依据俄罗斯法律，初等职业教育体系中的基础教学也是免费的。弗拉基米尔州所引用的职业教育活动基本指标的变化说明，职业教育投资社会回报率很高。

增强职业教育结构的合理性及其对市场要求的适应性是中俄两个地区现代化的共同方向。2006 年，弗拉基米尔州进行了小型初等和中等职业学校改组，因此职业学校中减少了 10 个机构，创建了两所多层次和多专业的学校（这两所学校都开展初等职业教育和中等职业教育），还有一些大型的单层次职业学校。同时，在 5 个初等职业教育州立学校的基础上，为企业和各部门以及各种形式所有制的组织，创建培训、再培训、提高工人和专业人员技能的资源中心。类似措施可以最大限度地利用物质和人才资源，实现教育资源现代化和公民职业培训教育计划的一体化，积累、总结和推广经验，为学校提供信息支持。

20 世纪 90 年代，苏州市政府支持创建教学—生产综合体，从 2002 年起的 4 年内，由于学校布局结构调整，中等职业学校从 94 所减少到 58 所，同时学校规模都扩大了。一个最明显的事例，是 6 所规模不大的学校整合组建成常熟职业教育中心。该中心占地面积为 500 亩，共有学生 1 万人，成为江苏省知名学校之一。苏州市教育国际园区留给人们深刻的印象，该项目计划在 2010 年完成，使 13 所学校的 8 万师生进驻该园区，在园区形成统一的职业学校网络。

职业教育体系对市场需求的适应性首先意味着，为经济领域创建地区职业学校网，满足居民的教育需求，适应职业技能培训结构的变化。这项工作在弗拉基米尔州和苏州市都很受重视。苏州市明确了人才资源的需求结构，职业学校应该确保人才培养的水平及规模。按照地方劳动力市场的需求、实际生产的条件以及地区职业目录，技术工人的培养工作实现了"无缝对接"。苏州市创建了有最新设备的省级和市级的大型生产实践基地，与企业合作创办实习车间，根据具体生产的需求有目标地进行人才培养，促使教学大纲与生产环节相结合（包括吸引企业的技术人才，研究制定教学大纲、教学计划和目标）。在教学过程中利用模型，邀请在生产工作中有经验的技师来职业学校担任教师。这一切能够让毕业生离开学校后直接工作。人才培养和就业市场的"无缝对接"，为中国其他地区，甚至为外国培训了技术专业人才。在苏州市和弗拉基米尔州，中等职业学校与企业就专业人才的培训、毕业生生产实践及就业等问题签订了合约。

2006 年，弗拉基米尔州教育管理部门与初等职业学校、地方自治机构初等职业学校共同创建人才政策协调委员会。苏州也在提议创建确定专业目录的委员会。为完全满足地区劳动力市场和经济的需求，弗拉基米尔州制定了初等职业教育地区职业目录。该目录根据地区情况变化不断进行补充和调整。

弗拉基米尔州也有示范性的短缺职业目录，这些职业都是州劳动力市场所需要的。弗拉基米尔州教育厅和劳动就业厅、各职业学校校长共同制定部门订单，并进行实际监测，确保培训、再培训和人员技能提高的效果。定期研究修订培训的数量和职业学校目录，使得按照列入部门订单的职业培养的学生数量呈现增长趋势，同时使不适应劳动力市场需求的那些专业和职业的招生人数减少。在苏州，校企合作改善的结果就是按照职业招收学生的结构发生变化，2005—2007 年，职业学校开始按照一系列现代职业招收学生，其中有物流业、旅游业、建筑业等。苏州省级中等和高等职业学校在改革专业目录的过程中，在 2010 年前，建议划分出几十个示范专业，以示范性专业为中心形成了一些类似专业组。

弗拉基米尔州职业学校校长与州的有关企业和组织就技术人才的培训、生产实践和毕业生就业问题签署合约。在 2006—2007 学年，为提高学生生产技能，以职业学校为基础创建实验基地。在出现新的专业之后，增加了教育大纲的数量，这些大纲都是在初等和中等职业学校实施的。从 2007 年起，开始进行每年一度的全俄罗斯实施创新教育大纲的初等和中等国立职业学校竞赛。优胜学校获得的资金用于发展创新活动。这些措施能够确保满足各种形式教育需求的学校数量明显增加。不同的学校，其教学水平（提高水平大纲和基础水平大纲相结合）存在差别。企业主、社会和地方自治机构代表通过国家毕业生鉴定委员会，参与职业教育质量评价。获得提高层次毕业生的比例高，说明弗拉基米尔州职业学校工作取得明显成果。目前，这一比例在初等职业教育系统是 26%，中等职业教育系统是 52%。

两个地区中等职业学校的学生毕业后，就业比例都很高。苏州市毕业生就业率为 95%，弗拉基米尔州为 97%～98%。与弗拉基米尔州不同的是，苏州市缺少毕业生质量评价体系。中国的中等职业学校普遍实施"双证制"的经验可能对俄罗斯是有益处的。苏州市职业学校积极开展对未就业青年的职业技能培训、就业培训和继续提高工作。由于城市化进程加快，大量无地农民转移到城市，从 2003 年开始，苏州市对他们按照《现代农民教学纲要》实施教育培训。

这两个地区的职业教育体系发展存在某些趋势特点。这些特点就是相互研究的对象和经验交流的内容。在弗拉基米尔州，职业教育体系的管理方面，国家—社会管理作用在增强。

苏州市职业教育的国际化和全方位开放水平正在提高，这种趋势非常吸引人。在城市里，职业教育的观念在更新，确定了其开放发展的路径和对外的发展方向。积极地进行国际联系和国际交流，吸引更多的国外资源、经验和模式，创建合作学校、职业教育机构的趋势凸显。

两个地区的初等和中等职业学校也面临共同的问题。首先是职业教育的质量问题。比如，弗拉基米尔州主要是生产教学师傅的人员变化问题，职业学校每年更换 25%～30% 的生产课师傅；教师年龄老化，大约有 30% 的教师到了退休年龄；教师女性化问题，缺少高技能的生产培训技师。在苏州市，有些问题也很尖锐，主要是有许多经验不足的年轻毕业生担任职业学校教师，导致职业学校教师的学历水平、专业技术职务结构以及师生比未能达到教育部的有关政策规定。解决途径之一是苏州市政府每年拨款 200 万元用于职业学校教师的培训、再培训和技能提高。除此之外，邀请更多来自生产一线的专业人才作为兼职教师；制订专门计划向特别优秀的教师提供财政支持。

其次，缺乏投资，导致生产实践设施不能满足教学需求，生产实践的条件远远地落后于先进的企业。在弗拉基米尔州，财政拨款不足，导致40%的职业学校的物质—技术基础不能适应教学要求。

国家财政拨款的不足是两个地区的职业学校和教育系统领导共同关心的问题。在苏州，开办新学校的资金不足是普遍现象，更不用说划拨学校建设的土地了。与俄罗斯不同的问题是，由于银行贷款不够或者返还不及时，学校失去了稳定发展的潜力。在职业教育体系财政拨款问题上，无论是弗拉基米尔州还是苏州市都希望市政府积极参与。联邦资金和州财政预算都给予弗拉基米尔州以支持，用于实施创新教育大纲。市教育厅还为州大学生设立社会活动和公共活动奖金。职业学校财政改革的实质，就是积极地吸引社会资金。

相互交流经验有利于这两个地区成为具有现代基础设施和服务水平的文化—历史旅游中心。

（四）中俄典型地区职业教育发展异同

20世纪末，中国和俄罗斯相继从计划经济向市场经济转轨，在相似的经济大背景下，两国的职业教育先后进行了制度、体制、战略等方面的重大变革。中俄职业教育的发展趋势表现出许多共同特点，这些共同特点既是国家教育的总体特征，也是职业教育的特征。这在很大程度上是因为中俄职业教育体系都是在相近的计划经济条件下形成的，并建立在相同的原则基础上。随着两国积极适应向市场经济转轨的需要，职业教育面临着相似的矛盾和挑战。因此，两国也必须完成许多性质相同的改革任务。

1. 政府推动职业教育改革

政府自上而下推动职业教育改革是中俄两国职业教育改革的共同特色，但是，从推动力度和实际效果而言，应该说中国的职业教育改革进程更快。在中国，1996年5月颁布了《中华人民共和国职业教育法》，2002年7月印发了《国务院关于大力推进职业教育改革与发展的决定》，对职业教育的改革和发展提出具体任务，要求"大力推行工学结合，突出实践能力培养，改革人才培养模式"，"积极推行与生产劳动和社会实践相结合的学习模式，引导课程设置、教学内容和教学方法改革"。2005 年颁布的《国务院关于大力发展职业教育的决定》明确了职业教育改革发展的目标，强调把发展职业教育作为经济社会发展的重要基础和教育工作的战略重点。进一步建立和完善适应社会主义市场经济体制，满足人民群众终身学习需要，与市场需求和劳动就业紧密结合，校企合作、工学结合，结构合理、形式多样，灵活开放、自主发展的有中国特色的现代职业教育体系。国务院制定的《2003—2007 年教育振兴行动计划》提出"大力发展职业教育，大量培养高素质的技能型人才特别是高技能人才"。俄罗斯政府颁布的《2010 年前俄罗斯教育现代化构想》把"优先发展职业教育"作为一项重要规划。

无论是在俄罗斯，还是在中国，决定职业教育发展路径的一个因素是国家总体的教育政策，包括职业教育的政策。

中国经济改革和与其相适应的教育改革初期，曾经依靠在普通中学开展中等职业教育来延长学生的学习期限。但是，因缺少中等职业学校毕业生国家分配体系，企业对中职毕业生不太欢迎，使得他们的就业复杂化。而同时，普通高中毕业生可以进入大学学习，于是，中等职业教育的普及性以及学生人数明显下降。随着经济的发展，各行各业感受到专业人才的短缺。政府采取了一系列措施，如增加财政拨款，调整中等职业教育结构，改革中等职业教育办学模式，至 20 世纪 90 年代，中等职业学校学生占普通中等教育学生总数量的比例已经由 90 年代初期的 46% 增加到 60.36% 。

20 世纪 90 年代末，普通中等和高等教育的扩招政策重新影响了职业教育的发展。为增强中等职业教育的发展动力，中国发布了《国务院关于大力发展职业教育的决定》。在确定招生规模数量的问题上，职业学校获得很大的权力和机会。各级行政部门和各类企业对职业教育体系的发展以及人才培训职业合理化的责任明显增加。

俄罗斯通过依法确立保障经费优先投入以及优先保证部分领域的人才需求等改革措施，全面构建了职业教育优先发展战略的基本框架。第一，依法确立保障职业教育优先发展战略。在社会转型的动荡不安中，俄罗斯意识到依法治教是现代教育发展的有效手段。于是，相继出台了《俄联邦高等和大学后职业教育法》（1996 年）、《俄联邦初等职业教育法》（1997 年）等十几部教育法规，为保障各自领域的优先地位提供了法律依据，也为俄罗斯职业教育的优先发展战略提供了强有力的法律政策保障，对确立其优先发展的地位具有十分重要的作用。第二，教育经费的优先投入是成功实施中等职业教育优先发展战略的关键所在。1996 年 1 月 23 日颁布生效的《俄罗斯联邦教育法》规定，政府保证初等、中等职业教育为免费的职业教育，并且其覆盖面十分宽广，从小学一直到大学乃至大学后。同时，《俄罗斯联邦教育法》等还规定了多渠道筹集教育经费的原则，鼓励社会和个人兴办职业教育或向职业教育学校投资，也鼓励职业学校自主创收。其中，中等职业教育作为俄罗斯职业教育体系的一个不可或缺的组成部分，其经费问题备受关注，各相关部门正在采取措施着手解决。

2. 职业教育的发展趋势

目前，两国的职业教育正处于发展和完善时期，表现出了一些共同的发展趋势，如职业教育管理的去集权化和区域化，鼓励校企合作，鼓励职业教育投资的多样化，重视培养"双师型"教师，建立对劳动力市场当前和未来不同层次人才需求进行长期监测的体系等。俄罗斯的职业教育教学内容改革是在国家教育标准的框架内进行的，学校和地方的自主性相对受限。因此，推动校企合作是俄罗斯未来职业教育改革的主要方向。而在中国，据调查统计，三个城市的绝大多数学校都在不同程度地开展校企合作，三个城市都有超过 50% 的学校与国外建立了合作办学关系。

两国的职业教育都在承担着一定的社会职能。2007 年，中国国务院印发了《关于建立健全普通本科高校、高等职业学校和中等职业学校家庭经济困难学生资助政策体系的意见》，标志着中国建立了新的职业教育学生资助政策体系，有 1 600 万中等职业学校的学生将获得资助。而在俄罗斯，是通过法律保证初等职业教育的免费性，并提供免费的食品和服装来保证贫困家庭的学生接受这一层次的职业教育。

当前，中国和俄罗斯的职业教育体系面临共同的挑战和问题，相似的困难决定了实质上相近的战略目标的制定，以及相似的职业教育体系现代化方向的确定，即提高职业教育质量；确保其最大程度的普及性，特别是对社会弱势青年的普及性；使人才培养的专业和结构与劳动力市场的需求相一致；保证职业学校毕业生的培养水平符合企业及需求方要求。

3. 管理体制机制的改革

在俄罗斯，初等和中等职业学校现代化的策略方向之一，就是其部门管理改革，表现为去中心化，以及加强国家—社会管理的作用。在俄罗斯，以前不同部属的中等职业学校交由俄罗斯联邦教育科学部管理。在国家层面上，联邦教育部保留了一系列权力，其中包括制定教育优先发展的战略方向，实现战略目标总体方针，确定各级教育之间发展的基本比例关系，以教育标准形式确定对毕业生专业擅长的要求。管理权转交给地区，包括学校的财政拨款。参与项目的许多俄罗斯地区从 2005 年开始将初等职业教育纳入地区财政拨款范围。在职业教育的管理上正努力突破计划经济条件下中央政府管理权力过于集中的弊端，职业教育管理权限依据需要逐步下放给各联邦主体以及地方政府。约有 40% 的中等职业教育机构和 92% 的初等职业教育机构移交俄罗斯各联邦主体所有，其余则继续由俄罗斯联邦管辖。在俄罗斯一些地区，初等职业教育机构和中等职业教育机构部分管理权力转移到市政一级，这已经成为新的趋势。利用学校合作投资原则，逐步将学校转化为自治机构。同时，国家—社会管理机构的作用在增强。在弗拉基米尔州，建立了初等和中等职业学校校长委员会、职业教育老教师委员会，创建了学生自治机构。

中国也采取了类似的措施，从 20 世纪 80 年代中期开始，职业教育体系管理的许多职能开始转交到地方。开始主要是中等职业学校，从 1999 年开始，逐步扩展到高等职业学校。最终，中国政府把所有中等职业学校的日常管理权转交给各地区，同时，多级管理体系形成后，国家实现宏观调控和教育质量追踪。与俄罗斯不同的是，许多职业学校保持地区—行业混合从属关系，其管理和财政拨款也就相对复杂。中国也引入职业学校的社会管理，这样，内部管理的改革就引起了特别关注。此外，普通职业学校的管理原则也开始移植到民办和私立职业学校。这类职业学校也建立了秩序，扩大了学校的自主权，创建了学生自治制度。

4. 经费筹措机制多元化

学校拨款机制的合理化是两国职业教育体系改革的最重要的方向之一。在许多国家，这个问题与过去的所有制问题相关。和俄罗斯一样，国家给予学校发展的财政拨款不足，这个问题对于中国来说也很明显。俄罗斯也走上了制定定额预算拨款机制的道路：按人头定额拨款，按教育大纲定额拨款。这样，每个地区都制定了各自的定额计算方法。在中国，中等职业学校的资金由教育行政机构拨给，而中等专业学校和技校由各部门和国家企业拨款。尽管来自国有企业的拨款不超过总投入的10%，但这种实践得到了法律支持和推广。在俄罗斯，这种情况暂时还没有。

中国的职业教育制定出了足够有效的合资机制，这种教育过程的合资来自企业主。通过校企合作，找到了一种促进企业主参与职业教育发展的投资机制。通常，私人的企业包括外国公司都进行投资（日本、韩国和其他国家）。投资通过下列形式得以实现：转送设备、成品模型、生产培训用的综合工具；为进行生产实践，在与现实生产条件接近的情况下，在学校内建设生产场地、车间、试验场。

在俄罗斯很多地区，职业学校也在利用多渠道财政机制。企业主们参与巩固学校的物质技术基础，对单独的经济消耗给予拨款，在物资设备、教室方面给予帮助，对学生提供物质帮助。但是，他们所做的一切，通常是在慈善事业的框架下进行的。通常，在各个地区还没有相应有效的促进机制。学校的预算部分是依靠企业的订单、人才再培训来完成的。学校参与国民教育优先发展方案，这给予学校预算以实质性的补充。依靠这个方案在竞争中获胜取得拨款的学校，都有可能从实质上改善教学—物质基础，开展师资再培训。但是，这些学校的数量在一个地区通常一年只有1~2个，至少对于地区整个职业教育体系来说很少。因此，对俄罗斯各地区来说，毫无疑问，中国在贯彻多渠道筹集资金方面的经验很有借鉴意义。在中国，根据多渠道筹集资金机制，负责职业教育机构供给的责任由国家、地方管理机关、企业、学校和学生本人共同负担，例如，2006年在沈阳，政府在职业教育机构的投入经费占45.3%。

俄罗斯许多地区的经验对于中国职业教育发展也是有益的，其中，包括弗拉基米尔州对学生提供社会支持的经验。如，用于学生部分餐饮补贴的社会奖学金，针对性帮助来自低保障和多子女家庭的学生以及孤儿。弗拉基米尔州创建社会—教师支持中心的经验是十分有意义的。招收残疾人和健康受限的人以及没有受过普通教育的人单独设立的班级，这种实践活动通过专门的州长令得到了巩固和加强。

在中国，职业教育计划的社会普及性在很大程度上依靠动员社会力量给予多样化帮助得以实现。例如，在沈阳，创建了支持贫困大学生的基金会和奖励中等职业教育机构学生的奖学金基金会。

5. 深化校企合作

俄罗斯所有地区都参与研究制订国立初等和中等职业学校的重组方案，这些地区积极与企业主合作，在国家—个人合作的基础上，国立初等和中等职业学校转变为自治机构。同时，在合作创建学校的问题上，俄罗斯职业教育体系暂时还没有明显的变化。只是出现一些非国立的职业学校，市属学校数量不够明显，完全意义上的合作共建还没有得到发展。

在中国，找到了并正在利用多样的职业学校合作创建的形式，当职业学校仍是国家所有制时，各种部门、企业、社会组织参与进来，学校在这种情况下转变为某种类似的股份公司。同时，对这类学校的活动进行严格的检查。其中包括完成教育标准和人才的鉴定等。

中国在组织学生生产实践方面形成了十分有趣的方法，即根据具体生产条件和地区职业目录来实施熟练技术工作人员的培养。该方面的工作包括建立装配最新设备的省级和市级大型生产实践基地，在与企业共同建立的车间定向培养人才，使教学大纲与生产系统互相贴近（其中包括吸引企业技术专家制定教学大纲、教学计划和教学目标）。部分生产实践在学校所在地进行。为此，合作伙伴企业通常是私营公司，他们将自己的生产部分转移到学校的生产教学场地。学校建立生产车间，企业装配设备和选派指导技师，学生在技师的指导下进行实践，实际上就是生产产品。这样企业获得额外生产场地，而学校可以使用现代技术和设备。然而，就像中国项目参与者指出的那样，总体上企业参与教学过程的积极性目前还不高。沈阳市在这方面做了榜样。2007 年，沈阳市在所有主要部门成立了教学生产联合体。

俄罗斯地区职教体系的"弱点"之一是学生生产实践的组织问题。企业在缺少有效激励机制的情况下总是不情愿承担职业学校学生的实习。社会合作关系形式在某种程度上帮助解决了这些问题。在俄罗斯的一些地区，其中包括参与项目的三个州，只是在制度层面建立了区域和地区人才咨询委员会。

俄罗斯每年明确规定初等职业教育专业目录，职业学校按专业目录培养学生。弗拉基米尔州、沃罗涅日州、坦波夫州地区教育管理机构与劳动就业机构、职业学校共同确定区域经济对人才的需求和形成人才培养计划，以便调整专业招生额度。

类似的行动也在中国沈阳、苏州、日照三市进行。中国的职业学校积极更新专业目录，以增加对这些目标的投资。为此，沈阳市设立了专门基金，资金可用于30所教育机构进行27个主要专业的教学。

职业学校与雇主的相互配合有助于消除职教系统毕业生数量与劳动力市场需求之间的失衡。坦波夫州2007年起在市级教育、相关部门管理机构和各种所有制企业预定工作人员和专家需求的基础上开始运行地区计划新机制，成立了发展人力资源的市级委员会和州协调委员会、州人才政策部门委员会。

沈阳市采取了相似的措施，通过分析毕业生数和主要部门毕业生的就业状态来显示出指标的动态信息，从而明确规定中等职业学校预期招生和毕业生的计划。

中国职教机构的问题之一是尚未完善劳动力市场需求（人才培养的规模和专业）预测制度。在某种程度上，刚刚成立的学校监测部门就履行这些职能。但是，这些部门主要在非国立教育机构存在。对社会需求缺少明确的数量评估体系造成部分职业学校毕业生不能就业的危险。

俄罗斯项目参与地区的经验值得关注。例如，坦波夫州2006年起地区预定职教系统培养工作人员和专业人员在中期预测的基础上进行。根据州行政长官的命令进行每周的劳动力市场监测，在州所有地区设立解决人才问题的市级委员会，制定所有相关方在为地区培养工作人员方面的网络互助模式。因此，近三年该州劳动力市场供求平衡成功达到60%。俄罗斯和中国都采取措施来保证地区所有居民可以获得劳动力市场工作岗位需求和相应职业生涯前景方面的信息。俄罗斯地区就业指导体系得以恢复并积极发挥作用，该体系帮助年轻人自主确定职业。除了通过吸引大众传媒和利用互联网推动教育服务，俄罗斯地区的初等和中等职业学校成立了市场营销服务部门。中国许多地区需要建立健全学生就业指导机制，俄罗斯的经验对中国将是十分有益的。在市场经济条件下，职业学校的活动应该指向教育质量的提高。在俄罗斯，雇主、各界人士和地方自治机构的代表通过毕业生国家鉴定委员会，职业学校许可、鉴定和认证委员会的工作参与职业教育质量的评估。在毕业生职业技能认证时应考虑到地区商品生产者对初等和中等职业学校毕业生的技能要求。两国正在着手创建职业技能认证中心。

6. 职业教育现代化

职业教育现代化的主要目的就是最大范围地适应地区经济的需求。在这个关系中，无论是在中国还是在俄罗斯联邦，重建职业学校网和新型学校的出现是人才培养体系现代化的非常重要的方向。

在俄罗斯地区，参与这个项目的过程就是职业教育整个体系优化的最重要的工具之一。在结构优化的框架下，实现学校的合并与联合（这个过程在弗拉基米尔州能空出 10.1% 的教学场地），创建多层次、多专业的（提供初等职业教育和中等职业教育）和单层次的学校综合体，开辟资源中心，将职业学校纳入人才培养内部网。所有参加州项目的职业教育体系都制定了这样的策略。这个过程在坦波夫州和沃罗涅日州进展顺利，两个州积极组织了职业学校与普通学校、寄宿学校的相互协作。

职业教育体系重组是中国实现其现代化的策略方向之一，在此框架下，学校一体化规模很大。建立规模化、专业化并具有管理优势的实验性职业学校特别重要。沈阳市积极创建职业培训中心，制定了《打造沈阳职教品牌，创建全国技工高地行动计划（2007—2010 年）》。在参与项目的沈阳、苏州、日照三市，学校与劳动力市场、地区权力机关的社会关系日益活跃。社会关系的目标是使人才培养过程的所有参与者的行动保持协调一致，从而培养地区经济所需的技术熟练劳动力和专业人员。中国职业教育重构战略中要强调两点，一是职业教育类型和形式的可选择性，二是利用培养模块实现教育大纲本质上的可选择性。中国的职业教育体系成功地找到了对企业需求作出灵活反应的有效方法。在社会伙伴关系制度性机构缺失的情况下，教育机构独自与企业建立联系，并在建立联系的过程中明确教育大纲中规定的技能要求。

无论是中国，还是俄罗斯，教学内容的变化是职业教育现代化的重要方向。俄罗斯正在进行职业标准编制工作，制定标准时强调技能。2007 年，俄罗斯工业和企业家联盟批准的俄罗斯职业标准新样本按国际标准设计，不仅考虑到具备职业知识和技能的需求，而且还考虑到社会的能力要求。建立在重视能力原则上的俄罗斯第三代教育标准与描述新国家技能框架相关。该框架也基本反映了欧洲技能框架的要求。在此背景下，令人感兴趣的是坦波夫州和沃罗涅日州的经验。2008 年，坦波夫州和沃罗涅日州企业与学校根据现代技能要求按新样本共同制定了职业标准。

在中国，人力资源和社会保障部门正在制定职业标准。一方面，通过修订职业教育大纲，明确企业要求，推动校企合作。另一方面，充分考虑到企业的全部技能要求，因而根据工艺的变化和劳动组织的变化，修订这些标准也是很重要的。因此，中国职业教育内容现代化的问题在教育部《关于全面推进素质的培养和深化中等职业教育教学改革的意见》中凸显出来并非偶然。从文件中可以看出，例如，对于学校来说教学计划现实化的必要性，研究企业技能要求和对经济需求作出灵活反应的必要性，而为此有效制定和在教学计划中采用相应的职业模块等。

7. 师资建设

总的来说，中俄两国克服了许多困难，正在实施职教系统现代化。困难之一是每个国家具有自身特点的师资。对于俄罗斯职业教育系统来说，初等职业教育系统生产教学技师紧缺和更新换代的问题，女性占多数和人才老化，缺少高水平人才和专业课教师的问题具有代表性。

中国职教机构的问题一方面是刚毕业、教龄短的年轻教师所占比重比较高，另一方面是"双师型"、专业技能型教师不足，不能按教育部有关师生比的规定定额配备。解决的办法是从生产领域聘请大量专家做兼职，为特别优秀的教师制订专门的技能提高计划，并给予他们财政支持。与此同时，俄罗斯对中国培养"双师型"教师的经验感兴趣。

社会发展速度加快，要求教育体系培养适应处于快速变化条件中生活的人；目前社会正在向工业后和信息社会转变，大大扩展了跨文化交流的范围；

全球性问题产生并增长，要求开展国际合作以解决这些问题；社会的民主化，政治和社会选择可能性扩展，要求提高公民作出选择准备程度；经济的快速发展，导致竞争增加，技术含量少的劳动在减少，就业领域正在进行深层次的结构性调整，这些因素决定了要提高职业培养水平，并对工作人员进行再培训，也决定了工作人员的职业流动性在增加；人力资本作用的增强，决定了对于青年人和成年人的教育迅速、超前发展。上述变化以及新的文明范式的形成引发了新的"教育浪潮"，从而引发了教育体系深刻的变革。这样的变革波及整个世界。正在进行的教育改革定位于社会当前和未来的需求，定位于有效利用资源。俄罗斯和中国的职业教育改革是在这样的国际背景下展开的。

8. 俄罗斯职业教育的启示

俄罗斯的职业教育是一个大职业教育体系，重视学生职业观的培养，强调职业教育的基础性是俄罗斯职业教育始终的原则。近十年来，俄罗斯先后两次制定各级职业教育标准。制定教育标准的重要原则是坚持教育的基础性，使学生具有较深厚的普通科学、普通技术、普通工艺修养以及基础职业技能。教育的基础性可以提高职业灵活性，保证学生在学习和就业方面具有足够的灵活性，让学生更和谐地融入社会，同时也可以解决信息快速增长和个体掌握信息有限性之间的矛盾。校企合作也应在教育标准的框架内实行。制定各级各类教育标准的主要目的是为了保证俄罗斯教育空间的一体化，由此也折射出俄罗斯的教育改革由最初的去集权化向集权化回归的一种趋势。

以深厚的理论研究推动职业教育改革的实践，俄罗斯教科院下设的两个职业教育研究所，即彼得堡职业技术教育研究所和喀山职业教育心理学与教育学研究所，前者构建了连续职业教育理论，后者构建了职业教育发展一体化理论。连续职业教育的理论研究和实践使俄罗斯的职业教育体系逐渐呈现纵向的连续和沟通，强调职业观的培养。而职业教育的一体化理论在教育实践中主要体现为横向的联合，即教学机构之间以及教学、科研、生产机构的联合，从而实现资源共享，以提高职业教育的质量。与深厚的理论研究相比，俄罗斯职业教育改革的实践相对滞后。

两国的职业教育都处于发展和完善时期，表现出了一些共同的发展趋势，如职业教育管理的集权化和区域化，鼓励校企合作，鼓励职业教育投资的多样化，重视培养"双师型"教师、建立对于劳动力市场当前和未来不同层次人才需求进行长期监测的体系，等等。在课题研究的过程中，我们发现，俄罗斯的许多职业教育的成功经验值得我们借鉴。

（1）建立高效、快捷的职业教育管理体制。俄罗斯在管理体制改革的过程中，努力营造并运行民主管理机制，将管理权限置于公众监督之下，积极实现中等职业教育经费保障和来源的多元化，增强学校发展活力。

（2）在促进职业教育体制的多样化改革中，俄罗斯在增加非国有化的职业教育办学机构或引进国外教育机构的过程中，努力形成互相竞争的格局，使之成为中等职业教育发展的推动因素。

（3）俄罗斯的经济目前整体上也有些困难，但俄罗斯坚持职业教育的公平原则。俄罗斯的基础职业教育是免费的，让学生不用花一分钱就可以学到一技之长。同时，对于其他类型的职业教育，政府在免费办学的基础上适当收取一些学费（这些学费都是在家庭可以接受的范围之内的），充分体现了俄罗斯教育的公平性。中国应借鉴俄罗斯的做法，本着职业教育公平的原则，为家庭困难的学生提供受教育的机会，为他们提供助学金，甚至免费的教育，使他们避免由于经济原因而失去受教育的权利。

（4）俄罗斯注重职业教育与普通学历教育相结合。俄罗斯职业教育和普通学历教育结合得非常密切，职业教育系统的学生可以很方便地进入普通学历教育系统学习。这样可以更好地促进整体教育的发展。而在中国，自从高中阶段进行分流之后，职业教育和普通学历教育就变成两个"系统"，就很难再从一个"系统"进入另一个"系统"了。这不利于相互交流，实现"双赢"。因此，我们应该学习俄罗斯的做法，使两者结合得更紧密些。

（5）职业教育应有统一系统的评价标准。在这一点上，俄罗斯职业教育的成功经验很值得我们借鉴。政府成立专门的机构，对职业教育机构进行评价。俄罗斯制定并实行了《俄罗斯中等职业教育标准》，推进了中等职业教育的规范化。中国中等职业教育情况复杂，地区差别大。为确保中等职业教育的质量，既要承认地区差别，又要加强宏观调控，由国家颁发统一标准，使各级职业学校明确办学方向。

俄罗斯和中国尽管在历史文化、政治经济和其他方面存在巨大的差异，但是，两国从 20 世纪末开始，共同处于向市场经济体制和信息社会转变的时期。已有的研究表明，相似的发展背景使中俄两国在职业教育领域面临一些共同的问题以及一些相同的任务。俄罗斯在社会转型之后，初、中等职业教育一度陷入困境。在中国，职业教育发展也曾出现过低谷。从 20 世纪 90 年代开始，两国开始共同关注职业教育对形成人力资本以及促进经济发展所具有的重要意义，以及劳动力市场上中等层次的专业人员的不足。在发展职业教育方面，近些年来，两国均在研究发达国家的经验，因而相互的交流与借鉴具有特殊的意义。

五、思考与建议

（一） 法规及相关配套政策是职业教育发展的必要保障

1996 年，中国颁布实施了《中华人民共和国职业教育法》（以下简称《职业教育法》），将职业教育以法律的形式固定下来，确立了职业教育在经济社会发展中的重要地位和作用，规定了政府、行业、企业和社会各方面兴办职业教育的责任和义务，以及建立职业教育体系、完善职业教育体制和保障条件等内容。2002 年 10 月，中国印发了《国务院关于大力推进职业教育改革与发展的决定》。2005 年，国务院作出《关于大力发展职业教育的决定》，明确指出职业教育是经济社会发展的重要基础，是教育工作的战略重点，提出"以服务为宗旨，以就业为导向"的职业教育办学方针，推动职业教育迅速发展。《职业教育法》实施以来，各地认真贯彻落实，并结合地方实际，制定了《职业教育法》实施条例或办法，开展了形式多样的职业教育执法和督导检查工作，有力地促进了职业教育的健康发展。随着时间的推移，当前职业教育发展的外部环境发生了深刻变化，经济社会对职业教育的发展提出了新的要求，职业教育在改革发展中积累和创造了许多新鲜的经验和做法，需要对《职业教育法》作必要的补充和完善。总体而言，职业教育法规及相关配套政策建设仍显滞后，职业教育系统的法制建设尚不成熟，《职业教育法》以及与之相关联的劳动、就业促进法规等不仅存在一定缺陷，而且缺乏相互间的整体关照。

职业教育关系到一个国家和地区的发展能力和潜力，培养具有较高专业素质和操作能力的劳动者是产业技术和经济规模扩大的必然要求，需要政府、学校和企业联手打出一套"组合拳"。从国外职业教育的发展来看，很多国家在发展职业教育的过程中十分重视企业的作用，并制定具体的法律法规明确企业的责任和义务。例如，2005年，德国颁布了修订后的《职业教育法》，更加明确了企业在职业教育发展中的地位和作用，以法律的形式明确了企业要与雇员签订培训合同，企业参与和主导职业教育的管理和考核过程。而在中国现行的职业教育法规体系中，只是提到了企业应当参与到职业教育中，却没有明确企业的具体责任和义务，致使职业教育发展的动力和风险都过多地偏向政府，而忽略了本应发挥主体和主导作用的企业，企业缺少发展职业教育的积极性。因此，要制定促进校企合作办学的法规，促进校企合作制度的建立，重点强化企业发展职业教育的法律责任，进一步明确规定学校和企业应承担的责任，制定优惠政策，鼓励企业接受学生实习、实训和教师实践，对接受实习实践的企业给予税收的优惠和补贴。

中国的职业教育改革是个系统工程，需要相关改革政策与之配套，而这并不是职业教育内部就可以解决的问题，与之密切相关的是国家劳动就业以及人事分配等方面的政策法规。以就业准入制度为例，中国现有职业1 838类，而实行就业准入政策的仅有100多个，没有形成一个涵盖全部职业的准入政策；在实施中又无任何法律保障与强制措施，一些单位依然大量招收未接受过职业教育的人员。职业教育的发展除了需要产业的发展驱动外，必须依靠劳动力准入限制来推动。此外，高等职业教育逐渐兴起，但许多政策还不明朗，尚未形成一套关于技能型人才培养、评价的指标体系，毕业生的使用、晋升、职称及待遇等方面的相关政策和措施尚未出台。在理论上也尚未构成一套有关职业教育的性质、地位、作用、功能等的完整的体系，难以吸引民众选择职业教育。

沈阳市和苏州市均制定了职业教育地方性配套政策法规，为当地职业教育的发展营造了良好的宏观政策环境。沈阳市先后发布了《沈阳市人民政府关于大力推进职业教育改革与发展的决定》《沈阳市技工振兴行动纲要（2004—2010 年）》《关于进一步加强区、县（市）职业教育中心建设工作的意见》《沈阳市农村初中毕业生培训（9＋1）工作实施方案》的重要文件，明确了职业教育的发展方向和目标，将职业教育纳入人才队伍建设的总体规划，为打通技术工人培养的"绿色通道"和校企合作的实施提供了政策保障。苏州市 2006 年出台了《苏州市人民政府关于大力发展职业教育的决定》，提出了职业教育要与市场需求和劳动就业紧密结合，大力发展校企合作、工学结合等形式，积极促进各有关方面发挥各自优势，通力协作，形成合力。

因此，我们认为，国家要加强和完善职业教育法规及相关配套政策建设，特别是要在法律法规中明确企业的责任和义务。实践证明，地方政府要统筹政策制定和实施，如统筹招生就业制度、专业设置、经费筹措与使用等，形成有利于职业教育发展的经济社会环境。

（二）职业教育体制机制是职业教育发展的基石

在管理体制方面，长期以来，中国的职业教育管理体制沿袭的是"条块结合，以块为主"的管理格局，形成的模式是"谁办学、谁管理、谁受益"，办学与管理合二为一。在管理层面上，既有各级政府教育部门主管的职业院校、职业中学、职业教育中心、职业中专、中等专业学校，也有各级政府劳动部门主管的技工学校、工程技术学院等，还有相关行业企业主管的行业技工学校，以及众多的民办职业教育培训机构等。然而，现实中的职业教育管理体制难以做到"条块结合"，存在着条块分割、多头管理、职能交叉、统筹乏力、重复建设、资源难以形成整体优势、政策落实不到位、改革发展不平衡、办学质量良莠不齐等问题，难以适应社会经济和职业教育进一步发展的需要。

在办学体制方面，随着经济体制的转变和教育体制改革的深入，政府包揽办学的格局有所突破，行业、企业办学的主动性、积极性有所提高，市场机制开始在职业教育活动中发挥作用，逐渐形成公办、民办共同发展的局面。许多地区的实践证明，民办职业教育由于机制灵活等特点，在与公办职业教育的竞争中显示出较好的发展势头。然而民办职业学校在发展的进程中，存在着法律法规不完善、管理混乱、政策环境恶劣、不能与公办职业学校享有公平的待遇、开放度不高等问题。调查地区苏州市已经开始实施国际化战略，充分利用苏州市开放型经济快速发展的优势，把职业教育作为对外合作的优势领域，要提升职业教育的开放水平，探索民办职业教育发展的新模式。到目前为止，苏州市与国外开展友好交流与合作的职业学校已经达到了50%。

在教学体制方面，要改变已有传统单一的教学模式和方法。如开展了形式多样的校企合作，一是人才培养以基地为主，二是课程设置根据企业需要，三是提高师资队伍的专业化水准。平均每所学校与30家外企建立了产、学、研深度合作关系，近2 200家全球500强企业和跨国公司融入到职业学校专业设置、课程改革、实习实训中，使苏州市的职业教育连年整体实现99%的高就业率。

在投入体制方面，增加职业教育投入一方面要对职业教育的办学条件进行改善，另一方面还应当进一步完善免费的职业教育与资助体系。中国的职业教育整体基础相对薄弱，职业教育经费投入不足仍然是制约中国职业教育发展的重要因素。职业教育由于自身特点，不仅需要普通教育所需的一般物质条件，还需要实训基地、实验室、机器设备等。一般说来，职业教育的成本是同级普通教育的数倍。而在一些地区，职业学校的生均经费却低于普通学校。一些学校设施不足、设备落后、实验室不达标，教学条件明显落后于普通学校；一些学校缺少资金进行必要的职业实习，缺少资金对教师进行继续教育，导致教学质量难以保证，影响了职业教育的发展速度。

职业教育投入不足的一个主要原因即是投入渠道单一。在调查的三个城市中，职业教育的经费绝大部分来源于财政性教育经费和学费收入，而企业及社会团体等捐资比例不仅很低，而且没有连续性。为此，苏州市政府建立了职业教育经费投入的长效保障机制，完善公共财政体制的职业教育拨款政策和成本分担机制，切实保障职业教育预算内经费、财政性经费和公用经费逐年增长；沈阳市政府确保用于职业教育的财政性经费逐年增长，保证教育附加费用于职业教育的比例达到30%以上。

因此，政府应当理顺职业教育管理体制，整合各种职业教育资源，提高管理效率；民办职业教育由于占用国家的资源少，更应该得到政策的呵护，要给予民办职业教育更加优厚的政策；职业学校应当在教学体制的创新上进行有效的探索。要逐步形成适应发展方式转变和经济结构调整要求、体现终身教育理念、中等和高等职业教育协调发展的现代职业教育体系，满足人民群众接受职业教育的需求，满足经济社会对高素质劳动者和技能型人才的需要。政府应切实履行发展职业教育的职责，把职业教育纳入经济社会发展和产业发展规划，促使职业教育规模、专业设置与经济社会发展需求相适应；统筹中等职业教育与高等职业教育发展；健全多渠道投入机制，加大职业教育投入。

（三） 区域特色是职业教育发展的生命力

区域、社会、文化发展不平衡是中国国情的一个突出特点。就职业教育发展而言，总的来说，经济发达的地区职业教育发展好于欠发达地区；对职业教育重视、政策扶持力度大的地区，职业教育投资主体也更加多元化，办学方式也更为灵活。职业教育与区域产业结构、经济发展方向等多种因素密切相关，应该说，各个地区应该有自身的特色。然而，许多地区在发展职业教育时，对当地产业结构和市场需求缺乏必要、及时的预测，在专业设置和人才培养方面具有很大的盲目性，存在专业设置"追风"的现象。因此，一方面造成了本地支柱产业、热门行业的"人才荒"，另一方面也造成了劳动力转移过程中学生就业缺乏竞争力的现象。

以调查的沈阳、苏州、日照三市为例，苏州市在经济发展方面优于其他两市，在职业教育的支持和投入方面也强于其他两市，办学方式也更加多元化和灵活。沈阳、苏州、日照三市都在职业教育区域特色方面进行了有力的探索，例如，日照市根据社会需求，特别是山东半岛制造业基地建设和日照市冶金、造纸、木制品加工、能源、粮油加工、液体化工六大重点领域设置专业，开发培训项目，增加职业教育的针对性，但是在区域特色建设方面还有待加强。

（四）提高质量是职业教育改革发展的核心任务

质量是职业教育良性发展的重要保障，也是未来中国职业教育改革和发展的核心任务。中国目前的职业教育从整体上来看，质量不高，不能满足企业对人才的需求。对于职业学校而言，第一，应明确学校办学定位和目标，保证学校的可持续发展，提高学校的办学质量与水平，加强学校的办学能力和特色建设。第二，完善学校内部管理制度，加强管理，促进学校管理体系和机制的不断完善与和谐，明确以质量求生存、以品牌促发展的理念，积极开展学校管理体制改革与创新。第三，加强校企、学校与人才交流机构的交流与合作。第四，加强教师队伍的职业建设和专业发展，形成稳定的、高质量的教师队伍，特别是加强"双师型"教师队伍建设，进一步提高师资整体素质。第五，加强与研究机构的合作，开展职业教育教学改革与教学研究。第六，拓宽实验、实训的渠道，提高教学实验质量。

教学实践是提高教学质量的有效手段，然而要实现这一手段，需要一定的物质基础，对于一些投入比较大的工科学科不仅需要实训基地，还需要价格高达上百万的昂贵的机器设备。而且这些设备的更新换代很快，使职业学校面临巨大的经济压力。实验、实训条件的建设需要企业与学校共同努力，然而国家政策法律的规定对企业没有鼓励和制约，造成企业在承担职业院校学生实训工作方面缺少积极性和主动性。在国外，许多企业用最先进的设施设备装备职业院校，学生在学校可以接触与企业一致甚至更为先进的设备。毕业生一出校门就能上岗，就能操作企业的设备。这样的做法，使得学校有了先进的实训设备，企业省却了上岗培训，取得了双赢的效果。

企业的参与是避免教学与行业脱节、提高教育质量的最有效的方法和途径。企业应该有强烈的使命感和责任感，从职业教育为企业培养合格员工的角度来参与职业教育，并要关注参与的广度和深度。从提供奖学金、助学金到设立定向班，从建立实训基地、实验室到赠送设备，从选派兼职教师到共同研发产品，从提供行业标准到聘用员工，从参与课程开发、学校管理到共同建设职业技术学院，企业应当全方位地参与和支持职业教育发展。

　　教师是提高教育质量的主力军，而目前在中国，教师问题凸显，不仅表现在数量方面，还表现在质量方面。就数量而言，由于近几年国家对职业教育的重视，职业学校的办学规模不断扩大，学生数量的快速增长，导致出现了教师紧缺的局面。以高职高专院校为例，教育部在对高职高专院校的评估中明确要求师生比为1∶16，而调查的三个地区高职高专院校的师生比例均超过了1∶20。教师的紧缺一方面无法满足正常的教育教学要求，影响了正常教育教学工作的开展；另一方面也造成了部分学校为了达标而盲目引进教师，不利于学校教师队伍的建设和教师整体素质的提高。

　　在教师质量方面，由于职业教育不同于普通教育，它更强调学生的技术技能性学习，这就要求教师既是教育方面的能手，又是技术方面的能手。目前，教师队伍素质与职业教育的发展不相适应，出现了教师结构不合理的状况。首先，专业课教师和文化课教师的结构不合理，文化课教师比例偏大的问题还普遍存在，而实习指导教师缺乏。其次，教师年龄结构不合理，40岁以下的教师占的比例较大。据沈阳、苏州、日照三市的调查，40岁以下的教师占68.3%，因而造成骨干教师、专业带头人缺乏。再次，年轻教师要实现从理论向实践的转变，必须接受继续教育，以提高教学质量，这不仅需要一定的时间，还需要必要的培训机会。沈阳、苏州、日照三市的调查显示，2006—2007年度，有35.8%的教师没有参加过与职业教育相关的培训，36.7%的教师参加过一次，15.5%的教师参加过两次，只有9.9%的教师参加过三次及以上的培训。最后，从教师来源结构看，高校毕业生多，有实际工作经历者少，"双师型"教师数量少。以沈阳市中等职业学校专任教师情况的统计为例，"双师型"教师占专业实习、指导课教师总数的22.6%，占全体教师总数的13.4%，专业实习、指导课教师和"双师型"教师的数量和比重依然较低，都有待进一步提高。根据沈阳、苏州、日照三市职业教育教师来源的调查统计，毕业分配和组织安排到职业学校的占50.1%，而由于个人志趣选择职业学校教师的只有16.5%。在职业学校发展的过程中，许多学校都意识到"双师型"教师的重要性，而在实际工作中，由于现实政策导向、教师待遇、具体岗位编制等一系列问题，并不能把更多的"双师型"教师吸引到队伍中来。提高教师素质，一方面要对现有教师进行及时有效的培训，另一方面要进一步拓宽职业教育师资的来源，要珍视各行各业的专业技术人才，加大"双师型"教师的培养和培训力度。

教师是发展职业教育、提高职业教育质量、增强职业教育吸引力的关键，需要切实解决其来源、培养渠道、职业标准、准入条件、社会待遇等相关问题。

（五）科学发展是职业教育发展的主题选项

面对经济社会发展的复杂形势，职业教育的繁荣需要走科学发展之路，既要充分利用好市场配置优质教育资源的机制，同时又要发挥政府的宏观调控、统筹协调的职能，最大范围、最小成本、最大效益地促进职业教育发展，因地制宜、因时制宜，突出特色，提高政策运用、制度设计、机制选择的科学化水平。

中俄六个地区的职业教育改革与发展的比较研究，再一次实证了科学决策、科学选择的重要性。沈阳市工业基础好，城市化水平高，与之相配套的高等职业教育和中等职业教育体系就比较完善。这是客观需要，这种需要体现了职业教育的经济性、服务性的特点。苏州市属于快速发展的、现代化程度高的工业城市，对高技能人才的需求大，其高等职业教育发展迅速，办学形式呈现多样化的趋势，校企合作形式也趋于多样化，职业教育集团正向着规模化、连锁化方向发展。日照市是新兴的港口城市、旅游城市，工业、农业、服务业互补发展，由此带动中等职业教育和高等职业教育的需求同步发展。

我们的调查结果也进一步显示：职业教育的发展需求是与区域经济社会的发展阶段、生产力发展水平密切相关的，是与国家经济社会发展的战略实施相联系的。随着国家产业结构的调整、发展方式的转变，职业教育的需求结构和内容也在发生着变化，如，高等职业教育需求增加，短期培训需求普遍增加，中等职业学校布局在调整，职业学校数在减少，学生数在增加等。随着国家职业教育投入的增加，教育质量逐步提高，职业教育的吸引力在增加。职业教育的发展不仅仅是教育部门的责任和任务，同时也是政府、社会的责任和任务，因此需要科学决策，整体规划，统筹兼顾，全面协调和可持续发展，需要按职业教育的规律办事，需要在政策和制度上提供保证。

参考文献

专著

1. 潘德礼. 俄罗斯十年（上下卷）[M]. 北京：世界知识出版社，2003.

2. 肖甦，王义高. 俄罗斯教育10年变迁 [M]. 北京：北京师范大学出版社，2003.

3. 王义高，肖甦. 苏联教育70年成败 [M]. 北京：北京师范大学出版社，1999.

4. 肖甦，王义高. 俄罗斯教育变革探讨 [M]. 广州：广东教育出版社，2008.

5. 顾明远. 战后苏联教育研究 [M]. 南昌：江西教育出版社，1999.

6. 高凤仪，石湘秋. 当今俄罗斯教育概览 [M]. 郑州：河南教育出版社，1994.

7. 王垂芳，等. 国外职业岗位培训 [M]. 上海：上海科学技术文献出版社，1992.

8. 徐辉，徐仲林. 当代世界教育改革 [M]. 重庆：西南师范大学出版社，1999.

9. 冯增俊. 当代国际教育发展 [M]. 上海：华东师范大学出版社，2002.

10. 高金岭. 俄罗斯基础教育 [M]. 广州：广东教育出版社，2004.

11. 毛亚庆. 俄罗斯基础教育概览 [M]. 北京：中国城市出版社，1997.

12. 刘来泉. 世界技术与职业教育纵览 [M]. 北京：高等教育出版社，2002.

13. 国家教委教育发展与政策研究中心. 七十国教育发展概况 [M]. 天津：天津教育出版社，1986.

14. 朱小蔓. 当代俄罗斯论著译丛 [M]. 北京：教育科学出版社，2007.

15. 石伟平. 比较职业技术教育 [M]. 上海：华东师范大学出版社，2001.

16. 朱小蔓，H. E. 鲍列夫斯卡娅，等. 20—21世纪之交中俄教育改革比较 [M]. 北京：教育科学出版社，2006.

论文

1. 吴洪伟. 俄罗斯职业教育改革述评 [J]. 中国职工教育，2002 (9).

2. 刘启娴. 转型期俄罗斯职业教育改革的方向与过程 [J]. 全球教育展望，2001 (2).

3. 陈应征. 俄罗斯职业教育之管窥 [J]. 天津职业学院联合学报，2007 (6).

4. 葛亚宁，陈炯奇. 俄罗斯职业教育中的地区差异分析 [J]. 职业技术教育，2007 (4).

5. 谢勇旗，张宁. 新时期俄罗斯职业教育透视 [J]. 职教论坛，2006 (11).

6. 雷丽平，刘新春. 俄罗斯职业教育改革的探析与借鉴 [J]. 东北亚论坛，2007 (3).

7. 吴雪萍，陈炯奇. 面向就业的俄罗斯中等职业教育 ［J］. 比较教育研究，2005（7）.

8. 梅汉成，江燕. 俄罗斯构建终身职业教育体系评述 ［J］. 外国教育研究，2006（6）.

9. 施永达. 俄罗斯中等职业教育政策及其对我们的启示 ［J］. 外国中小学教育，2006（11）.

10. 姜晓燕. 俄罗斯中等职业教育优先发展战略 ［J］. 外国教育研究，2006（6）.

11. 高凤兰，曲志坚. 俄罗斯中等职业教育现状及发展趋势 ［J］. 外国教育研究，2005（9）.

12. 李勇，周强，刘小竹. 俄罗斯职业教育——发达的原因、发展的特点和趋势 ［J］. 外国教育研究，2010（2）.

第二部分：分报告

中国沈阳市职业教育发展研究报告

一、沈阳市社会经济发展及其对职业教育的要求与挑战

沈阳市是东北地区经济、文化、交通、金融和商业中心，也是中国重要的工业基地。自新中国成立以来，沈阳市就成为以装备制造业为主的全国重工业基地之一，素有"共和国装备部"之称。其装备制造业规模宏大，基础雄厚，配套能力较强，是国家首批重点建设的工业基地。经过数十年的发展，沈阳市的工业门类已达到 142 个，目前规模以上工业企业已有 3 033 家，地区生产总值达到 2 240 多亿元，逐步形成了以机械加工为主，包括汽车、石化、航空、制药、建材、冶金、轻工、纺织、电子、煤炭等行业在内的门类齐全的工业体系，成为了辽宁地区的排头兵。在经济全球化迅猛发展的今天，面对全面实施振兴东北老工业基地的重要战略机遇，沈阳市委、市政府确立了以振兴沈阳老工业基地为主线，坚持改革开放和工业立市方略，加快国有经济战略性调整，促使外资和民营经济迅速成长壮大，汽车及零部件装备制造、电子信息、化工医药等产业初具规模，已成为促进全市经济快速发展的重要支柱。

（一）沈阳市社会经济发展概况

1. 国民经济持续增长，综合实力进一步增强

自 2004 年以来，沈阳市深入贯彻党的十六大、十七大精神和中央加强宏

观调控的政策措施，紧紧围绕振兴老工业基地这一主题，全面执行"十一五"规划所确定的各项经济发展目标，强化项目经济工作力度，使经济和社会继续保持了快速协调健康发展的态势，国民经济保持快速增长，沈阳市主要经济指标达到或超过年度计划及振兴规划的要求，经济总量大幅提高。

2004—2008 年沈阳市地区生产总值连年增长，三大产业增加值增长迅猛，沈阳市仍处于经济的快速发展期，工业经济增长继续发挥领跑作用，投资环境优化使得投资仍保持较高的发展速度，各种有利因素将支持沈阳市经济保持每年 15% 以上的高速增长。

2. 工业经济成为经济增长的主导力量，优势产业带动作用突出

工业经济是沈阳市经济增长的主导力量，振兴沈阳这个东北老工业基地的关键便是振兴工业。因而，沈阳市委、市政府确立"工业立市"的战略思想为沈阳城市发展的主基调，制定了沈阳老工业基地振兴规划纲要和沈阳老工业基地调整改造振兴规划，明确提出了振兴沈阳老工业基地的发展目标，大力强调要集中做强汽车及零部件、装备制造、电子信息、化工医药和农产品加工五大支柱产业，争取把沈阳建成全国装备制造中心，从而带动辽宁乃至东北实现全面振兴。

2004—2008 年，全市实现工业增加值增长迅速，整个工业经济发展态势良好，重工业较快发展，主导产业支撑作用也得到不断增强。如 2008 年，全市规模以上工业完成产值 1 616.3 亿元，比 2007 年增长 382.8 亿元；规模以上工业实现增加值达到 1 714.2 亿元，比 2007 年增长 480.8 亿元。在关系国计民生与国家安全的重大技术装备和产品领域的 77 个主要产品中，沈阳市铁西区生产的 44 个产品的国内市场占有率居同行业首位，18 种产品列国际市场前 10 位。[①]

3. 走新型工业化道路，全面提升和优化第二产业

随着知识经济时代的到来，大多数发达国家的产业结构正在向高级化、知识密集化的趋势发展。沈阳市改变以往的产业发展道路，从过去以重工业为主体的工业领域转向全面推进产业升级，把发展高新技术产业与改造

---

① 文中数据参见 2004—2008 年沈阳市国民经济和社会发展统计公报。

传统产业结合起来，积极推进初级产品精深加工，加大技术改造和自主创新力度，增加产品的科技含量和附加值，使传统产业得到提升和振兴，促进地区经济持续快速健康发展。同时，注重吸收国外先进技术，重点建设国家工程所需的重大技术装备改造项目，培育电子信息、生物工程与制药、新材料与精细加工等具有优势的高新技术产业。沈阳市通过大规模的结构调整、战略重组和搬迁改造，进一步搞好新技术开发区的建设，一个具有沈阳特色、主业突出的"东汽、西重、南高、北农"工业发展空间布局日渐清晰①。

（二） 沈阳市社会经济发展对职业教育的要求与挑战

从以上数字可以清晰地看出，作为全省乃至全国的工业龙头城市，沈阳市的产业构成与布局正趋于合理，以信息技术为代表的高新技术正在逐步改造着传统的装备制造业。沈阳市的经济取得了历史性的成就，而职业教育作为与社会经济发展联系最为密切的一种教育，它的发展必然会受到社会经济的影响，但同时职业教育也会为沈阳市的社会经济发展提供人才支撑。尽管沈阳市的社会经济和职业教育都取得了长足进展，但面临高速发展的沈阳经济和社会需求，职业教育的发展仍旧是挑战重重。

1. 沈阳市社会经济的发展要求职业教育为其培养大量的技术型、技能型人才

从沈阳市各项经济指标、经济发展速度及发展水平来看，沈阳市经济呈现出良好的发展态势。面对振兴东北老工业基地的战略机遇，沈阳市政府以"工业立市"，以制造业为支柱产业，加大了对工业，尤其是高新技术产业的投入。在工业取得快速进展的同时，人力资源的需求也已成为沈阳市经济发展的重要支撑点。快速发展的沈阳市经济必然要求与其发展相适应的人力资源，因此，以培养技术技能型人才为主要职能的职业教育，如何按照沈阳市经济发展的需求来培养质高量足的各级各类人才，已成为沈阳市职业教育急

---

① 金晓玲. 跳跃式发展中的沈阳工业系列报道之三 [N]. 辽宁日报，2007 - 06 - 04.

需解决的重大问题。

2. 沈阳市产业结构的调整要求对职业教育的专业进行重新规划与布局

产业结构的变化决定着职业教育的专业结构，不同产业结构对劳动力的类型结构有着不同的要求，进而影响着职业教育的专业设置和内容。传统产业的衰落，人才需求的凋零，导致了职业教育相关专业的萎缩；新兴产业的兴起，人才需求的旺盛，促使了职业教育新专业的产生。目前，随着产业结构的不断升级，数控机床、汽车制造业、电子信息已逐步成为沈阳市的支柱产业。这就要求对沈阳市职业教育的专业结构进行重新规划与布局，重点发展与沈阳市支柱产业相对接的数控技术、机械制造、汽车制造与运用、信息技术以及现代物流等专业。

3. 沈阳市社会经济的发展对职业教育的质量提出了新的要求

党的十六大以来，沈阳市经济总量增长主要来源于数控机床、汽车制造等装备制造业的快速发展，而装备制造业的快速发展必然会对其人才质量有严格的要求。技术工人的培养不仅要有扎实的专业理论，也要有雄厚的实践基础，而这无疑对现有的职业教育的质量提出了新的要求。因此，如何结合全市装备制造业发展和主要行业的需求实际，建设一批具有专业优势、规模优势、管理优势的骨干示范学校已变得尤为重要。

二、沈阳市职业教育发展水平分析

根据辽宁省和沈阳市 2004—2008 年教育统计年鉴和对沈阳市 4 所高等职业技术院校及 14 所中等职业学校的调查问卷①获得的数据与信息，课题组对沈阳市职业教育的发展水平分析如下。

---

① 共设计 4 种问卷：教育行政部门问卷、学校问卷（包括高职和中职）、教育工作者问卷（包括教育行政人员、教育科研与教研人员、校长与教师）、企业人员和家长问卷。

（一）职业教育的规模

1. 中等职业学校数量与规模①

从学校数量上看，2008年全市各类中等职业学校共计137所，其中普通中等专业学校43所，成人中等专业学校1所，职业高中58所，技工学校35所。与2004年相比，普通中专增加4所，职业高中减少40所，技工学校增加2所，成人中等专业学校数量未改变，其主要原因是沈阳市对中等职业教育资源进行了整合，重新调整了布局，对部分中等职业学校进行合并重组，故其数量有所减少。从现实情况来看，调整中等职业学校布局和结构的任务仍然很艰巨（参见表2-1-1和图2-1-1）。

表2-1-1 2004—2008年沈阳市各类中等职业学校数量

（单位：所）

年份 类别	2004	2005	2006	2007	2008
普通中专	39	38	39	45	43
职业高中	98	91	85	66	58
技工学校	33	34	34	34	35
成人中专	1	1	1	1	1
合　计	171	164	159	146	137

图2-1-1 2008年沈阳市中等职业学校结构比例

---

① 除了职业学校的数量外，其他数据均未包含技工学校。

从中等职业学校的招生情况看，2008 年中等职业学校招生数为 36 516 人，比 2007 年减少了 2 958 人。其中，职业高中的招生数为 9 027 人，普通中等专业学校和成人中专的招生数分别为 26 514 人和 975 人（参见表 2 - 1 - 2）。

2004—2008 年，除 2006 年外，沈阳市中等职业学校的招生总数逐年减少，这与沈阳市初中毕业生逐年减少有直接关系。此外，职业高中招生数下降明显，而普通中专招生却连年增长，这与沈阳市调整中职资源布局有很大关系（参见图 2 - 1 -2）。

表 2 - 1 - 2　2004—2008 年沈阳市各类中等职业学校招生人数

年份 类别	2004		2005		2006		2007		2008		2008 年比 2007 年
	人数 （人）	百分比 （%）	人数 （人）	百分比 （%）	人数 （人）	百分比 （%）	人数 （人）	百分比 （%）	人数 （人）	百分比 （%）	
普通中专	23 622	53.2	20 940	54.3	20 638	50.9	20 202	51.2	26 514	72.6	13.1%
职业高中	20 747	46.8	17 578	45.6	19 834	48.9	18 694	47.4	9 027	24.7	-51.8%
成人中专	11	0.02	19	0.05	104	0.26	578	1.5	975	2.7	16.7%
招生总数	44 380	100	38 537	100	40 576	100	39 474	100	36 516	100	-7.5%

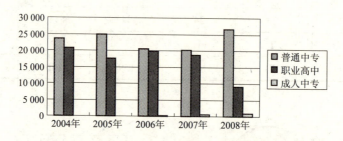

图 2 - 1 - 2　2004—2008 年沈阳市各类中等职业学校招生人数

从中等职业学校的在校生情况看，2008 年沈阳市中等职业学校在校生总数为 108 037 人，占全市高中阶段各类学校在校生总数的 46.1%，与 2007 年相比减少了 3 841 人，减幅为 3.6%；其中，职业高中的在校生为 41 657 人，普通中专和成人中专的在校生分别为 64 690 人和 1 690 人。

2008 年，沈阳市普通高中在校生总数为 126 202 人，占全市高中阶段各类学校在校生总数的 53.9%，与 2007 年相比减少 2 957 人，减幅为 2.3%，但仍然比中等职业学校在校生总数多 18 165 人（参见表 2 - 1 - 3、表 2 - 1 - 4 和图 2 - 1 - 3、图 2 - 1 - 4）。

从中等职业学校与普通高中的对比中，不难发现，中职学校与普通高中各自占了高中阶段教育的半壁江山，发展态势比较稳定，这说明职业教育基本得到社会的认可。

表 2 - 1 - 3   2004—2008 年沈阳市中等职业学校与普通高中在校生比较

年份 类别	2004		2005		2006		2007		2008	
	人数（人）	百分比（%）	人数（人）	百分比（%）	人数（人）	百分比（%）	人数（人）	百分比（%）	人数（人）	百分比（%）
普通高中	122 387	48.7	130 598	52.9	133 698	53.4	129 159	53.6	126 202	53.9
中等职教	129 022	51.3	116 416	47.1	116 540	46.6	111 878	46.4	108 037	46.1
合　计	251 409	100	247 014	100	250 238	100	241 037	100	234 239	100

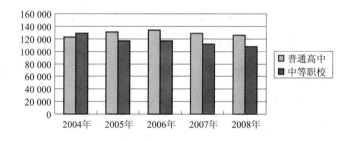

图 2 - 1 - 3   2004—2008 年沈阳市中等职业学校与普通高中在校生比较

表 2 - 1 - 4   2004—2008 年沈阳市各类中等职业学校在校生比较

年份 类别	2004		2005		2006		2007		2008	
	人数（人）	百分比（%）	人数（人）	百分比（%）	人数（人）	百分比（%）	人数（人）	百分比（%）	人数（人）	百分比（%）
普通中专	66 434	51.5	60 409	51.9	60 739	52.1	58 541	52.3	64 690	59.9
职业高中	62 495	48.4	55 949	48.1	55 667	47.8	52 606	47.0	41 657	38.6
成人中专	92	0.07	58	0.05	134	0.11	731	0.7	1 690	1.6
合　计	129 022	100	116 416	100	116 540	100	111 878	100	108 037	100

图2-1-4 2008年沈阳市高中阶段教育各类学校在校生比例

2. 高等职业院校数量与规模

2008年，沈阳市高等职业院校共招生34 970人。与2007年相比，招生人数增加了4 166人，总体招生规模比2007年有所扩大。其中独立设置的高等职业技术学院招生规模增量最大，与2007年相比多1 946人，并且普通专科学校招生规模也比2007年多536人（参见表2-1-5和图2-1-5）。这主要是因为辽宁省鼓励发展独立设置的高职院校，对大学下设的高职学院采取了控制规模的政策。

表2-1-5 2004—2008年沈阳市高等职业教育各类学校招生人数

年份 类别	2004		2005		2006		2007		2008	
	人数 （人）	百分比 （%）	人数 （人）	百分比 （%）	人数 （人）	百分比 （%）	人数 （人）	百分比 （%）	人数 （人）	百分比 （%）
普通专科	2 079	6.9	2 077	6.5	2 075	6.7	2 177	7.1	2 713	7.8
独立设置的高职技术学院	8 450	27.9	14 249	44.4	13 697	44.1	16 530	53.7	18 476	52.8
普通高等学校中的二级学院或独立学院	16 077	53.2	12 415	38.7	12 047	38.8	12 032	39.1	12 203	34.9
成人高等学校中的高职院校	3 639	12.0	3 329	10.4	3 218	10.4	65	0.2	1 578	4.5
合　计	30 245	100	32 070	100	31 037	100	30 804	100	34 970	100

图 2 - 1 - 5 2008 年沈阳市高等职业教育各类学校招生情况

2008 年，沈阳市高等教育院校在校生总数为 320 136 人，与 2007 年相比增加了 8 395 人，其中，普通高等院校普通本科在校生总数为 229 769 人，与 2007 年相比增加了 10 052 人；高等职业院校在校生总数为 90 367 人，与 2007 年相比减少了 1 657 人，高等职业教育在校生占整个高等教育在校生的 28.2%（参见表 2 - 1 - 6）。

表 2 - 1 - 6 2004—2008 年沈阳市高等教育各类学校在校生人数

年份 类别	2004		2005		2006		2007		2008	
	人数（人）	百分比（%）	人数（人）	百分比（%）	人数（人）	百分比（%）	人数（人）	百分比（%）	人数（人）	百分比（%）
普通本科	157 362	68.0	178 919	67.9	186 136	67.3	219 717	70.5	229 769	71.8
普通专科	5 814	2.5	6 248	2.4	7 121	2.6	6 216	2.0	6 669	2.1
独立设置的高职技术学院	23 049	10.0	33 206	12.6	38 514	13.9	43 571	14.0	46 896	14.7
普通高等学校中的二级学院或独立学院	39 337	17.0	38 894	14.8	39 634	14.3	35 423	11.4	32 790	10.2
成人高等学校中的高职院校	5 908	2.6	6 107	2.3	5 184	1.9	6 818	2.2	4 012	1.2
高职、高专总计	74 108	32.0	84 455	32.1	90 453	32.7	92 024	29.5	90 367	28.2
合 计	231 470	100	263 374	100	276 589	100	311 741	100	320 136	100

（二）职业教育的结构

1. 中等职业教育的布局结构

沈阳市委、市政府根据沈阳市经济发展的支柱产业情况，重新布局并整合了职业教育资源。在《关于深入实施科教兴市战略，推进教育快速发展的若干政策措施》中，提出建设6所万人规模职业学校的发展规划，明确指出："整合中等职业教育资源，集中建设装备制造、汽车、电子信息、化工医药、现代服务等6所规模达到万人以上的重点职业学校，并在校内设立职业技能鉴定中心。"万人规模职业学校新校区建成后，学校总体占地面积、建筑面积将得到大幅度增加，从根本上解决沈阳市中等职业教育办学分散、规模不足、场地狭小、设施落后的问题。

2. 中等职业教育的专业结构①

从招生情况来看，2008 年沈阳市各类中等职业技术学校共招收 36 516 人，比 2007 年减少了 2 958 人，减幅较大，但各科类之间也存在较大差异。加工制造、文化艺术与体育类、信息技术类、商贸旅游类分别招生 10 311 人、4 631 人、4 113 人和 3 997 人，分别占招生总数的 28.2%、12.7%、11.3% 和 10.9%，居前 4 位。交通运输类和医疗卫生类招生比 2007 年略有下降（参见表 2 – 1 – 7）。

表 2 – 1 – 7　2004—2008 年沈阳市中等职业教育各科类招生人数

年份 专业类别	2004		2005		2006		2007		2008	
	人数 （人）	百分比 （%）	人数 （人）	百分比 （%）	人数 （人）	百分比 （%）	人数 （人）	百分比 （%）	人数 （人）	百分比 （%）
农业类	587	1.3	485	1.3	516	1.3	814	2.1	841	2.3
资源环境类	138	0.3	193	0.5	452	1.1	595	1.5	347	1.0
能源类	130	0.3	126	0.3	116	0.3	272	0.7	33	0.1

---

① 未含技工学校的数据。

续表

年份	2004		2005		2006		2007		2008	
专业类别	人数（人）	百分比（%）	人数（人）	百分比（%）	人数（人）	百分比（%）	人数（人）	百分比（%）	人数（人）	百分比（%）
土木水利工程类	1 339	3.0	1 608	4.2	984	2.4	702	1.8	1 774	4.9
加工制造类	8 308	18.7	9 414	24.4	11 643	28.7	11 074	28.1	10 311	28.2
交通运输类	5 764	13.0	5 407	14.0	5 292	13.0	5 621	14.2	3 229	8.8
信息技术类	6 055	13.6	3 831	9.9	4 411	10.9	3 969	10.1	4 113	11.3
医药卫生类	2 853	6.4	2 744	7.1	2 903	7.2	3 444	8.7	2 960	8.1
商贸旅游类	6 759	15.2	5 560	14.4	5 183	12.8	4 470	11.3	3 997	10.9
财经类	2 246	5.1	698	1.8	1 178	2.9	997	2.5	1 211	3.3
文化艺术与体育类	6 361	14.3	5 259	13.6	4 567	11.3	4 762	12.1	4 631	12.7
社会公共事务类	2 182	4.9	1 432	3.7	1 576	3.9	960	2.4	1 055	2.8
师范类	1 214	2.7	1 451	3.8	1 271	3.1	1 164	2.9	1 311	3.6
其他	444	1.0	329	0.9	484	1.2	630	1.6	703	1.9
合计	44 380	100	38 537	100	40 576	100	39 474	100	36 516	100

从在校生情况看，2008 年，沈阳市各类中等职业技术学校在校生共 108 037 人，比 2007 年减少了 3 841 人，减少了 3.4%，总体而言变化不大。加工制造、文化艺术与体育类在校生规模较大，分别占在校生总数的 27.0% 和 13.6%。土木水利工程类、农林类、信息技术类在校生规模增幅较大，分别为 47.8%、12.1%、4.4%。文化艺术与体育类、医药卫生类、加工制造类的在校生规模不同程度地减少，减幅分别为 9.6%、8.1% 和 4.9%（参见表 2－1－8 和图 2－1－6）。

中俄典型地区职业教育调查与比较分析

表 2-1-8 2004—2008 年沈阳市中等职业学校各科类在校生人数

年份	2004		2005		2006		2007		2008	
专业类别	人数（人）	百分比（%）	人数（人）	百分比（%）	人数（人）	百分比（%）	人数（人）	百分比（%）	人数（人）	百分比（%）
农林类	2 359	1.8	1 655	1.4	1 619	1.4	1 849	1.7	2 072	1.9
资源环境类	410	0.3	500	0.4	632	0.5	954	0.9	989	0.9
能源类	311	0.2	256	0.2	284	0.2	443	0.4	462	0.4
土木水利工程类	4 858	3.8	3 569	3.1	3 087	2.6	2 215	2.0	3 274	3.0
加工制造类	18 487	14.3	22 745	19.5	28 259	24.3	30 647	27.4	29 138	27.0
交通运输类	16 582	12.9	13 279	11.4	12 855	11.0	12 490	11.2	12 030	11.1
信息技术类	18 976	14.7	15 020	12.9	12 874	11.1	10 924	9.8	11 407	10.6
医药卫生类	8 285	6.4	9 605	8.3	10 718	9.2	11 149	10.0	10 246	9.5
商贸旅游类	18 849	14.6	18 237	15.7	14 738	12.7	12 848	11.5	12 174	11.3
财经类	7 307	5.7	3 051	2.6	4 469	3.8	3 650	3.3	3 216	3.0
文化艺术与体育类	22 426	17.4	19 081	16.4	17 423	15.0	16 316	14.6	14 745	13.6
社会公共事务类	5 574	4.3	4 306	3.7	4 062	3.5	2 957	2.6	2 697	2.5
师范类	3 292	2.6	4 318	3.7	4 099	3.5	3 743	3.4	3 796	3.5
其他	1 306	1.0	794	0.7	1 421	1.2	1 693	1.5	1 791	1.7
合　计	129 022	100	116 416	100	116 540	100	111 878	100	108 037	100

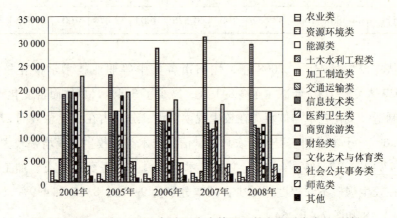

图 2-1-6 2004—2008 年沈阳市中等职业教育各科类在校生情况

（三）职业教育的师资

1. 中等职业教育师资①

（1）专任教师学历结构

2008 年，沈阳市中等职业学校共有专任教师 6 348 人，其中学历在高中及以下的 87 人，占专任教师总数的 1.4%，比 2007 年减少 84 人；专科学历 938 人，占专任教师总数的 14.8%，比 2007 年减少 145 人；本科学历为 5 077 人，占专任教师总数的 80%，比 2007 年减少 72 人；硕士及以上学历为 282 人，占专任教师总数的 4.4%，比 2007 年增加 17 人。

由上述数据分析可知，沈阳市中等职业学校专任教师学历达标率为 84.4%，仍有 16.2% 的教师学历不达标。学历提高仍是教师培训的一个重要方面。同时，硕士及以上学历教师的增加说明专任教师学历有向上浮动的趋势（参见表 2－1－9 和图 2－1－7）。

表 2－1－9　2004—2008 年沈阳市中等职业学校专任教师学历情况

年份 学历	2004		2005		2006		2007		2008	
	人数 （人）	百分比 （%）	人数 （人）	百分比 （%）	人数 （人）	百分比 （%）	人数 （人）	百分比 （%）	人数 （人）	百分比 （%）
高中及以下	217	2.9	235	3.2	193	2.7	171	2.6	87	1.4
专科	1 324	17.7	1 379	18.8	1 243	17.6	1 083	16.2	938	14.8
本科	5 820	77.6	5 557	75.6	5 415	76.7	5 149	77.2	5 077	80
硕士及以上	137	1.8	181	2.5	206	2.9	265	4.0	282	4.4
合　计	7 498	100	7 352	100	7 057	100	6 668	100	6 348	100

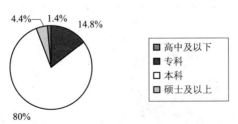

图 2－1－7　2008 年沈阳市中等职业学校专任教师学历构成

_____

① 未含技工学校的教师。

（2）专业教师技术职务结构

2008 年，沈阳市中等职业学校共有专任教师 6 384 人，其中初级职称为 1 640 人，占专任教师总数的 25.7%，比 2007 年减少 32 人；中级职称为 2 242 人，占专任教师总数的 35.1%，比 2007 年减少 140 人；副高级职称为 1 778 人，占专任教师总数的 27.9%，比 2007 年减少 16 人；正高级职称为 136 人，占专任教师总数的 2.1%，比 2007 年减少 33 人；无职称 588 人，占专任教师总数的 9.2%，比 2007 年减少 63 人（参见表 2 – 1 – 10）。

由上述数据分析可知，沈阳市中等职业学校专任教师职称主要以副高级和中级为主，两类合计占总数的 63.0%；初级职称教师也较多，占总数的 25.7%；无职称教师比例较低，但其减幅较大，说明整体职称结构有提升趋势（参见图 2 – 1 – 8）。

表 2 – 1 – 10　2004—2008 年沈阳市中等职业学校专任教师职称情况

年份\职称	2004		2005		2006		2007		2008	
	人数（人）	百分比（%）	人数（人）	百分比（%）	人数（人）	百分比（%）	人数（人）	百分比（%）	人数（人）	百分比（%）
初级	1 825	24.3	1 883	25.6	1 721	24.4	1 672	25.1	1 640	25.7
中级	2 857	38.1	2 735	37.2	2 598	36.8	2 382	35.7	2 242	35.1
副高级	2 040	27.2	1 911	26.0	1 858	26.3	1 794	26.9	1 778	27.9
正高级	177	2.4	184	2.5	236	3.3	169	2.5	136	2.1
无职称	599	8.0	639	8.7	644	9.1	651	9.8	588	9.2
合计	7 498	100	7 352	100	7 057	100	6 668	100	6 384	100

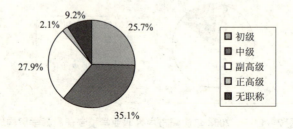

图 2 – 1 – 8　2008 年沈阳市中等职业学校专任教师职称构成

（3）专任教师类别结构

2008 年，沈阳市中等职业学校共有专任教师 6 356 人，其中文化课教师 2 504 人，占专任教师总数的 39.4%，比 2007 年减少 160 人；专业实习、指导课教师 3 852 人，占专任教师总数的 60.6%，比 2007 年减少 106 人。

在专业实习、指导课教师中，具有"双师"资格的教师 1 138 人，占专任专业实习、指导课教师总数的 29.5%，比 2007 年增加 116 人。

由上述数据分析可知，沈阳市中等职业学校专任教师中以专业实习、指导课教师居多，占总数的 60.6%，其中"双师型"教师占专业实习、指导课教师总数的 29.5%，占全体教师总数的 17.9%，几年来"双师型"教师的数量和比重逐年增长，说明政府与学校都非常重视"双师型"教师的培养，并且效果比较明显。但总体而言，"双师型"教师所占比例依然较低，还需要进一步加强对"双师型"教师的培养工作（参见表 2-1-11、图 2-1-9 和图 2-1-10）。

表 2-1-11　2004—2008 年沈阳市中等职业学校专任教师类别

年份　　类别	2004		2005		2006		2007		2008	
	人数（人）	百分比（%）	人数（人）	百分比（%）	人数（人）	百分比（%）	人数（人）	百分比（%）	人数（人）	百分比（%）
文化基础课	3 039	41.4	2 966	40.8	2 819	40.2	2 664	40.2	2 504	39.4
专业实习、指导课	4 336	59.1	4 303	59.2	4 190	59.8	3 958	59.8	3 852	60.6
其中：双师型	927	12.6	931	12.8	948	13.5	1 022	15.4	1 138	17.9
合计	7 335	100	7 269	100	7 009	100	6 622	100	6 356	100

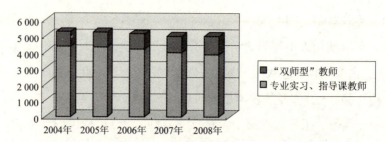

图 2 - 1 - 9　2004—2008 年沈阳市中等职业学校"双师型"

教师与专业实习、指导课教师数量比较

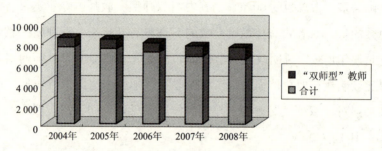

图 2 - 1 - 10　2004—2008 年沈阳市中等职业学校"双师型"

教师与全部专任教师数量比较

2. 高等职业教育师资①

（1）专任教师学历结构

2008 年，沈阳市高等职业院校共有专任教师 3 896 人，其中专科及以下学历教师 280 人，占专任教师总数的 7.2%，比 2007 年减少 44 人；本科学历教师为 2 969 人，占专任教师总数的 76.2%，比 2007 年减少 253 人；硕士学历教师为 616 人，占专任教师总数的 15.8%，比 2007 年增加 61 人；博士学历教师为 31 人，占专任教师总数的 0.8%，比 2007 年增加 6 人。

由上述数据分析可知，沈阳市高等职业院校专任教师的学历主要为本科层次，占总数的 76.2%，硕士及博士学历教师虽人数不多，但增幅明显，说明专任教师的学历有向上浮动的趋势，但距教育部要求硕士及以上学历要达到 30% 的要求，仍有较大差距（参见表 2 - 1 - 12 和图 2 - 1 - 11）。

---

①　未含普通大学中的二级高职院校和成人院校中的高等职业教育的教师。

表 2 - 1 - 12　2005—2008 年沈阳市高等职业院校专任教师学历情况

年份	2005		2006		2007		2008	
学历	人数（人）	百分比（%）	人数（人）	百分比（%）	人数（人）	百分比（%）	人数（人）	百分比（%）
专科及以下	390	11.0	373	9.6	324	7.9	280	7.2
本科	2 909	81.6	3 108	79.7	3 222	78.1	2 969	76.2
硕士	247	6.9	398	10.2	555	13.5	616	15.8
博士	17	0.5	22	0.6	25	0.6	31	0.8
合计	3 563	100	3 901	100	4 126	100	3 896	100

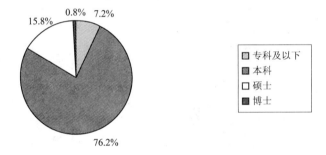

图 2 - 1 - 11　2008 年沈阳市高等职业院校专任教师学历构成

（2）专任教师技术职务结构

2008 年，沈阳市高等职业院校共有专任教师 3 896 人，其中初级职称 1 065 人，占专任教师总数的 27.3%，比 2007 年减少 31 人；中级职称 1 249 人，占专任教师总数的 32.1%，比 2007 年减少 57 人；副高级职称 1 205 人，占专任教师总数的 30.9%，比 2007 减少 57 人；正高级职称 188 人，占专任教师总数的 4.8%，比 2007 年增加 9 人；无职称 189 人，占专任教师总数的 4.9%，比 2007 年减少 93 人。

由上述数据分析可知，沈阳市高等职业院校专任教师的职称主要以副高级和中级为主，两类合计占总数的 63%；初级职称教师也较多，占总数的 27.3%；正高级职称教师比例较低，但比 2007 年有所增加，说明整体职称结构有提升趋势（参见表 2 - 1 - 13 和图 2 - 1 - 12）。

中俄典型地区职业教育调查与比较分析

表 2 - 1 - 13　2005—2008 年沈阳市高等职业院校专任教师职称情况

年份　职称	2005		2006		2007		2008	
	人数（人）	百分比（%）	人数（人）	百分比（%）	人数（人）	百分比（%）	人数（人）	百分比（%）
初级	863	24.2	958	24.6	1 096	26.6	1 065	27.3
中级	1 217	34.1	1 274	32.7	1 306	31.7	1 249	32.1
副高级	1 185	33.2	1 243	31.9	1 262	30.6	1 205	30.9
正高级	105	3.0	145	3.7	179	4.3	188	4.8
无职称	195	5.5	281	7.2	282	6.8	189	4.9
合计	3 565	100	3 901	100	4 125	100	3 896	100

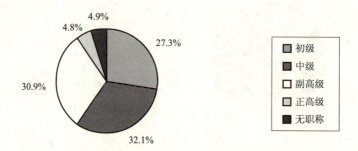

图 2 - 1 - 12　2008 年沈阳市高等职业院校专任教师职称结构

3. 教师接受培训情况

职业学校的教师是否能有充足的机会参加继续教育，关系到教师能否与职业教育、行业发展的最前沿接轨，并直接决定着师资队伍的水平以及职业教育的质量。然而，在对教育工作者的调查问卷中反映出的师资培训的现状却不容乐观。参与本次问卷调查的是来自沈阳市 4 所高等职业院校、11 所中等职业技术学校、3 个职业教育中心和沈阳市教育局职业与成人教育研究室的校长、教师、教育行政管理人员、科研人员，共计 388 人，其中调查总数的 74.7% 是中、高等职业院校的教师。问题涉及 2006—2007 年接受职业教育相关培训情况、近三年接受职业教育相关培训情况和期望的培训形式三个问题。问卷采取封闭性、多项选择形式，数据统计结果分析如表 2 - 1 - 14 所示。

表 2 - 1 - 14　沈阳市参与问卷调查的人员构成情况

培训人员职务构成	人数（人）	比例（%）
教育行政管理	42	10.8
教育科研或教学研究	30	7.7
中等职业学校校长	23	5.9
中等职业学校教师	206	53.1
高职院长（校长）	3	0.8
高职学院教师	84	21.6
合　　计	388	100

关于"2006—2007 年是否参加过培训"这一问题，共有 379 人回答，其中有 139 人选择"没有参加过"，其比例占到总数的 36.7%；选择"参加 1 次"的有 147 人，占总数的 38.8%；而参加 2 次的为 65 人，占总数的 17.2%；参加 3 次及 3 次以上的为 28 人，占总数的 7.4%（参见表 2 - 1 - 15）。

表 2 - 1 - 15　2006—2007 年沈阳市职业院校教师接受培训情况

2006—2007 年是否参加过培训	人数（人）	比例（%）
没有参加过	139	36.7
参加 1 次	147	38.8
参加 2 次	65	17.2
参加 3 次及 3 次以上	28	7.4
合　　计	379	100

由上述数据分析可知，2006—2007 年接受职业教育相关培训的人员比例仅占到总数的 63.3%，而且绝大多数是接受 1 次和 2 次培训，同时有 36.7% 的人员没有接受职业教育相关培训，说明教师接受培训的范围仅涉及六成，仍然不够广泛，普及度不高，有待于进一步增加教师培训的人次和机会。

关于"近三年是否参加过培训"这一问题，共有 377 人回答，其中选择"参加 1~3 次"的为 236 人，占总数的 62.6%；选择"没有参加过"的为 94 人，占总数的 24.9%；其他选项的人数都较少（参见表 2 - 1 - 16）。

表 2 - 1 - 16　近三年沈阳市职业院校教师接受培训情况

近三年是否参加过培训	人数（人）	比例（%）
没有参加过	94	24.9
参加 1~3 次	236	62.6
参加 4~6 次	25	6.6
参加 7~9 次	3	0.8
参加 10 次及以上	19	5.0
合　计	377	100

　　由上述数据分析可知，三年内接受职业教育相关培训的人员比例也仅占到总数的七成左右，仍然有94人未参加过任何培训，这进一步说明教师培训的人员参与程度不高，普及率不够，教师缺乏接受职业教育相关培训的机会。

　　关于"您期望的教师继续教育方式"这一问题，共有388人回答，其中选择"参观考察""脱产进修"和"参加培训班"的占前三位，分别为113人、104人和78人，分别占总数的29.1%、26.8%和20.1%，而约有17.3%的人愿意参加学术会议和学术讲座，仅有5.4%的人愿意通过远程教育和自学的形式参与培训（参见表2 - 1 - 17）。

表 2 - 1 - 17　沈阳市职业院校教师期望的培训方式

期望的培训方式	人数（人）	比例（%）
脱产进修	104	26.8
学术会议	31	8.0
学术讲座	36	9.3
参观考察	113	29.1
参加培训班	78	20.1
远程教育	17	4.4
自学	4	1.0
其他	5	1.3
合　计	388	100

由上述数据分析可知，对于接受继续教育的方式的选择多集中于脱产进修、参观考察和参加培训班等以实际参与为主要形式的培训方式，比例占到了76%，而对于理论性较强的学术会议、讲座以及远程教育和自学等形式则少有人问津。可见，今后职业学校教师继续教育的方式还应以主动参与、亲身实践为主的形式开展。

（四）校企合作水平

参与本次问卷调查的共有沈阳市4所高等职业院校和14所中等职业技术学校，问题涉及学校与企业合作办学的类型、方式和影响因素等，采取封闭性问题、多选形式，数据统计结果分析如下。

1. 合作类型

关于此问题备选项为6种校企合作办学类型，共有35选次，说明有多所学校采用了多种校企合作办学类型，其中"校企契约型"被选次数最多，达到13次，占总选次的37.1%；"职业教育集团型"和"半工半读（工学交替）型"分别为9次和8次，各占25.7%和22.9%；而采取"校企合一型"和"企业主办型"合作形式的各仅有1所学校，各占2.9%（参见表2-1-18）。

表2-1-18　沈阳市职业学校与企业合作办学类型情况

学校与企业合作办学类型	被选次数	百分比（%）	次序
校企契约型	13	37.1	1
职业教育集团型	9	25.7	2
半工半读（工学交替）型	8	22.9	3
学校自办产业型	3	8.6	4
校企合一型	1	2.9	5
企业主办型	1	2.9	5
合　　计	35		

以上数据说明，沈阳市职业学校与企业合作办学的类型比较集中，基本以校企契约型、职业教育集团型和半工半读（工学交替）型为主，而此三类

均为较为松散型的合作类型，而紧密型的合作办学如校企合一型和企业主办型的学校却十分稀少。

2. 合作方式

关于此问题备选项为9种校企合作办学方式，共有97选次，说明大部分学校采用了多种校企办学方式。其中"企业为学生提供实习机会""与企业联合实施订单培养"和"企业为教师提供实践机会"被选次数位列前三，分别为17次、16次和15次，分别占总选次的17.5%、16.5%和15.5%，企业参与学校人才培养方案的设计与实施被选比例也较高，占总选次的14.4%。参加问卷的18所学校中，仅有1所暂时没有建立合作关系（参见表2-1-19）。

以上数据说明，沈阳市职业学校与企业合作办学的方式较为多样化，分布也较为分散，而且多是订单式培养的外部方式或为学生和教师提供实习、实践机会等学校主动性方式，而企业主动性的合作办学方式如企业参与学校人才培养方案的设计与实施，企业委托学校进行职工培训，为学校提供实训设备、兼职教师和教育培训经费等合作办学方式的数量和比例都较低，说明企业在与职业学校合作办学过程中的积极性并不高，有待于进一步加强和改善。

表2-1-19　沈阳市职业学校与企业合作办学方式情况

学校与企业合作办学方式	被选次数	百分比（%）	次序
企业为学生提供实习机会	17	17.5	1
与企业联合实施订单培养	16	16.5	2
企业为教师提供实践机会	15	15.5	3
企业参与学校人才培养方案的设计与实施	14	14.4	4
企业委托学校进行职工培训	10	10.3	5
企业为学校提供实训设备	10	10.3	5
企业为学校提供兼职教师	10	10.3	5
企业向学校提供教育培训经费	4	4.1	6
暂时没有建立合作关系	1	1.0	7
合　　计	97		

3. 影响合作的原因

关于此问题备选项为 5 种影响校企合作的主要因素，共有 71 选次，其中"缺乏相应的政策引导"的备选次数最高，达到 19 次，占总被选次的 26.8%；其次为"缺乏有效的合作机制"和"企业缺少积极性"，各占总被选次的 22.5% 和 21.1%（参见表 2 - 1 - 20）。

以上数据说明，影响沈阳市校企合作的主要因素是多方面的，政策性因素和机制性因素均占到了较高的比例，这两者又大大影响了企业对校企合作参与的积极性。由此可见，对校企合作的进一步改革和完善，必须把政策机制和合作机制问题摆在首先要解决的战略地位。

表 2 - 1 - 20　影响沈阳市校企合作的主要因素

影响校企合作的主要因素	被选次数	百分比（%）	次序
缺乏相应的政策引导	19	26.8	1
缺乏有效的合作机制	16	22.5	2
企业缺少积极性	15	21.1	3
缺少校企双方交流的平台	13	18.3	4
传统办学观念制约学校的主动性	8	11.3	5
合　　计	71		

（五）职业教育的经费

从生均预算内教育事业费支出比例的情况来看，沈阳市职业高中的生均预算内教育事业费近年来持续增加，而且增幅较大。2005 年，职业高中的生均预算内教育事业费为 2 591.8 元，只是当年普通高中的生均费用的 85.7%；到 2008 年，沈阳市职业高中的生均预算内教育事业费为 5 797.1 元，比普通高中的生均费用少 15.4 元，二者基本持平（参见表 2 - 1 - 21 和图 2 - 1 - 13）。这说明沈阳市政府在教育的投入上逐渐向职业教育倾斜，但由于职业教育在教学过程中需要更大的消耗，职业高中的生均经费仍不能满足教学的实际需要。

表 2－1－21　2005—2008 年沈阳市职业高中与普通高中生均预算内教育事业费支出

类别 年份	职业高中		普通高中	
	生均经费（元）	比上年增长（%）	生均经费（元）	比上年增长（%）
2005	2 591.8		3 018.6	
2006	3 437.5	32.6	3 811.4	26.3
2007	4 662.7	35.6	5 292.8	38.9
2008	5 797.1	24.3	5 812.5	9.8

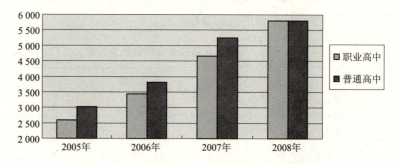

图 2－1－13　2005—2008 年沈阳市职业高中与普通
高中生均预算内教育事业费支出情况

（六）职业教育的教学改革

沈阳市在教学改革中推行适应企业、行业用人标准和规格的课程改革，初步形成以项目课程为主体的模块化专业课程体系。

1. 借鉴德国"双元制"经验，推进教学领域改革

为了深入学习"双元制"的精髓，推进教学领域的改革，沈阳市以"汽车机电一体化"专业为试点专业，在德国专家的具体指导下，试点学校与企业共同制订切实可行的人才培养计划；自编符合企业实际的校本系列教材；采用以学生为中心、师生互动的行动导向教学，将课堂、实习车间和实习企业融为一体，采取小模块、大模块反复进行，滚动式前进和螺旋式提高的教学步骤，培养复合型人才。

2. 实施"双证书"制度，推进"双证书"课程体系

按照专业人才的培养规格要求（包括素质要求、能力要求、知识要求），沈阳市 2003 年以来，在数控、电气控制与运行、汽车维修与运行、计算机及应用、化学分析与检验、电子技术应用、服装设计与制作和饭店服务与管理 8 个骨干专业进行"双证书"课程体系的改革，取得了良好的效果。学生毕业后拿到两个以上证书（毕业证、职业资格证、企业资格证、行业职业资格证等），为学生顺利进入劳动力市场提供了条件。

3. 开发实验教材

针对现有教材理论多、实践少、内容旧、不适应企业对人才的需求等问题，沈阳市坚持实用原则，组织多个企业、行业、学校以及社会各界的专家共同开发与课程改革和实施性教学计划要求和安排相适应的文化基础课程、专业课程教材。如，沈阳市汽车工程学校与华晨宝马汽车有限公司参考中德双方的有关教材，由学校教师和企业技术人员共同编写了汽车制造与维修专业"双元制"实训校本教材系列。

（七）对职业教育的认识

我们从职业教育的使命、职业教育的作用、影响职业教育发展的根本因素及职业教育发展的重要方面几个维度对教育工作者、企业人员和家长进行调查，发现职业教育在人们心目中的地位在提升。这也在一定程度上反映出人们对职业教育自身及其发展的认识。

1. 职业教育的使命

调查显示，教育工作者、企业人员和家长普遍认为职业教育最重要的使命依次是：为企业培养技能型人才、面向学生来提高就业和创业能力、为地方经济提供新生劳动力。从中可以看出，企业需求在人们的心目中是职业教育的首要任务。这可能与现在比较普遍的订单式培养方式有关，职业学校培养什么规格和技术技能的学生与企业的需求密切相关。

2. 职业教育的作用

在对职业教育在促进当地经济和社会发展所起作用的评价中，被调查者普遍认为职业教育将发挥重要作用，但是不同群体的认可比重略有不同，教育工作者中有 69.2%，高于企业人员和家长的 58%（参见表 2 - 1 - 22）。

表 2 - 1 - 22　职业教育对促进当地经济和社会发展起的作用

（单位:%）

	发挥重要作用	发挥一般作用	不起作用	难以回答	其他
教育工作者	69.2	24.4	2.1	3.1	1.3
企业人员和家长	58	35.2	3.4	3.4	——

3. 影响职业教育发展的根本因素

在被调查者对影响职业教育发展的根本因素（包括相关政策、学校管理、教学质量及课程设置、师资水平、经费投入、企业及社会支持、劳动人事制度、社会环境及其价值观）进行最重要的三项的排序中，教育工作者与企业人员和家长所持的态度有所不同。教育工作者认为最重要的三个根本因素依次是相关政策、经费投入、教学质量及课程设置，而企业人员和家长则认为最重要的三个根本因素依次是教学质量及课程设置、相关政策、企业及社会支持。可见，人们普遍认为相关政策和学校的教学质量及课程设置是影响职业教育发展的主要因素，但在影响因素的侧重上不同人群持不同观点，尤其是在对经费投入和企业及社会支持的方面，显然教育工作者与企业人员和家长的关注点不同。

4. 职业教育发展的最重要方面

调查结果显示，教育工作者普遍认为无论是职业教育的质量和普及性，还是人才培养结构及规格与当地经济发展和用人单位的需求相适应，也包括提高就业能力和就业率都是职业教育发展的最重要方面，这些方面的重要程度彼此不分伯仲（参见表 2 - 1 - 23）。

表 2 - 1 - 23　职业教育发展的最重要方面

（单位：%）

	保证职业教育的质量	保证职业教育的普及性	人才培养结构适应当地经济发展的需求	人才培养规格适应用人单位的需要	提高就业能力和就业率
同意	55.2	51.2	54.8	51.7	50.9
完全同意	34.5	24.2	32.9	34.2	38.3

（八）对沈阳市职业教育发展水平的评价

在对沈阳市职业教育发展水平的评价调查中，发现被调查者对于中等及高等职业教育的发展变化持一种普遍认可的态度。但在具体的问题调查中，也反映出一些仍然存在的问题。比如，岗位与专业关联度不高，校企合作没能发挥人才培养的应有作用，师资培训远没有达到职业教育发展对师资水平提高所提出的要求。

1. 中等职业教育的发展水平

调查显示，大部分教育工作者体会到中等职业教育的发展变化，并持肯定态度（参见表 2 - 1 - 24）。

表 2 - 1 - 24　对中等职业教育变化的认可度

（单位：%）

	中等职业教育体系进一步完善	中等职业学校毕业生的培养水平提高	中等职业教育的区域普及性提高	中等职业教育提供的教育服务扩展	中等职业教育资源的利用更加合理	中等职业教育教师和技师质量提高	中等职业学校更加积极地研究和考虑用人单位的需求	用人单位积极地帮助更新中等职业学校的物质基础	用人单位更加积极地参与中等职业教育的教育过程
基本不认可	10.3	12.1	11.3	12.1	12.3	9.5	6.2	15.2	14.4

续表

	中等职业教育体系进一步完善	中等职业学校毕业生的培养水平提高	中等职业教育的区域普及性提高	中等职业教育提供的教育服务扩展	中等职业教育资源的利用更加合理	中等职业教育教师和技师质量提高	中等职业学校更加积极地研究和考虑用人单位的需求	用人单位积极地帮助更新中等职业学校的物质基础	用人单位更加积极地参与中等职业教育的教育过程
介于认可和不认可之间	20.1	18.8	22.4	22.9	23.9	17	14.1	19.5	20.6
基本认可	43.4	46.8	45.5	45.8	41.9	50.6	50.4	36	35.2
完全认可	21.1	18.5	16.5	16.2	16.7	19	24.9	20.6	23.9

2. 高等职业教育的发展水平

调查显示，大部分教育工作者体会到高等职业教育的发展变化，并持肯定态度（参见表2-1-25）。

表2-1-25 对高等职业教育变化的认可度

（单位:%）

	高等职业教育体系进一步完善	高等职业院校毕业生的培养水平提高	高等职业教育的区域普及性提高	高等职业教育提供的教育服务扩展	高等职业教育资源的利用更加合理	高等职业教育教师和技师质量提高	高等职业院校更加积极地研究和考虑用人单位的需求	用人单位积极地帮助更新高等职业院校的物质基础	用人单位更加积极地参与高等职业教育的教育过程
基本不认可	6.9	9.8	6.9	6.9	6.7	6.4	5.1	10.8	10.5

续表

	高等职业教育体系进一步完善	高等职业院校毕业生的培养水平提高	高等职业教育的区域普及性提高	高等职业教育提供的教育服务扩展	高等职业教育资源的利用更加合理	高等职业教育教师和技师质量提高	高等职业院校更加积极地研究和考虑用人单位的需求	用人单位积极地帮助更新高等职业院校的物质基础	用人单位更加积极地参与高等职业教育的教育过程
介于认可和不认可之间	17.2	18.3	21.6	20.8	21.9	18.5	17.7	20.3	19.3
基本认可	46.5	43.7	44	44.5	43.2	45.2	45.2	38.3	36.2
完全认可	17.5	18	16.2	15.9	17	18.8	21.3	18.8	22.1

3. 课程设置及教材

在被问及职业教育的课程设置是否与当地经济发展需要相适应，教材是否合适时，教育工作者普遍认为基本适应和满意（参见表 2 - 1 - 26 和表 2 - 1 - 27）。

表 2 - 1 - 26　学校的课程能否适应当地经济发展的需要

（单位：%）

	不适应	基本适应	适应	难以回答
教育工作者	12.6	67.9	11.3	7.7

表 2 - 1 - 27　您对目前使用的教材是否满意

（单位：%）

	不满意	基本满意	满意	难以回答
教育工作者	22.6	63.5	8.5	5.1

4. 岗位与专业关联度

职业教育的专业应与学生将来就业的岗位有密切的联系。但是调查结果显示，无论是教育工作者还是企业人员和家长，都只有不到一半的人认为学生所学专业与岗位有着密切联系，也有相当一部分人认为二者只存在一点关联（参见表 2 - 1 - 28）。

表 2 - 1 - 28　职业学校学生就业岗位与所学专业关联度

（单位:%）

	很少	有一点	密切联系	很难回答
教育工作者	13.1	39.1	43.2	4.1
企业人员和家长	17	30.7	40.9	11.4

5. 校企合作与人才培养

关于校企合作在人才培养中的作用，无论是教育工作者，还是企业人员和家长，普遍认为校企合作是一种比较合适的方式（参见表 2 - 1 - 29）。但企业人员和家长却有近 60% 的人认为目前企业在职业学校人才培养方面发挥的作用不大或一般（参见表 2 - 1 - 30）。

表 2 - 1 - 29　学校与企业的联系与合作能否适应人才的培养需要

（单位:%）

	不适应	基本适应	适应	很难回答
教育工作者	5.4	50.1	38	6.2
企业人员和家长	8	46.6	31.8	13.6

表 2 - 1 - 30　企业在参与职业学校人才培养方面所发挥的作用

（单位:%）

	不大	一般	很大	很难回答
企业人员和家长	20.5	37.5	31.8	10.2

（九） 对沈阳市职业院校学生素质的评价

虽然在对沈阳市整体职业教育水平的评价中，被调查者总体认为是在提高，但在对具体的沈阳市职业院校学生素质的评价中却并不乐观，或持比较保守的观点。被调查者普遍认为，毕业生需要经过一段时间的培训才能上岗，并在综合素质上需要全面加强。

1. 毕业生胜任工作岗位的情况

在对毕业生能否快速胜任岗位工作需要的调查中，无论中职还是高职的毕业生，被调查者普遍认为他们都需要经过一段时间的岗前培训才能上岗，不能做到一毕业就能顶岗，但对比普通学校毕业生并不差（参见表2-1-31）。这说明，一方面职业教育的确能培养出动手能力、岗位适应性比较强的应用型人才，另一方面职业教育目标与实际的岗位需求还有一定距离。

表 2-1-31　中、高等职业学校毕业生能否很快胜任岗位工作需要

（单位:%）

	中职毕业生		高职毕业生	
	教育工作者认可度	企业人员、家长认可度	教育工作者认可度	企业人员、家长认可度
一毕业就能顶岗	24.2	17	27	13.6
需经一段时间岗前培训才能上岗	67.6	72.7	57.6	76.1
跟普通高中（普通大学）毕业生没什么区别	3.6	5.7	4.4	8
不如普通高中（普通大学）毕业生	3.1	2.3	2.8	1.1
其他	1.3	2.3	2.3	

2. 对职业学校毕业生综合素质的评价

我们让被调查者从职业道德和工作态度、相关专业知识、岗位技能、团队合作精神、学习能力等几方面分别对中、高职毕业生的综合素质进行评价，结果显示，被调查者对中、高职毕业生综合素质的各方面的满意度都不高，大部分教育工作者持难以回答和不满意的态度（参见表 2-1-32）。大部分人认为目前职业学校毕业生存在的主要不足之处也主要体现在这几方面（参见表 2-1-33）。这种认识也基本得到企业人员和家长观点的支持，但是需要指出的是企业人员和家长更倾向于对毕业生岗位技能和职业技能的培养，而对毕业生团队合作精神的培养并不重视（参见表 2-1-34）。

表 2-1-32　对中职（高职）毕业生综合素质满意程度的评价

（单位:%）

	职业道德和工作态度		相关专业知识		岗位技能		团队合作精神		学习能力	
	中职生	高职生	中职生	高职生	中职生	高职生	中职生	高职生	中职生	高职生
不满意	19.3	11.1	16.2	9.8	14.7	10.5	17.2	12.3	26	11.1
难以回答	57.3	50.9	57.1	53	54.2	52.7	53.2	50.1	51.7	49.1
满意	19.8	27.8	22.4	26.7	26.7	26	24.4	27.8	13.6	28.3

表 2-1-33　对中、高职毕业生的主要不足的评价

（单位:%）

	职业道德、工作态度		相关专业知识		岗位、职业技能		团队合作精神		综合素养	
	中职生	高职生	中职生	高职生	中职生	高职生	中职生	高职生	中职生	高职生
基本不认可	13.9	15.4	22.4	18.5	22.1	15.9	20.1	13.1	22.1	10.5
介于两者中间	39.1	30.6	29.3	31.1	25.7	23.4	30.8	26.2	33.4	27.2
基本认可	39.1	39.8	41.9	34.7	44.7	45.8	39.8	45.5	35.5	46

表2-1-34 对中、高职毕业生最需要培养方面的评价

（单位:%）

	职业道德、工作态度		相关专业知识		岗位、职业技能		团队合作精神		综合素养	
	中职生	高职生	中职生	高职生	中职生	高职生	中职生	高职生	中职生	高职生
否	42	40.9	53.4	58	25	34.1	80.7	76.1	56.8	40.9
是	58	59.1	46.6	42	75	65.9	19.3	23.9	42	59.1

三、沈阳市职业教育发展的主要经验

（一）政府高度重视职业教育的发展，把职业教育纳入社会经济发展规划

1. 出台有利于职业教育发展的政策，营造大力发展职业教育的环境与氛围

2004年以来，沈阳市委、市政府先后发布《沈阳市人民政府关于大力推进职业教育改革与发展的决定》《沈阳市职业教育振兴计划》《关于进一步加强区、县（市）职业教育中心建设工作的意见》《沈阳市农村初中毕业生培训（9+1）工作实施方案》《打造沈阳职教品牌，创建全国技工高地行动计划（2007—2010年)》等重要文件，通过出台的一系列有利于职业教育发展的政策，为沈阳职业教育的发展和振兴提供了良好的外部宏观环境。

2. 加大对职业教育的投资力度，加强职业教育基础能力建设

沈阳市政府按照《中华人民共和国职业教育法》的规定确保用于职业教育的财政性经费逐年增长，保证教育费附加用于职业教育的比例达到30%以上。沈阳市在2004年用于职业教育建设的经费为4 000万元，2005年为8 000万元，2006年为9 000万元，2007年达到1.1亿元。同时，积极鼓励和吸纳民间、社会资金发展职业教育，仅2005年就吸引社会资金

2 000 万元投入职业教育。通过加大对职业教育贫困学生的经济支持，对职业教育的专业建设、师资培训以及职业学校实训基地建设等方面的投入，提高职业教育的办学水平和服务质量，从而提高了职业教育的基础能力。

（二）重视职业教育师资队伍建设，强化"双师型"教师培养

教师是学校教育、教学工作的主体，是实现教育、教学质量提高的关键。为了提高职业教育师资的总体素质，沈阳市主要采取了以下措施。

1. 推进"双千互进"工程

"双千互进"工程就是校企双方建立紧密型关系，千名教师进到企业岗位参加生产实践工作，千名技师进到学校课堂承担教学实训任务。在《打造沈阳职教品牌，创建全国技工高地行动计划（2007—2010 年)》文件下发后，2007 年有 536 家企业的 1 163 名技术人员被聘为中等职业学校专业建设指导教师，走进学校参与教育教学改革、培训教师和指导学校实训基地建设、学生技能训练等工作；有 1 222 名教师走进企业，进行实践考察和锻炼，提高实践技能，积累职业经验。"双千互进"工程确实加强了学校的实践教学环节，提高了培养人才的质量。

2. 实施师资培训工程

沈阳市教育局从 2006 年开始，与清华大学联合举办职业学校管理干部高级研修班，借助清华大学高层次的培训平台，举办各种层次的研修班共 10 期，对分管各项工作的副校长和骨干专业教师约 500 人进行培训。[①] 除此之外，还有国外企业对沈阳市职业教育教师进行培训，如，沈阳市吉百思汽车培训学校成立后，得到了德国宝马集团的大力支持，近 60 名汽车专业教师在基地进行了为期半年的"双师型"培训。培训达到了德国宝马企业技术要求的标准，提高了职业学校汽车专业的师资水平。

---

① 王庆环，程俭微. 沈阳市 50 名职业学校校长清华"充电"［N］. 光明日报，2006 – 05 – 10.

（三）加强与经济界的联系，充分发挥行业、企业在职业教育发展中的作用

职业教育集团是新形势下发展职业教育的新模式、新途径，是政府部门、行业协会、知名企业和职业院校共同组建的资源共享、平等合作、优势互补、互惠共赢的利益共同体。从 2005 年 11 月成立化工、橡胶两个职业教育集团开始，职教集团在沈阳相继开展实施。① 至 2007 年 4 月，沈阳市相继围绕支柱产业建立了装备制造、汽车、信息技术、金融商贸、服装、旅游、酒店服务与管理等 9 个职业教育集团。这些职教集团的组建，推动职业教育走向为经济发展服务的发展方向，也使校企合作工作进一步深化。

综上所述，沈阳市已经初步建立了具有沈阳职业教育特色的"沈阳模式"。

四、沈阳市职业教育发展中存在的主要问题

（一）观念转变缓慢，职业教育尚未全面深入人心

随着沈阳市经济的高速发展，越来越多的人已经认识到职业教育对经济发展的积极促进作用。尽管政府对职业教育高度重视，但人们观念的转变还相对滞后。问卷调查显示，家长为了面子不肯选择职业教育的现象还普遍存在。究其根本原因就是人们还固守着"学而优则仕"的传统观念，对职业教育认可度不高，认为学习不好的学生才到职业学校读书。而现行的中职招生制度也体现出人们对职业教育的鄙视。这些因素致使职业教育在社会经济发展中的战略地位未能得到应有的重视，从而制约了技术型、技能型人才的培养。

---

① 田丹. 职业技术教育有了"大舞台"——2006 沈阳教育改革展望之一［N］. 沈阳日报，2006 - 03 - 07.

（二）专业设置尚不能完全适应沈阳市经济发展的需求

专业是职业学校发展的根基，是连接教育与经济的纽带，唯有合理设置专业，才能真正实现学校与社会的"双赢"。在探索专业建设的过程中，许多学校形成了自己独特的专业特色。然而，随着沈阳市产业结构的不断调整，目前职业学校的专业设置还存在着许多问题，这主要表现在如下方面。

一方面，专业设置重复，一些学校不能切实做到紧密围绕市场需求，按需培训，而是学校有什么条件就开什么专业，造成了低水平的重复设置，极大地浪费了教育资源，而对于那些社会需求大，但办学成本高的工科类专业却招生不足。如表2-1-35所示。

表2-1-35 2004—2008年三类产业在校生数（中职）

年份	第一产业在校生数（人）	第二产业在校生数（人）	第三产业在校生数（人）
2004	2 359	24 066	101 264
2005	1 655	27 070	101 291
2006	1 619	32 262	81 238
2007	1 849	34 259	74 077
2008	2 072	33 863	70 311

通过表2-1-35我们可以判断出，职业学校关于第三产业的专业设置比重过大，而职业学校第二产业专业设置比重与沈阳市发展战略不符已成为职业学校在专业设置中的一个重大问题。另外，学校在设置专业过程中与企业衔接不够紧密，行业系统与学术机构介入不够，致使所设专业的技术特征和技术含量与企业的岗位要求相差甚远，专业口径过窄，专业内容不够明确，毕业生适应岗位需求的能力还有较大差距。

（三）教育资源建设标准较低，职业教育综合实力有待进一步加强

尽管沈阳市已拥有了6所万人规模的职业学校，但其他的大多数职业学

校仍然规模较小，办学条件较差，教学设施和实习实训设备也较为落后。按照《中等职业学校设置标准》的要求来衡量，还有很多职业学校没有达标。尽管市政府对职业教育财政支出呈快速增长的态势，但相对于其他发达省市，沈阳市对职业教育的投入还是相对不足，导致了办学条件相对落后。根据"2004 年对全市职业学校的调研，其教学仪器设备基本上代表同时代水平的中等职业学校仅 5 所，工类学校仅 1 所，其他 4 所都是三产专业，绝大多数职业学校仍在使用 20 世纪 70、80 年代水平的陈旧教学设备"①，这对于以装备制造业为主导产业的沈阳市来说，无疑是一个极大的瓶颈。

（四）职业特色凸显力度较弱，教学改革仍需进一步深化

职业学校教学改革是提高教育质量、体现职教特色的主要措施。为了保证职业教育的高速发展，沈阳市加大了职业教育教学改革的力度，通过探索，初步确立了模块化课程体系。但由于沈阳市职业学校水平参差不齐，职业教育教学改革仍有许多不足，这主要表现在以下几个方面。

（1）许多职业学校仍承袭原有的普通教育模式，强调学科本位，课程内容过分重视原理和理论。以项目课程为主体的专业课程体系还仅仅是在少数专业进行试点。职业特色无法凸显。

（2）许多特色学校职业教育课程内容过多地关注行业及企业所要求的职业要求，课程内容只限于某一工种所需要的技能的培训，忽略了对人文知识的关注，阻碍了学生素质的全面发展。

（3）作为以就业为导向的职业教育，在课程设置上缺乏必要的创业教育内容。

（4）教学方法的改革有待进一步深化。角色扮演、项目教学等行动导向教学还没有在职业院校得到广泛的应用。

（5）在教材建设方面，沈阳市还没有完全形成按照专业建设要求，根据行业发展和企业需要，开发和使用体现本学校办学特色的诸如活页讲义、多媒体课件、资料卡片、音像制品等多种形式呈现的校本教材。

---

① 杨克. 振兴东北老工业基地战略与人才培养研究［M］. 沈阳：辽宁民族出版社，2006.

五、促进沈阳市职业教育发展的对策与建议

（一）进一步整合职业教育资源，打造品牌学校

首先，进一步发挥市政府的统筹协调作用，打破部门界限，加大对中等职业教育的整合力度，促进职业学校的快速发展，提高沈阳市职业教育发展的整体水平。

其次，打破高职院校的界限，加大对高等职业院校资源的整合力度，为高等职业教育的发展提供良好的教育资源。

打破条块分割，实现区域内的资源整合，形成以重点专业建设为主，其他专业为辅的格局，创建一批专业特色鲜明、具有"精品专业"意识的职业学校和骨干学校。

（二）深化教学改革，创新人才培养模式

首先，各职业学校要坚持以素质教育为核心，能力培养为主线，双证制为框架，在知识、技能、能力三维空间构建专业教学计划。

其次，要增加教学投入，改善现有的办学条件，更新教学手段，加强多媒体电化教学，提高教学效果；要建立和完善职业教育的质量体系，认真抓好教学过程的各个环节，落实对教学计划、教材、教师及日常教学管理的检查和督导。

最后，强化"三位一体"的教学方法。"三位一体"即将课堂、实习车间和实习企业融为一体，在课堂教学中解决"应知"的问题，在实习车间中解决"应会"技能的问题，在实习企业中解决技能的熟练问题。

（三）继续加大校企合作的规模，加强职教集团建设

职教集团建设已成为经济建设与职业教育共同发展的必然趋势，是校企合作的进一步深化。

首先，推广职教集团的覆盖面，使更多的学校与企业加入或形成职教集团。其次，在现有合作的基础上进行合作机制的探索，使职教集团走向成熟的高效模式。再次，在校企合作过程中，通过政策引导，激发企业参与职业教育的热情。最后，建立规章制度，使职教集团制度化。

此外，可以尝试创建多种职教集团形式。一是以一所学校为主体，建立区域性的职教集团。二是建立企业类群和大专院校类群的行业性的职教集团。三是建立区域性与行业性相结合的职教集团。这样，中高等职业教育、不同行业就会容纳到一个职教集团，从而形成纵向衔接、横向联合的密集型职教集团。

（四）进一步加强职教师资队伍建设，全面提高教师队伍的整体素质

师资是办学的基本条件之一，要提高职业教育水平，保证职业教育质量，必须重视师资队伍建设。

首先，继续加强职业教育"双师型"教师的培养，进一步推进"双千互进"工程，引进企事业单位优秀工程技术人员和管理人员到职业院校兼职任教，并鼓励专业教师到企业、车间挂职锻炼，培养既有合格学历，又有专业技能的"双师型"教师。

其次，拓展培训面，充分利用沈阳市的企业和高等院校的教育资源，通过采用"请进来、走出去"的方式，面向全体教师开展理论与实践相结合的培训，提高教师的职业实践能力和教学能力。

最后，在加强现有教师培训的同时，充分发挥政府及教育主管部门的服务功能，面向社会聘用教师，或从国外引进一批职业技术教育专家到职业院校进行培训或教学。通过多种方式建设一支师德高尚、教育观念新、改革意识强、具有较高教学水平和较强实践能力、专兼结合、结构合理的教师队伍。

沈阳市课题组成员

课题组组长：徐　涵　李　铁
课题组成员：杨　克　任级三　张　淼　王启龙　王东梅　张英杰
　　　　　　李贺伟　马　莉　罗　燕
课题执笔人：徐　涵　王启龙　王东梅　张英杰　张　淼　李贺伟

中国苏州市职业教育发展研究报告

一、经济社会发展对职业教育的需求与挑战

苏州市位于江苏省东南部的长江三角洲，东靠上海，南临浙江，西濒太湖，北依长江。改革开放以来，苏州市经济社会持续健康快速发展。2008年，苏州市生产总值 6 701 亿元，按可比价计算比上年增长 12.5%。其中，第三产业增加值 2 437 亿元，比上年增长 15.0%。按现行汇率计算，人均国内生产总值超过 1 万美元。全市实现地方一般性预算收入 668.91 亿元，比上年增长 23.5%；地方一般预算收入占国内生产总值比重为 10%。2008 年，苏州工业总产值达到 22 103 亿元，其中规模以上工业总产值达到 18 630 亿元，分别比上年增长 16.0% 和 15.3%。① 苏州市以占全国不到 0.1% 的国土面积和 0.7% 的人口，创造了占全国 23% 的地区生产总值、2.4% 的财政收入、9.7% 的外贸进出口总额。城镇居民人均可支配收入 23 867 元，比上年增长 12.3%；农民人均纯收入 11 785 元，比上年增长 12.5%。高新技术产业产值占规模以上工业产值的比重达到 34%。2008 年，苏州私营企业达到 14.13 万家，已成为全国第五个民营企业数超 10 万家的城市；投资苏州的世界 500 强企业累计达到 122 家。苏州正在成为以高新技术产业为主导的现代制造业基地，产学研紧密联合、各类人才聚集的技术创新基地，科技含量高、外向度高、经济效益好的现代农业基地，融人文景观与自然风光为一体、生态环境优美的旅游度假基地。"经济繁荣、科教发达、生活富裕、环境优美、社会文明"是苏州市基本现代化的标志。

---

① 苏州市统计局. 苏州统计年鉴（2009）[M]. 北京：中国统计出版社.

（一）社会经济发展的宏观背景

1. 经济社会发展迅速，综合实力进一步增强

苏州市的经济发展大体可以分为三个阶段：一是在20世纪80年代，抓住农村改革机遇，大力发展乡镇企业，开创了"苏南模式"。到20世纪80年代末，乡镇工业在全市工业中"三分天下有其二"，实现了"农转工"的历史性跨越。二是在20世纪90年代后，抓住浦东开发开放的机遇，大力发展外向型经济，形成了以电子信息等高新技术产业为主导、以开发区为主要载体的现代经济板块。2002年末，高新技术产业产值占规模以上工业比重达到30%，实现了"内转外""低转高"的阶段性提升。三是在21世纪初，2003年以昆山为样板开始了建设全面小康社会的探索和实践。2005年底，苏州市率先完成江苏省全面小康建设"四大类18项25个"指标考核任务。经过最近两年来的巩固提升，苏州市科学发展、和谐建设水平又有了新的提高，实现了"量转质"的转变。全市深入贯彻党的十六大、十七大精神和中央加强宏观调控的政策措施，全面执行"十一五"规划所确定的各项经济发展目标，强化项目经济工作力度，使经济和社会继续保持了快速协调健康发展的态势，国民经济保持快速增长，市主要经济指标达到或超过年度计划及振兴规划的要求，经济总量实现大幅提高，如表2-2-1所示[1]。

表2-2-1 2004—2008年苏州市地区生产总值及三大产业增加值

（单位：亿元）

年份	地区生产总值	第一产业增加值	第二产业增加值	第三产业增加值
2004	3 450.00	1.25	496.14	151.05
2005	4 026.52	11.66	413.54	151.32
2006	4 820.26	5.35	470.49	317.9
2007	5 700.85	4.77	480.00	395.82
2008	6 701.29	10.08	523.51	466.85

---

[1] 苏州市统计局. 苏州统计年鉴（2009）[M]. 北京：中国统计出版社.

如表 2 - 2 - 1 所示，可以看出 2004—2008 年苏州市生产总值连年增长，三大产业增加值稳步增长，其中第三产业发展尤为迅速，2005—2006 年、2007—2008 年实现了跨越式发展，显示了在人民物质生活水平提高的同时对于精神文化和社会服务的迫切需求。

2. 以第二产业为主导，带动第三产业蓬勃发展

苏州市是一个将传统与现代紧密结合的城市，"一体两翼"、东园（新加坡工业园区）西区（高新产业区）的发展格局促成苏州经济的快速发展。苏州市"十一五"规划明确提出，制造业规模迅速扩大，布局和结构得到优化，工业总产值年均增长 27.3%，高新技术产品产值占规模以上工业产值的比重由"九五"期末的 25.1% 提高到 30.5%。服务业加快发展，增加值年均增长 14.8%；现代商业业态实现零售额占社会消费品零售总额的比重达到9.8%，旅游总收入年均增长 23%。民营经济成长迅速，私营企业和个体工商户注册资本总额达到 2 045 亿元，比"九五"期末增长 8.9 倍，上缴税收占全市的比重比"九五"期末提高 15.5 个百分点。

自 2004 年以来，苏州市历年地区生产总值构成情况如表 2 - 2 - 2 所示。

表 2 - 2 - 2 2004—2008 年苏州市历年地区生产总值构成

年份	第一产业（%）	第二产业（%）	第三产业（%）
2004	2.2	65.7	32.1
2005	2.2	66.6	31.2
2006	1.9	65.4	32.7
2007	1.7	63.7	34.6
2008	1.6	62	36.4

如表 2 - 2 - 2 所示，2004—2008 年，全市地区生产总值以第二产业为主导，第一产业、第二产业所占地区生产总值比重逐年下降，第三产业比重逐年增长。可见第三产业在苏州的发展迅速。苏州市政府印发的《关于加快现代服务业集聚区建设的若干意见》有力地促进了第三产业的发展。

第二产业成为苏州市生产总值的主导，从经济类型上看，第二产业的发展主要依靠民营经济和外向型经济。如表 2 - 2 - 3 所示。

表 2 - 2 - 3　2008 年苏州工业企业数与总产值

经济类型	国有	民营	外商及港、澳、台	其他
工业企业数（个）	22	5 386	4 500	864
工业总产值（亿元）	42.8	5 753.8	12 496.5	343.5

从数量上看，民营企业个数多于外商及港、澳、台企业；从产值上看，外商及港、澳、台经济远远高于民营经济。苏州市外向型经济成为苏州市第二产业发展的龙头，有力拉动了具有"苏南模式"的民营经济的发展，最终二者成为苏州经济发展的主力军。

3. 全面提升和优化第二产业，大力发展第三产业

随着知识经济时代的到来，大多数发达国家的产业结构正在向高级化、知识密集化的趋势发展。苏州市正逐渐改变以往的产业发展道路，从过去的劳动密集型加工企业向知识密集型、研发型企业发展，从传统工业向现代高新技术产业发展，积极推进初级产品精深加工，加大技术改造和自主创新力度，增加产品的科技含量和附加值，使传统产业得到提升和振兴，促进地区经济持续、快速、健康发展。同时，注重吸收国外先进技术，重点建设国家工程所需的重大技术装备改造项目，以电子信息、生物工程、光机电一体化、新材料、环保科技和新能源等高新技术产业为重点，培育具有竞争优势的高新技术产业。

在优化第二产业的同时，为了满足人民群众日益增长的物质文化生活的需要，满足 600 万苏州居民和 400 万新苏州人的精神文化和社会服务的需要，苏州市政府印发了《苏州市推进经济结构调整和转变增长方式行动计划》文件，提出大力发展现代服务业；重点发展现代物流、科技服务和金融业；加快发展软件、研发和设计产业，扩大软件外包业务；扶持地方金融机构发展，开发金融衍生产品，金融生态建设在全国保持领先；积极发展文化、旅游会展和房地产业；实施"文化苏州"品牌项目，扶持发展以动漫游戏、影视制作为重点的文化创意产业；整合旅游资源，创建"天堂苏州，东方水城"城市品牌，努力建设旅游强市；完善会展服务体系，加快发展以苏州电博会为标志的、具有产业和地方特色的会展业；优化房地产开发和供应结构，促进

房地产业与城市经济社会协调发展；改造提升商贸业和社区服务业；运用信息技术和现代经营理念改造提升商贸业，积极发展连锁经营、特许经营和电子商务等新型流通业态和经营方式；完善社区服务设施，推进广覆盖、多层次、高效率的社区服务体系建设。曾以制造业著称的苏州目前正在朝着"苏州制造"到"苏州服务"的目标转变。

（二）职业教育面临的需求与挑战

从上述分析可以清晰地认识到，苏州市经济发展正在转型，产业构成与布局趋于合理，以电子信息、生物工程、光机电一体化、新材料、环保科技和新能源等高新技术产业为重点，培育具有竞争优势的高新技术产业。职业教育作为一种与社会经济发展联系最为密切的一种教育，它的发展必然会受到社会经济的影响，同时职业教育也会为苏州社会经济发展提供人才支撑。尽管苏州社会经济和职业教育都取得了长足进展，但面临高速发展的苏州社会经济需求，苏州市职业教育的发展仍旧任重道远。

1. 对高素质高技能应用型人才的需求与挑战

苏州市三次产业定位是现代农业、新型工业化和现代服务业；自主创新、资源节约和环境保护是三大重点；以建设资源节约型和环境友好型城市带动全面工作，实现经济社会全面协调可持续发展。苏州市围绕六个方面开展工作：一是推进产业结构优化升级，加快新型工业化进程，大力发展现代服务业；二是增强自主创新能力；三是提升开放型经济与民营经济质量水平；四是增强消费对经济增长的拉动作用；五是推进资源节约型城市建设；六是推进环境友好型城市建设。[1] 经济的发展离不开人才，而作为苏州经济龙头的外向型工业经济和民营经济以及后起之秀——现代服务业的发展离不开具有高素质高技能的应用型人才。以培养应用型人才为主要职能的职业教育，如何按照苏州市经济发展需求来培养质高量足的适应行业企业需求的各级各类人才，已成为苏州市职业教育急需解决的重大问题。

---

① "苏发〔2006〕17号"文件《苏州市推进经济结构调整和转变增长方式行动计划》。

2. 对职业教育人才培养方向的需求与挑战

产业结构的变化决定着职业教育的专业结构，不同产业结构特点对劳动力的类型结构有着不同的要求，进而影响着职业教育的专业设置和内容。在经济转型过程中，一批传统产业衰落，一批新兴产业兴起，职业教育的人才培养需要紧跟产业调整形势，培养适用的人才。目前，高新技术产业、现代服务业人才需求旺盛，促成了职业教育新专业的产生。职业教育需要紧跟形势，及时调整专业方向，及时培养适应社会发展的师资力量，及时编写适应行业要求的校本教材，及时更新实训设备设施。这些都对职业教育提出了挑战。

3. 对职业教育人才培养质量的需求与挑战

苏州市经济发展，特别是社会文明的提高，对人才的质量提出了更高的要求。技能虽然是人才的必备，但仅仅有技能远远不能适应文明社会的需求。人才还必须具备高素质，包括理论素养和个人修养等方面。因此，人才培养需要从素质与技能两个方面同时进行，两手抓、两手都要硬，缺一不可。职业教育人才培养的质量直接决定了职业教育的发展；决定了社会和经济的发展。建设一批具有专业优势、规模优势、管理优势的骨干示范学校已变得尤为重要。

二、职业教育发展现状及分析

根据苏州市各类教育事业概况（2004—2008 年）、《苏州市统计年鉴》和对苏州市 6 所高等职业院校、3 所五年制高职校、5 所中等职业技术学校、3 个职业教育中心的问卷调查[①]获得的数据与信息，对苏州市职业教育的发展水平分析如下。

---

① 共设计 4 种问卷：教育行政部门问卷；学校问卷（包括高职和中职）；教育工作者问卷（包括教育行政人员、教育科研与教研人员、校长与教师）；企业人员和家长问卷。

（一）发展规模

1. 中等职业教育发展规模

从表2-2-4可以看出，2008年全市各类中等职业学校共计48所，其中普通中等职业学校36所、技工学校12所。与2004年相比，中等职业学校减少了12所，技工学校增加了1所，其主要原因是苏州市对中等职业教育资源进行了整合，重新调整了布局，开辟了苏州国际教育园专门建设职业教育院校。

表2-2-4 2004—2008年苏州市各类中等职业学校数量

（单位：所）

年　　份	2004	2005	2006	2007	2008
中等职业学校	48	49	46	36	36
技工学校	11	13	13	13	12

从中等职业学校的招生情况来看，2008年中等职业学校招生数为23 244人，比2007年减少了1 850人。其中，职业高中的招生数为2 423人，中专招生数12 086人，五年一贯制学校招生数8 735人。

从表2-2-5可以看出，苏州市职业高中的招生规模逐渐萎缩，普通中专招生规模逐渐壮大，到2008年成为一半学生的选择，而作为初中毕业生享受高等职业教育捷径的五年一贯制招生形势良好，体现了学生以及家长追求高等职业教育的迫切愿望（参见图2-2-1）。

表2-2-5 2004—2008年苏州市各类中等职业学校招生人数①

（单位：人）

年　　份	2004	2005	2006	2007	2008
五年一贯制	13 877	15 747	14 973	8 661	8 735
普通中专	15 723	14 763	11 969	14 313	12 086
职业高中	9 134	7 058	5 308	2 120	2 423
成人中专	336	1 729	389	0	0

---

① 数据出自职业学校事业情况统计册（苏州市教育局）。

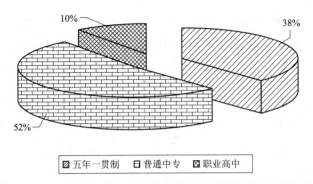

图 2-2-1 2008 年苏州市各类中等职业学校招生人数百分比

从中等职业学校的在校生情况来看，2008 年苏州市中等职业学校在校生总数为 93 496 人，占全市高中阶段各类学校在校生总数的 40.8%，与 2007 年相比减少了 1 518 人，减幅为 1.6%；其中职业高中的在校生为 11 871 人，普通中专和成人中专的在校生分别为 80 502 人和 1 123 人，如表 2-2-6、图 2-2-2 所示。

表 2-2-6 2004—2008 年苏州市各类中等职业学校在校生数

（单位：人）

年　　份	2004	2005	2006	2007	2008
五年一贯制	36 917	41 734	40 544	37 054	29 713
普通中专	47 042	47 228	42 674	43 175	43 207
职业高中	23 559	20 501	16 706	10 645	10 521
成人中专	843	3 739	940	0	0

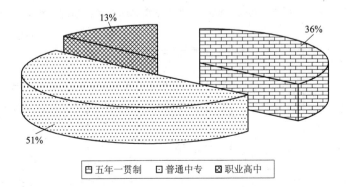

图 2-2-2 2008 年苏州市各类中等职业学校在校生百分比

2008 年，苏州市普通高中在校生总数为 102 686 人，占全市高中阶段各类学校在校生总数的 59.2%，与 2007 年相比减少 5 357 人，减幅为 5.2%，但仍然比中等职业学校在校生总数多 9 190 人，如表 2 - 2 - 7 所示。

表 2 - 2 - 7　2004—2008 年苏州市中等职业学校与普通高中在校生比较

类别 \ 年份	2004		2005		2006		2007		2008		2008 年比 2007 年
	人数（人）	百分比（%）	人数（人）	百分比（%）	人数（人）	百分比（%）	人数（人）	百分比（%）	人数（人）	百分比（%）	
普通高中	121 762	55.7	117 552	49.9	112 135	51.7	108 043	53.2	102 686	52.3	-5 357
中等职教	96 747	44.3	118 000	50.1	104 567	48.3	95 014	46.8	93 496	47.7	-1 518
合　计	218 509	100	235 552	100	216 702	100	203 057	100	196 182	100	-6 875

从中等职业学校与普通高中的对比中不难发现，中职学校与普通高中各自占了高中阶段教育的半壁江山，职业教育发展态势稳中有升，这说明职业教育得到了社会的认可。

2. 高等职业教育发展规模

2008 年，全市高等职业院校 18 所，共招生 34 970 人。与 2007 年相比，招生人数增加了 4 166 人，总体招生规模比 2007 年有所扩大。

2008 年苏州市高等教育院校在校生总数为 206 725 人，与 2007 年相比增加了 12 753 人。成人高等教育规模除 2006 年外逐年缩减；高等教育规模逐年增长，高等教育整体招生人数逐年增加，为学生提供了享受高等教育的机会，如表 2 - 2 - 8 和表 2 - 2 - 9 所示。

表 2 - 2 - 8　2004—2007 年苏州市高等职业学校类型与数量

（单位：所）

年份	各类高等职业学校总数	其中			
		普通专科	独立设置的高等职业技术学院	普通高等学校中的二级学院或独立学院	成人高等学校中高职类院校
2004	14	2	8	1	3
2005	14	2	11	1	
2006	14	2	11	1	
2007	16	2	12	2	

表 2 – 2 – 9 2004—2007 年苏州市高等职业学校在校生数、招生数、毕业生数

（单位：人）

年份	学 校	在校生人数	招生人数	毕业生人数
2004	总数	35 776	14 345	6 310
	其中：普通专科	10 271	4 670	2 548
	独立设置的高等职业技术学院	20 809	8 272	2 723
	普通高等学校中的二级学院或独立学院	1 175	719	—
	成人高等学校中高职类院校	3 521	684	1 039
2005	总数	50 080	19 948	9 547
	其中：普通专科	14 881	5 631	2 665
	独立设置的高等职业技术学院	33 283	13 515	5 521
	普通高等学校中的二级学院或独立学院	1 916	802	—
	成人高等学校中高职类院校	—	—	1 061
2006	总数	65 848	22 178	11 454
	其中：普通专科	1 724	6 074	3 771
	独立设置的高等职业技术学院	46 299	15 171	7 284
	普通高等学校中的二级学院或独立学院	2 335	933	401
	成人高等学校中高职类院校	—	—	—
2007	总数	80 215	29 770	17 103
	其中：普通专科	18 849	6 759	5 061
	独立设置的高等职业技术学院	58 614	21 752	11 436
	普通高等学校中的二级学院或独立学院	2 752	1 239	606
	成人高等学校中高职类院校	—	—	—

（二）办学及管理体制

苏州市职业院校主要由政府办学、行业企业办学和民间办学三部分组成。在 48 所中职学校中，政府办学 32 所（占 66.7%），行业企业办学 9 所（占 18.7%），民间办学 7 所（占 14.6%）；在 18 所高职院校中，政府办学 12 所

（占 66.7%），民间办学 6 所（占 33.3%）。可见，苏州市职业教育呈现出以政府办学为主、行业企业和民间办学为辅的格局。在重点骨干院校中，公办学校占了绝大多数，各级政府始终肩负着办学主体的重任，投巨资建设了一大批在全省乃至在全国具有一流水平的职业院校（在 48 所中职学校中，省级以上重点职业学校 27 所、国家级重点职校 14 所、省级合格职业教育中心校 11 所；在 18 所高职院校中，国家示范性高职院校 1 所、省级示范性高职院校 2 所），使苏州市的职业教育一直走在了全省和全国的前列。

行业企业办学主要集中在 20 世纪 80 年代，一些主要的工业主管部门纷纷举办职业学校，对当时的经济建设发挥了重要作用。20 世纪 90 年代末，随着经济体制改革的逐步深化，企业、行业纷纷改制，大部分行业企业办学开始从行业企业中剥离。一些学校通过改制成为真正意义上的民办职业学校（如苏州纺织职工中专校、张家港商业学校等）；一些学校没有改制，学校的性质仍属于公办，但没有财政拨款和主管局、企业的资金支持，成为自收自支性质的事业单位（我们称之为"准民办学校"，如苏州市轻工业学校、苏州医药科技学校、苏州市长风技校等）。

苏州市职业教育管理体制实行的是"谁举办，谁管理"的原则，在业务管理上，主要是由教育局和劳动社保局根据职责分工进行管理。劳动社保局主要负责技工学校的业务指导和管理；教育局主要负责其他类型学校（职业中专、职业中学、成人中专等）的业务指导和管理。高职院校的业务管理主要由省教育厅负责，市教育局进行协助和配合。

（三）发展民办职业教育

民办中等职业学校在苏州市为数不多，全市仅有 7 所，其中市区 2 所、张家港 3 所、相城 1 所、昆山 1 所。这些学校的在校生数只占总数的 2%，民办职业学校总体来说办学条件都比较差，与公办学校相比差距很大。随着生源的下降及各地地方保护的加强，民办学校办学越来越艰难。

苏州市有民办高职院校 6 所，所占比例较民办中职校为大。目前，民办高职院校办学情况良好，每年的招生就业都比较好，招得进，出得去。尽管办学条件比公办学校差一些，但民办院校办学机制灵活，敬业心强，有较强的生命力。

（四） 经费保障机制

苏州市公办职业院校的办学经费主要由财政负担，包括人员经费、基本建设经费等。为了改善职业院校的实验实训条件，提高技能教学水平，苏州市从 1993 年下半年开始在企业中征收职教专项经费（职工工资总额的 1%）。该项经费由教育局、劳动局、财政局共同研究使用方案，报政府审批后执行，实行政府统筹、项目管理。十年间，市区共征得经费 8 000 多万元，帮助学校添置了数控机床等科技含量较高的设备，满足了职业学校专业现代化建设的需要，为学生的技能训练和学校开展产学研活动创造了良好的物质条件。2006 年召开的全市职业教育工作会议上出台了《大力发展职业教育的决定》，作为职业教育经费投入的一项举措，规定"企业按职工工资总额的 2.5% 提取职业教育和培训经费，列入成本开支，其中 2.0% 由企业使用，0.5% 由市和市（县）、区政府统筹。政府统筹部分由地方税务部门统一征收"。这一政策在大部分市（县）、区得到了落实〔每个市（县）、区征收的金额从 800 万元至 3 000 万元不等〕。"十一五"期间，市财政在市区原有每年 2 000 万元的基础上每年新增专项经费 1 000 万元用于实训基地建设。另外，市财政每年还安排 200 万元用于职业学校师资教育培训工作。

（五） 师资队伍建设

1. 中职学校专任教师的学历结构

2008 年全市中等职业学校共有专任教师 4 739 人，其中学历在高中及以下的 54 人，占专任教师总数的 1.2%，比 2007 年减少 39 人；专科学历 400 人，占专任教师总数的 8.4%，比 2007 年减少 67 人；本科学历为 4 023 人，占专任教师总数的 84.9%，比 2007 年减少 220 人；硕士及以上学历为 262 人，占专任教师总数的 5.5%，比 2007 年增加 62 人。

由上述数据分析可知，苏州市中等职业学校专任教师学历达标率为 90.42%，仍有 9.58% 的教师学历不达标，学历提高仍是教师培训的一个重要方面。同时，硕士及以上学历教师的增加说明专任教师学历有提升的趋势（参见表 2 - 2 - 10）。

表 2-2-10　2004—2008 年苏州市中等职业学校专任教师学历情况

年份 学历	2004		2005		2006		2007		2008		2008 年 比 2007 年
	人数 （人）	百分比 （%）	人数 （人）	百分比 （%）	人数 （人）	百分比 （%）	人数 （人）	百分比 （%）	人数 （人）	百分比 （%）	
高中及以下	126	3.3	104	2.6	105	2.4	93	2.0	54	1.2	-39
专科	594	15.4	561	13.9	547	12.4	467	10.2	400	8.4	-67
本科	3 090	79.9	3 327	82.4	3 679	83.2	3 803	83.3	4 023	84.9	220
硕士及以上	59	1.5	48	1.2	92	2.1	200	4.4	262	5.5	62
合　计	3 869	100	4 040	100	4 423	100	4 563	100	4 739	100	176

2. 高职院校专任教师的学历结构

2008 年全市高职院校共有专任教师 8 498 人，其中专科及以下学历教师 191 人，占专任教师总数的 2.2%；本科学历教师为 4 659 人，占专任教师总数的 54.8%；硕士学历教师为 2 591 人，占专任教师总数的 30.5%，比 2007 年增加 173 人；博士学历教师为 1 057 人，占专任教师总数的 12.4%，比 2007 年增加 285 人。

由上述数据分析可知，苏州市高等院校专任教师学历主要为本科层次，占总数的 54.8%，硕士及博士学历教师增幅明显，说明专任教师学历有提升的趋势（参见表 2-2-11）。

表 2-2-11　2005—2008 年苏州市高等院校专任教师学历情况

（单位：人）

年份 类别	2005		2006		2007		2008		2008 年 比 2007 年
	人数 （人）	百分比 （%）	人数 （人）	百分比 （%）	人数 （人）	百分比 （%）	人数 （人）	百分比 （%）	
专科及以下	264	4.1	159	2.2	174	2.2	191	2.2	17
本科	3 894	60.6	4 294	60.2	4 398	56.7	4 659	54.8	261
硕士	1 741	27.1	2 041	28.6	2 418	31.2	2 591	30.5	173
博士	529	8.2	644	9	772	9.9	1 057	12.4	285
合　计	6 428	100	7 138	100	7 762	100	8 498	100	736

3. 教师培训情况

职业学校的教师是否能有充足的机会参加继续教育，关系到教师是否能与职业教育、行业发展的最前沿接轨，直接决定着师资队伍的水平以及职业教育的质量。但在对教育工作者的调查问卷中反映出的师资培训现状却不容乐观。参与本次问卷调查的是来自苏州市 6 所高等职业院校、3 所五年制高职校、5 所中等职业技术学校、3 个职业教育中心和苏州市教育局职业与成人教育研究室的校长、教师、教育行政管理、科研人员，共计 301 人，其中调查总数的 73.8% 是中、高等职业院校的教师。问题涉及 2006—2007 年接受职业教育相关培训情况、近三年接受职业教育相关培训情况和期望的培训形式三个问题，采取封闭性、多项选择形式，数据统计结果分析如下（参见图 2 - 2 - 3）。

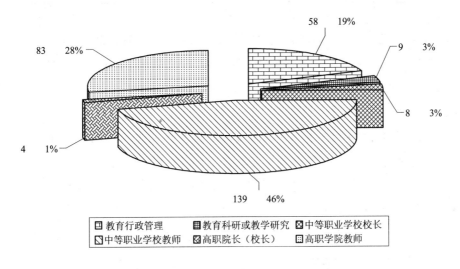

图 2 - 2 - 3 苏州市参与问卷调查的人数及比例

关于"2006—2007 年是否参加过培训"这一问题，共有 301 人回答，其中有 90 人选择"没有参加过"，其比例占到总数的 29.9%；选择"参加 1 次"的有 102 人，占总数的 33.9%；而"参加 2 次"的为 54 人，占总数的 17.9%；"参加 3 次及 3 次以上"的为 50 人，占总数的 16.6%。

由上述数据分析可知，2006—2007 年接受职业教育相关培训的人员比例占到总数的 70.1%，而且绝大多数是接受过 1 次和 2 次培训，同时有

29.9%的人员没有接受过职业教育的相关培训，说明教师接受培训的范围仅涉及六成，仍然不够广泛，普及度不高，有待于进一步增加教师培训的人次和机会（参见表2-2-12）。

表2-2-12　2006—2007年苏州市职业院校教师接受培训情况

2006—2007年是否参加过培训	人数（人）	比例（%）
没有参加过	90	29.9
参加1次	102	33.9
参加2次	54	17.9
参加3次及3次以上	50	16.6
其他	5	1.7
合　　计	301	100

关于"近三年是否参加过培训"这一问题，共有292人回答，其中"参加1~3次"的人数最多，为124人，占总数的42.5%；其次，选择"参加10次及以上"的人数为64人，占总数的21.9%；而其他选项的人数都较少。

由上述数据分析可知，三年内接受职业教育相关培训的人员比例也仅占到总数的七成左右，仍然有90人未参加过任何培训，进一步说明教师培训的人员参与程度不高，普及率不够，教师缺乏接受职业教育相关培训的机会（参见表2-2-13）。

表2-2-13　近三年苏州市职业院校教师接受培训情况

近三年是否参加过培训	人数（人）	比例（%）
没有参加过	28	9.5
参加1~3次	124	42.5
参加4~6次	53	18.2
参加7~9次	23	7.9
参加10次及以上	64	21.9
合　　计	292	100

关于"您期望的教师继续教育方式"这一问题，共有300人回答，其中选择"脱产进修""培训班"和"学术讲座"的占据前三位，分别为107人、64人和49人，分别占总数的35.7%、21.3%和16.3%，而约有21%的人愿意参加学术会议和参观考察，仅有5.7%的人愿意通过远程教育和自学的形式参与培训。

由上述数据分析可知，对于接受继续教育的方式的选择多集中于脱产进修、学术讲座和参加培训班等以实际参与为主要形式的培训方式，占到了73.1%，而对于远程教育和自学等形式则少有人问津。可见，今后职业学校教师继续教育的方式还应以主动参与、亲身实践为主的形式开展（参见表2-2-14）。

表2-2-14　苏州市职业院校的教师期望的培训方式

期望的培训方式	人数（人）	比例（%）
脱产进修	107	35.7
学术会议	18	6.0
学术讲座	49	16.3
参观考察	45	15.0
培训班	64	21.3
远程教育	8	2.7
自学	9	3.0
合　计	300	100

4. 加强师资队伍建设的重要举措

通过建设六大平台，努力打造一支结构合理、素质优良、名师辈出、"双师"特色的教师队伍。一是教育培训平台。每年组织近百名教师参加省市出国培训，几百人次参加省市其他培训。二是下厂实践平台。遴选了近百家企业，作为职业院校教师培养培训基地，与企业签订培训协议，每年有400多名教师深入企业实践。三是技能竞赛平台。每年举行数控、电子、计算机、服装等专业的教师技能大赛和创新大赛，提高教师的技能水平和创新能力。四是教学评比平台。每年9月，举行面向全社会开放的职业院校"双师型"教师"理实一体化"教学观摩评比活动，推动"理实一体化"教学法的实施，促进教师教学水平的提高。五是学历进修平台。与南京师范大学、华东师范大学、中国科技大学、苏州大学等高校签订教师培养协议，鼓励教师进一步提高学历水平。六是名师评选平台。每年评选一批名教师、学科带头人、"十佳双师型"教师，让优秀教师脱颖而出。目前，苏州市职业学校教师的整体素质有了较大的提高。全市 5 000 余名职业学校专任教师本科达标率已超过88%，硕士研究生的比例达到5.4%，专业教师中"双师型"教师的比例达到56%，骨干教师队伍正在不断扩大。

（六）对职业教育的认识

调查结果显示，教育工作者普遍认为无论是职业教育的质量和普及性，还是人才培养结构及规格与当地经济发展和用人单位的需求相适应，也包括提高就业能力和就业率都是职业教育发展最重要的方面，其重要程度彼此不分伯仲（参见表2-2-15）。

表2-2-15　教育工作者对职业教育发展的最重要方面的认定

（单位:%）

	保证职业教育的质量	保证职业教育的普及性	人才培养结构适应当地经济发展的需求	人才培养规格适应用人单位的需要	提高就业能力和就业率
同意	54.4	56.1	54.2	60.1	57.1
完全同意	37.2	23.6	37.2	30.2	34.2

（七）职业教育发展水平评价

在对苏州市职业教育发展水平的评价调查中，发现被调查者对于近年来中等及高等职业教育的发展变化普遍持认可的态度。但在具体问题调查中，也反映出一些存在的问题。比如，岗位与专业关联度不高、校企合作没能发挥人才培养的应有作用、师资培训远没有达到职业教育发展对提高师资水平的要求。

1. 中职教育发展水平评价

调查显示，大部分教育工作者体会到中等职业教育的发展变化，并持肯定态度（参见表2-2-16）。

表2-2-16 对中等职业教育变化的认可度

（单位:%）

	中等职业教育体系进一步完善	中等职业学校毕业生的培养水平提高	中等职业教育的区域普及性提高	中等职业教育提供的教育服务扩展	中等职业教育资源的利用更加合理	中等职业教育教师和技师质量提高	中等职业学校更加积极地研究和考虑用人单位的需求	用人单位积极地帮助更新中等职业学校的物质基础	用人单位更加积极地参与中等职业教育的教育过程
基本不认可	6.6	8.6	7.3	7.0	9.0	3.7	3.3	13.3	11.3
介于认可和不认可之间	10.3	15.6	9.6	15.9	14.3	13.0	9.6	16.6	18.3
基本认可	49.2	47.5	58.8	51.8	49.8	48.5	50.5	39.9	36.2
完全认可	27.9	22.3	18.6	19.3	20.9	29.6	30.2	22.6	27.2

2. 高职教育发展水平评价

调查显示，大部分教育工作者体会到高等职业教育的发展变化，并持肯定态度（参见表2-2-17）。

表2-2-17　对高等职业教育变化的认可度

（单位:%）

	高等职业教育体系进一步完善	高等职业院校毕业生的培养水平提高	高等职业教育的区域普及性提高	高等职业教育提供的教育服务扩展	高等职业教育资源的利用更加合理	高等职业教育教师和技师质量提高	高等职业院校更加积极地研究和考虑用人单位的需求	用人单位积极地帮助更新高等职业院校的物质基础	用人单位更加积极地参与高等职业教育的教育过程
基本不认可	2.3	4.0	2.3	4.3	3.7	1.7	3.0	6.6	5.3
介于认可和不认可之间	9.6	12.0	10.6	12.6	13.6	11.6	6.6	14.3	13.3
基本认可	57.1	50.8	59.8	56.1	52.5	52.5	51.5	47.2	46.5
完全认可	26.6	28.9	22.9	22.9	25.6	29.9	34.6	25.2	29.6

3. 课程设置及教材评价

在被问及职业教育的课程设置是否与当地经济发展的需要相适应，教材是否合适时，教育工作者普遍认为基本适应和满意（参见表2-2-18和表2-2-19）。

表2-2-18　学校的课程能否适应当地经济发展的需要

（单位:%）

	不适应	基本适应	适应	难以回答
教育工作者	8.0	72.4	12.6	6.3

表2-2-19　对目前使用的教材是否满意的百分比

（单位:%）

	不满意	基本满意	满意	难以回答
教育工作者	21.6	61.8	6.3	10.0

（八）职业院校毕业生素质评价

虽然被调查者曾在对苏州市整体职业教育水平的评价中，认为是在提高的，但在对具体的苏州市职业院校学生素质的评价中却并不乐观，或持比较保守的观点。普遍认为毕业生需要经过一段时间的培训才能上岗，并在综合素质上需要全面加强。

1. 毕业生岗位适应性评价

在对毕业生能否快速胜任岗位工作需要的调查中，无论中职还是高职的毕业生，被试普遍认为他们都需要经过一段时间的岗前培训才能上岗，不能做到一毕业就能顶岗，但对比普通学校的毕业生并不差。这说明，一方面职业教育的确能培养出动手能力、岗位适应性比较强的应用型人才，另一方面职业教育的目标与实际的岗位需求还有一定距离（参见表2－2－20）。

表2－2－20　中、高等职业学校毕业生能否很快胜任岗位工作需要的认可度

（单位:%）

	一毕业就能顶岗	需要经过一段时间的岗前培训才能上岗	跟普通高中（普通大学）的毕业生没什么区别	比普通高中（普通大学）的毕业生差	其他
中等职业学校	21.9	68.1	1.7	1.0	4.7
高等职业院校	28.6	62.5	3.3	1.0	3.7

2. 毕业生综合素质评价

我们让被调查者从职业道德和工作态度、相关专业知识、岗位技能、团队合作精神、学习能力等几方面分别对中、高职毕业生的综合素质进行评价，结果显示，被试对中、高职毕业生综合素质各方面的满意度都不高，大部分教育工作者持难以回答和不满意的态度。同时，他们大部分也认为目前职业学校毕业生存在的主要不足之处也主要体现在这几方面。这种认识也基本得到企业人员和家长观点的支持，但是需要指出的是企业人员和家长更倾向于对毕业生岗位技能和职业技能的培养，而对毕业生团队合作精神的培养并不重视（参见表

2-2-21 和表 2-2-22)。

表 2-2-21　对中、高等职业院校毕业生综合素质的满意程度

（单位:%）

	职业道德和工作态度		相关专业知识		岗位技能		团队合作精神		学习能力	
	中职	高职	中职	高职	中职	高职	中职	高职	中职	高职
不满意	13.3	7.6	11.3	56.8	62.5	56.5	14.3	10.3	24.3	9.3
难以回答	53.8	56.1	63.5	34.6	24.3	33.2	57.8	53.5	55.5	55.1
满意	17.6	32.2	17.9	1.0	1.7	2.7	20.9	31.9	12.6	31.2

表 2-2-22　中、高等职业院校毕业生的主要不足

（单位:%）

	职业道德和工作态度		相关专业知识		岗位技能职业技能		团队合作精神		综合素养	
	中职	高职	中职	高职	中职	高职	中职	高职	中职	高职
基本不认可	11	10.6	14	15	11.6	9.6	13	12	16.9	10.3
介于认可和不认可之间	32.9	29.2	23.9	25.9	26.2	23.6	28.6	26.6	33.6	24.3
基本认可	44.2	48.8	50.5	50.2	49.5	54.8	46.2	50.8	34.6	53.2

三、发展职业教育的基本经验

（一）实施优质化战略，实现职业教育的科学发展

1. 加强骨干学校建设

改革开放以来，苏州市各级政府和各相关部门采取多种措施，多渠道筹措经费，大力加强重点骨干学校建设，改善职业学校的办学条件，提升职业学校的办学水平。据不完全统计，从 1992 年至今，全市已累计投入资金 20

多亿元，用于骨干学校建设。另外，苏州市还积极吸收国外资金和社会资金的投入，累计超过了1亿元，从而使苏州市职业学校的综合实力明显增强。目前，苏州市省级以上重点职业学校达25所，其在校生占职业学校在校生总数的75%。每个县都建有高标准、高水平的职业教育中心校。

2. 全面推进布局结构调整

在职业教育快速发展的同时，也存在这样那样的问题。其中，条块分割、多头办学、政出多门，学校"小而散、小而弱"就是苏州市职业教育最突出的问题，严重制约着苏州市职业教育的发展。为了解决这一问题，2002年12月，苏州市委、市政府召开全市职业教育工作会议，下发了《苏州市市区职业教育布局结构调整的总体方案》，全面推进布局结构调整工作。经过努力，全市94所中等职业学校通过"整合提升一批、转制重组一批、保留发展一批、撤销停办一批"四个途径，调整为目前的48所。布局调整的成效已经初步显现出来，一是打破了行业、部门的界限，提高了统筹的能力；二是彻底改变了市区学校"小而散、小而弱"的状况，提高了规模效益；三是提升了办学层次，优化了职业教育结构；四是大大改善了学校的办学条件。一批在校生达6 000人以上规模的学校应运而生，中职学校减少了，而中职在校生由原来的9.17万人增加到14.5万人，中职学校的校均规模由原来的900人增加到2 500人。高职在校生由原来的3万人增加到7万人，职业学校的办学规模、办学条件、教育质量和服务经济社会发展的能力都有了明显提高。

3. 全力推进国际教育园建设

建设苏州国际教育园，是市委、市政府为推进苏州市高等职业教育发展的一项重要决策。教育园的定位以发展高职为主，积极探索民办和国际合作办学模式。教育园规划面积10.66平方千米，实际开发6.7平方千米，分南、北两个区，规划设计体现资源共享、后勤服务社会化。教育园于2003年初开工建设，同年9月，苏州工职院首先入驻，2004年苏州旅游与财经高职校、苏州建设交通高职校和苏州职业大学入驻，2005年苏州市医药科技学校、苏州卫生职业技术学院落户教育园北区。目前，苏州国际教育园建设初具规模，英姿已现，共有14所高校，9.2万名师生入住，占地面积6.7平方千米，总投资额 66.58 亿元。一座以职业教育为主，实行资源共享、开放式办学的山水新城在姑苏城西南崛起。教育园的建设为市区职业教育布局调整和苏州市职业教育做大做强搭建了坚实的发展平台。目前，苏州市职业教育已经形成以国际教育园为龙头，每个县级市有 1 所以上高职院校和 1~3 所规模型中职学校的新格局。

4. 大力开展专业现代化建设

在发展职业教育的进程中，苏州市十分重视学校的专业建设。1996 年，在江苏省教育厅的统一部署下，开展了专业现代化建设试点，苏州市有 12 所学校的 5 个专业大类积极参与。这些学校转变办学观念，加强市场调研，加大资金投入，加快师资队伍建设，经过 6 年多的努力，以丰硕的产学研成果为标志的专业现代化建设取得突破性进展。2003 年起，学校又积极投入到省、市两级职业教育示范专业的创建工作，把专业建设向更高层次推进。学校以现代化教育观念为先导，以市场需求为向导，以现代化教学体系为核心，以现代化师资队伍和教学装备为基本条件，从而实现以人为本的，以能力为本位的高素质劳动者的智能开发。学校利用职教专项经费和自筹资金，装备了一大批与现代化生产现场基本同步的先进设备，培养了一支"双师型"教师队伍。目前，全市已建成 31 个省级示范专业和 40 个市级专业，示范专业的建设极大地提高了职业教育内涵发展水平。

（二）实施市场化战略，实现职业教育与经济发展的有效对接

1. 深入开展校企合作

校企合作、产学研结合是职业教育的生命线。为了更好地满足企业对技能型人才的需求，苏州职业学校始终面向企业、面向市场办学，通过开展形式多样的校企合作，不断地更新办学观念，强化市场意识、服务意识和合作意识，使职业学校与用人单位结成"合作双赢，共同发展"的伙伴。一是学校和企业共建实训室，企业将一些生产设备提供给学校，供学生和教师的教学、训练使用，还用于企业的产品开发与制作。有些企业将其产品、生产流

程、工作原理、营销范围等情况以实物和图片的形式捐赠给学校，建立以企业名称或以产品名称命名的专门实验室，为学生直观学习知识、全面了解企业提供场所。二是企业到学校设立奖学金，如著名的 AMD、爱默生等外资企业每年都为职业学校发放奖学金，这不仅能使企业吸引到更多的优秀学生，同时也把企业文化、企业精神渗透到职业学校之中。三是建立专业委员会或校董会，企业的技术人员和人事部门负责人参与相关专业教学计划和培养目标的制定，共同进行过程管理，使职业教育最大限度地贴近现实生产技术水平和管理水平，赋予了订单式的培养模式更全面而科学的内涵。四是合作办学。如职教中心的勤美达分校。多方位的校企合作，实现了学校与企业的零距离对接，大大提高了职业教育主动服务经济建设的能力。

2. 积极探索办学体制改革

苏州市职业教育在长期的办学过程中形成了以政府办学为主体，行业、企业积极参与的多元办学局面。在 20 世纪 80 年代，全市有部门、行业和企业举办的各类职业学校 35 所。随着经济体制改革的不断深化，企业、行业纷纷改制，职业教育的办学体制改革也同步展开。全市有 6 所职业学校先后以股份合作的形式完成了学校的转制工作。在推进布局调整的过程中，苏州市针对职业教育的管理体制进行改革，打破了条块分割的管理局面，实现了各类职业教育资源的统筹，整合了包括普通中专、职业高中、技工学校、成人中专在内的各类职业学校，优化了职业教育资源的配置。另外，苏州市积极鼓励民办职业教育的发展，新建民办学校 5 所，使得民办教育的比例不断上升。

3. 努力开拓生源市场和就业市场

苏州持续快速的经济发展呼唤着职业教育的加速发展，为扩大职业教育的招生规模，苏州市采取了"立足本地，开拓外地"的工作思路。首先，坚持科学发展观，合理地进行普职分流，让较多的学生就读于职业学校。其次，在招足本地生源的同时，依托职业教育的自身资源优势，积极拓展招生范围，从最初面向苏北少数县市扩展到面向全国十多个省市，招生数量也由"九五"末的不足千人增加到目前的近万人。对外招生为实现教育移民和农村劳动力转移作出了积极贡献。职业学校坚持以就业为导向的办学方向，努力为用人单位培养各类实用型人才。26 年里，全市职业教育为社会输送了各类技术人才、管理人才和合格劳动者 50 余万人，为苏州经济的发展特别是外向型经济发展提供了有力的人力资源支撑。在优化本市就业市场的同时，还积极开拓国外就业市场，使学生的就业质量不断提升。

（三）实施国际化战略，全面提升职业教育的开放水平

1. 开展国际交流与合作

为适应中国加入 WTO 的形势和苏州市外向型经济高度发达的特点，苏州市确立了开放的职业教育发展思路，大力发展外向型职业教育，积极参与国际间的交流与合作，引进国外、境外优质职业教育资源，借鉴国外、境外先进的职业教育经验和办学模式，合作举办职业教育和培训。到目前为止，苏州市与国外开展友好交流与合作的学校已达 50%，涉及的国家有美国、德国、澳大利亚、荷兰、日本、芬兰、新加坡等。绝大多数职业学校的校长到国外、境外学习考察过，一大批骨干教师到国外接受过培训。苏州市每年还接待来访的国外职教考察交流团多批。友好交流，使大家增长了知识，开阔了视野，拓展了思路，更新了观念，为苏州职教在理念、观念上实现与国外先进职业教育的接轨打下了良好的基础。

2. 实施多形式、多层次的合作办学

在职业教育开放思想的指引下，苏州市的职业学校与多个国家开展了多形式、多层次的合作办学。例如，由太仓职教中心与德国企业合作举办的太仓中德技术工人培训中心，全面引进德国"双元制"教学模式，培养出来的学生在人才市场很抢手，用人单位必须向中心交付几万元的培养费，才有可能抢到学生。中心每年吸引了大批学生前来报考，家长为自己的子女能够到培训中心学习而感到骄傲。培训中心已经成为中德合作的成功范例。又如，苏州工业园区职业技术学院，全面引进新加坡南洋理工学院的教育教学和管理经验，确立了"用明天的科技，培训今天的学员，为未来服务"的办学理念，形成了"高新技术培训、模块化教学、董事会管理"为特色的新型职教模式，受到了各级领导和社会各界的好评，成为中国高职教育最具特色的学校之一。再如，苏州旅游与财经高等职业技术学校，早

在 1988 年就与德国开展交流与合作，如今，该校的合作办学呈现全方位、立体化的态势，合作的国家有德国、澳大利亚、日本、新加坡等，开展的项目有教师培训、师生互访、出国就业、双文凭教学等，中外合作已经成为该校重要的办学特色。

3. 注重师资培训

职业教育的发展，师资是关键。苏州市十分重视教师的继续教育工作，让在职教师得到充分的进修和培训机会。一方面，建立职教教师到企业实践制度、到大学进修制度和校内培训制度。另一方面，强化职教教师国外培训制度。每年选拔一批教师到国外学习。到目前为止，全市参加省教育厅、市教育局和学校组织的出国培训的达 200 余人。参加过国外培训的教师，普遍成为学校的教学骨干，成为教师队伍的中坚力量。许多教师成为学科带头人、专业建设负责人、苏州市知名教师等。

（四）实施终身化战略，全面提升职业教育的服务能力

1. 启动现代农民教育工程

随着苏州市城市化和现代化进程的加快，大批失地农民转变为市民，大量的外来务工人员进入苏州。为适应这一新形势，全面提高苏州市农民的综合素质，苏州市于 2003 年全面启动现代农民教育工程。该工程以职业学校为龙头，以成人学校为主体，搭建了农民教育网络。职业学校充分利用教学设备、教学设施和师资的优势，广泛开展各类技能培训，开设了服装、车工、钳工、电焊、电子等技能培训班。三年中，技能培训的总量达到 20 万人次，有力地促进了农村劳动力的转移。

2. 为构建学习型城市服务

"发展终身教育，迈向学习型社会"已成为当前教育发展的潮流，为了建设学习型城市，苏州市努力发掘和整合各类教育资源，为社会成员的终身学习提供场所和条件。职业学校因其专业门类齐全、条件设施完备、管理规范、师资力量雄厚而成为各类教育资源中最为优质的资源之一。为此，号召各职业学校要根据终身学习的理念，面向市场，面向社区，开放自己的资源，

积极融入到社区教育实验中去，努力提高服务社区的意识和水平。如今，不少学校增挂了"社区教育中心"或"社区教育学校"的牌子，成为当地重要的社区教育机构。如苏州工业职业技术学院苏高工校区是金阊区社区教育学院的分院，吴江职教中心是吴江松龄镇社区教育中心。它们通过举办各种形式的培训、讲座，与社区进行资源共享，受到市民的广泛好评。

四、发展职业教育的新目标、新举措

2006 年 8 月，苏州市人民政府作出了《关于大力发展职业教育的决定》，确定苏州市职业教育"十一五"期间的主要目标，包括以下三个方面。

（一）构建现代职业教育体系

高质量、高水平地发展职业教育，率先构筑起适应社会主义市场经济体制，满足人民群众终身学习需要，与市场需求和劳动就业紧密结合，校企合作、工学结合，结构合理、形式多样，灵活开放、自主发展、特色鲜明的区域性现代职业教育体系。把苏州建设成为全省领先、国内一流的高水平职业教育强市。继续完善政府主导、依靠企业、充分发挥行业作用、社会力量积极参与，公办与民办共同发展的多元办学格局，进一步健全分级管理、市县为主、政府统筹、社会参与的管理体制。

（二）扩大职业教育办学规模

保持中等职业教育与普通高中教育的招生比例大体相当，加大对外招生力度，全市中等和高等职业教育总规模达 30 万人以上，职业院校毕业生一次性就业率保持在 95% 以上，全市高级工以上技能人才占技能劳动者的比例提高到 28%。广泛开展各类社会培训，每年培训城乡劳动者 150 万人次以上。

（三）全面建成苏州国际教育园

进一步加大国际教育园的建设力度，力争 2007 年基本建成，2010 年全面建成。加强教育园的管理和资源统筹，实现教育资源的充分利用和共享，凸显职教特色，打造职教园区、共享园区和平安园区。

为了全面实现上述目标，今后一个时期，决定要求全力以赴抓好四大工程，实施七项计划。

1. 四大工程

工程一：培养培训技能型人才

积极鼓励职业院校、行业企业及社会培训机构加快技能型人才的培养，全面引进职业资格证书制度，重点扶持和建设好国家级及省级技能型人才培养培训基地。"十一五"期间，努力使全市高级工以上技能人才占技能劳动者的比例提高到 28%。

工程二：推进现代农民教育

大力培养有文化、懂技术、会经营的新型农民，广泛开展农村劳动力转移培训、农村实用技术培训、农民创业培训和外来务工人员的新市民教育培训，年培训城乡劳动者 150 万人次以上。

工程三：推进学习型城市建设

加快教育和文化基础设施建设，以在职人员知识更新为重点，开展全民学习活动，重点落在新理论、新技术、新技能、新信息、新知识和新方法"六个新"上，多形式、多途径地深化学习型城市建设。

工程四：推进职教创业行动

核心定位在学生的创新精神、创优意识、创业能力，以此构建创业课程、创业实践和创业服务为一体的创业教育体系；以技能型人才培养培训基地、与职业院校合作办学的企业或学生家庭产业为依托，全方位为学生搭建创业实践平台，采用工学结合等形式的弹性学制方式，引导和鼓励在校生自主创办或合作创办企业。

2. 七项计划

计划一：建设示范性职业院校

加大对骨干职业院校特别是县级职教中心的建设力度，争创15~17所国家示范性中等职业学校和3~5所国家示范性高等职业院校，新创一批国家级、省级重点职校，使全市省级以上重点职校比例达到75%。

计划二：建设职教实训基地

基地建设围绕中心有主导产业、新兴产业、促进就业和再就业领域，基地建设的重点领域有数控技术应用、汽车运用与维护、机电一体化、电工电子与自动化、计算机应用与软件技术、商贸服务、纺织服装、现代物流、旅游服务、医药、现代农业、建筑技术。基地建设数量为20个，等级为省市级。为建设实训基地，市财政每年新增专项经费1 000万元。

计划三：扩大职教对外开放

职教成为对外合作办学的优先领域，鼓励更多的学校开展国际交流合作，学习和借鉴国外先进的教育教学资源和人才培养模式，拓展学生海外就业市场和深造渠道。到2010年，全市职业学校开展中外合作办学和建立合作关系的比例超过70%。加大与外省、市教育机构的交流和合作，建立一批外省、市生源基地，年对外招生人数超过1万人，不断满足本市劳动力市场需求，同时为境内外其他地区提供人才服务。

计划四：创新职教体制机制

发挥政府在发展职教中的主导作用，办好骨干示范职校和培训机构，同时，调动行业、企业及社会各界兴办职业教育的积极性，鼓励和支持公办职校吸引民间资本开展多形式的合作办学，探索公办民营的运行机制，股份制运作，大力发展民办职业教育，积极探索多种形式的集约化办学模式，走规模化、集团化、连锁化办学之路。

计划五：实施专业建设和课程改革

"十一五"期间，建设好50个省级中等职业教育示范专业，10个五年制高职示范专业和40个高职品牌特色专业；以示范专业为主体，吸纳相同或相近专业组成专业集团，形成专业集群优势，整体带动提高专业建设水平。

计划六：加强社区教育基础建设

"十一五"期间，各市、区都要成为省级及以上社区教育实验区，所有镇（街道）建立社区教育中心，全市要争创 6 个省级社区培训学院、6 个市级社区培训学院。"十一五"末，接受老年教育的老年人占全市老年人总人口的比例超过 18%。

计划七：提高职教师资素质

市财政每年安排专项经费 200 万元，支持职教师资培训。全面提升教师在产学研结合、专业建设、实训基地建设等各方面的创新能力和实践能力，加快培养一批学科带头人、专业负责人和实训基地负责人，建设一支数量充足、结构科学的教师队伍。到 2010 年，全市职教教师本科率达 90% 以上，其中硕士以上达 10%，既是专业教师又是职业技师的"双师"型教师比例达 90%，其中获高级证书的达到 45%。

五、面临的主要困难和问题

课题组通过对苏州市 17 所职业院校 300 多位校长、教师的问卷调查，发现苏州市的职业教育仍存在着不容忽视的问题，职业教育的人才培养与苏州市经济社会发展仍不相适应，主要表现在以下几个方面。

（一）职教观念相对滞后

根据问卷，对现有的职业教育体系完全认可的只有 28% 的教师，有 17% 的教师介于认可和不认可之间或基本不认可。重普教、轻职教的观念根深蒂固，许多人对发展职业教育的重大意义缺乏足够的认识，而且重视不够。有些职业院校的服务意识和责任意识不强，缺乏紧迫感和危机感，远远不能适应改革发展的需要。如何树立科学的发展观、教学观、服务观、人才观、质量观，树立经营人才、经营学校的管理服务理念，是决定苏州市职业教育今后的各项工作是否有新思路，是否有新突破的关键。观念更新了，办学的路子就会拓宽，办学模式就会有所创新，管理服务水平就会提高，学校就会焕发新的生机。

（二）人才培养模式有待创新

地方经济发展的转型升级造成传统的人才培养层次和培养模式不能适应地方经济发展的需要。苏州地方经济从长期依靠外资拉动建设"世界工厂"，到外资、民营并驾齐驱发展服务业，再到经济发展转型升级，发展高端制造业和现代服务业，尤其是"三区三城"战略的构建（"三区"指的是科学发展的样板区、开放创新的先行区、城乡一体的示范区，"三城"指的是以现代经济为特征的高端产业城市、生态环境优美的最佳宜居城市、历史文化与现代文明相融的文化旅游城市），着力地提升了苏州经济社会的发展质量。除制造业需要面广量大的中等职业学校培养的高级技工外，大量的现代服务业行业技能型人才的需求出现了新的变化，要求职业院校培养的行业人才不仅要具备一定的操作性职业技能，更重要的是必须具备知识性技能。这就要求地方职业院校人才培养的起点要高，标准要高，模式要新。

（三）教师队伍建设亟待加强

据问卷调查显示，对职业教育教师和技师质量完全认可的占 29.6%，有 16% 的教师介于认可和不认可之间或基本不认可。近年来，随着职业院校办学规模的不断扩大、学生数量的快速增长，出现了教师紧缺的局面，主要表现在：一是教师的学历、职称结构、师生比达不到教育部的要求。就拿高职高专院校来讲，教育部在对高职高专院校评估中明确要求师生比 1∶16，而苏州市大部分高职高专院校超过了 1∶20，无法满足正常的教育教学要求，影响了正常教育教学工作的开展。二是"双师型"教师比例不够。多数教师是直接从学校再进学校，缺乏必备的实践能力和教学经验，这也成为影响人才培养质量的因素之一。三是外聘教师结构不够合理。尽管职业教育学校都从社会上聘了一批高素质的优秀教师，但在所聘教师中，大部分都是基础课的教师，行业的企业专家较少，数量也不足。四是引进的专业教师整体素质有待提高。苏州市许多学校新引进的教师多是非师范专业的毕业生，大多没有进行过教育学、心理学的系统学习。

（四）科学管理水平尚需提高

总体讲，在人事制度深化改革上，在教育教学管理制度的创新上，科研管理机制、监督评价体系、资源配置、分配制度、招生就业的服务机制、奖励机制等还缺乏系统的研究，学生管理和后勤管理等方面的改革相对缓慢，统筹协调发展的能力还需进一步提高。

（五）实验实训条件不足

虽然各个职业院校都修建了实训楼，增添了一些仪器设备，但与苏州市产业企业的前沿设备相比，实验实训基础设施条件还存在较大差距。实验实训队伍急待加强，建设经费投入不足，难以满足学生必要的实验和实训需要。与此同时，用人单位参与学校办学设施设备建设的积极性不高，据调研，对用人单位积极地帮助更新中等职业学校的物质基础选项全认可的占 22.6%，有 30% 的教师介于认可和不认可之间或基本不认可。在国外，许多企业将最先进的设施设备装备职业院校，学生在学校里可以接触与企业一致甚至更为先进的设备，一出校门就能上岗，对企业的设备就能操作。这样学校有了先进的实训设备，企业省却了上岗培训，就能取得双赢的成果。

（六）招生和高质量就业、创业的压力依然很大

目前，苏州市的职业院校还没有形成"以就业为导向"的良性办学机制，学生的就业能力、专业种类、生源的质量都面临着激烈的竞争，招生就业激励机制、分配机制还有待完善，对建立教学、就业、招生三方统筹、运转协调的工作机制也缺乏系统性研究和实质性进展，毕业生的质量跟踪调查

未形成制度化、系统化。

（七）科研工作基础薄弱

科研要成为先进生产力的代表和应用技术的集散地。而目前苏州市职业教育的科研基础非常薄弱，科研意识淡薄，无论是社会科学科研，还是自然科学科研，争取的项目都比较少。

（八）发展经费紧缺

由于苏州市职业教育发展速度较快，政府部门在资金上支持力度不大，导致各院校各项硬件建设，尤其是实验实训基地、设施、设备建设方面还十分匮乏，校企结合、产学结合的战略思想从某些角度来讲还未得到有效落实。同样，因为资金问题也影响了各职业院校办学效益和教职工的福利报酬的提高。资金短缺已成为制约苏州市职业教育发展的瓶颈。

六、对发展职业教育的几点建议

（一）进一步提高对发展职业教育重要性的认识

发展职业教育，不仅是发展社会公益事业，更重要的还在于它会给经济、社会、家庭、个人等各个层面带来现实和长远的回报，所以我们要充分认识职业教育在社会生活中的重要地位和作用，加快发展、做大做强苏州市的职业教育。

（二）深化高等职业教育管理体制改革

高等职业教育在"十五"期间得到快速发展，高职院校中有很大一部分是原来的中专学校升格而成。高等职业教育和中等职业教育同属职业教育体系，在培养目标、教学模式、专业建设等方面有共同点。目前，将高职院校放在高等教育中管理，人为地把高职院校向研究型高校靠拢，把高等职业教育和中等职业教育分割开来，使高等职业教育出现"普通化"，缺乏"职业化"，体现不出职业教育的特点。这样既不利于高职的发展，也不利于职业教育体系的建立。因此，要改变目前对高等教育的管理办法，建议对中等、高等职业教育实行归口统一管理。

（三） 加大职业教育经费投入

职业教育是一种高成本教育。据测算，其教育成本是普通教育的 1.5~2 倍。这种高成本不仅是指新办职业院校需要有巨额的投入，更体现在其在举办过程中仍需要不断地投入，也就是说，职业教育需要不断投入来保持其高成长性。职业院校如果仅靠学生的培养费收入来发展，只能是维持在一个较低的发展水平。职业院校办学经费紧张是一个普遍现象，特别是近年来新组建的学校，银行贷款、拖欠的工程款、大幅增长的日常开支以及老校置换困难等因素给学校带来极大的压力，这将导致学校失去可持续发展的能力。因此，政府要加大对职业院校的财政支持力度，每年安排专项经费用于发展职业教育，对新学校组建过程中的土地置换等问题，政府要出面尽快协调解决。

（四） 实行职业资格证书和就业准入制度

职业院校要全面推行职业资格证书制度，对毕业生实行"双证制"，即学生在毕业时获得学历文凭的同时获得职业资格证书。学校要为学生提高就业、择业能力创造良好的条件。劳动保障、人事等部门要加大对就业准入制度执行情况的监察力度，加强监督管理，对违反规定，不执行劳动准入制度的用人单位，要给予处罚。

（五） 提高专业建设水平

学校要紧紧围绕当地经济和社会发展的实际需要，始终把握先进生产力的发展方向，深入调查市场需求，不断调整专业设置，优化专业结构，要避免因现有师资或现有设备来开设专业，而要面向市场、面向社会，优先发展市场急需的和需求量大的专业，大力开展多种形式的校企合作，建立专业指导委员会，合作规划和开发专、特、优专业。要加大设备投入，引进与现代化生产基本同步甚至超前的先进生产设备，以专业建设来带动学校办学水平的提高，从而推动职业教育的发展。

（六） 加强师资队伍建设

要努力提高教师的学历和职称的层次，提高"双师型"教师的比例。首先要把好教师的进口关，招聘具有硕士以上学历和具有高级讲师、教授职称的优秀教师，要摒弃只具备相应文凭和职称就是合格教师的观念，向社会招聘或聘请既有扎实理论基础，又有丰富的专业技能的"双师型"教师。其次，要加强对现职教师的培训和提高。据调研，2006—2007年度未参加过有关职业教育培训的教师占 29.9%，这影响了教师知识的更新和水平的提高。因此，政府部门和学校应该尽可能多地为教师提供各种培训机会，每年要安排教师下企业学习锻炼，提高专业教师在实践中发现问题和解决实际问题的能力，鼓励教师在生产一线找课题，在生产岗位发现项目，并带回学校，作为学校的教科研项目。再次，学校要根据专业特点，为优秀教师建立相关的项目开发、科研等工作室，并给予经费的支持，要努力把这些工作室建成科学技术转化为现实生产力的孵化室，为企业提供技术咨询。最后，要建立一支专兼结合的教师队伍，向全社会招聘一批能工巧匠，作为职业院校的兼职教师，并建立兼职教师数据库。

（七） 明确企业在人才培养中的责任

高素质技能型人才的培养需要学校和企业共同努力。企业的需求是学校的培养目标。目前，广泛开展的校企合作就是努力地将企业的需求变成学校的教学行动。但在实际中，往往出现"一头热，一头冷"的现象。企业只愿用人，不愿意承担相应的责任（例如，提供人才标准，共同研究培养方案，提供相应设备，提供技术服务，培训教师等）。要培养出企业所真正需要的人才，没有企业的深度参与是不行的。为此，许多国家在法律层面规定了企业在培养技能人才中的责任和义务（例如德国的"双元制"）。要学习发达国家的先进做法，在明确地方政府、学校责任的同时，明确企业的责任和义务。

（八）适应地区经济社会发展转型

目前，苏州市人均国内生产总值已达到了 5 700 美元，成为仅次于上海的第二大制造业城市。然而，苏州服务业的比重却只占国内生产总值的37%，而美国、日本等发达国家的这个比重达 70%～80%。在长三角 16 座城市中，苏州第二、第三产业的占比分别排在第 1 位和第 16 位。为了加快苏州市服务业的发展，苏州市制定了《苏州市服务业布局规划》，提出充分发挥人文、旅游和制造业三大优势，重点发展现代物流、旅游会展、文化服务、科技与信息软件、商务服务、商贸流通、房地产、金融服务和社区服务九大行业。经过坚持不懈的努力，把苏州建设成为江苏省现代服务业高地，长江三角洲地区服务业中心和国际知名旅游城市。到 2010 年，服务业增加值在国内生产总值中的比重达到38%以上，年均提高 1.3 个百分点，人均服务业增加值翻一番，其中中心城区（苏州市区）的服务业占比超过40%。到 2020 年，服务业增加值占比提高到50%左右，相当于发展中国家和地区的平均水平，年均提高 1.2 个百分点，其中中心城区服务业占比达到60%。

苏州经济已经进入转型期，将以发展制造业为主转变为发展现代服务业为主。现代服务业需要大量各种层次的人才，因此职业教育必须适应地区经济的转型环境，为地区经济的转型服务，培养大量各种层次的高素质技能型人才。保持与现代服务业有关行业、企业、政府职能部门和社会各界不同层面的密切联系与合作，及时掌握本地区现代服务业产业政策与产业结构调整的情况，定期进行人才需求的市场调查和人才预测，适时调整专业建设规划，优化人才培养方案，增强培养方案的前瞻性。实训条件和设施要体现服务业对客户服务的特点，不能简单模拟，要公司化运作，要有实战性，努力做到专业建设与人才培养不断适应经济社会发展的需要。

苏州市课题组成员

课题组组长：高国华

课题组副组长：臧其林

课题组成员：顾　洪　卜福民　张轶群　陶友华　孙　建　丁蓓蓓

中国日照市职业教育发展研究报告

一、日照市经济和社会发展概况

日照市因"日出初光先照"而得名，是一座新兴的沿海港口城市。日照市地处中国大陆沿海中部、山东半岛南翼，东临黄海，与日本、韩国隔海相望，西靠沂蒙，北连青岛、潍坊，南接江苏连云港。其总面积为 5 310 平方千米，海岸线 100 多千米，现辖东港区、岚山区、日照经济技术开发区、山海天旅游度假区、莒县和五莲县，总人口 282 余万。

（一）区位优势明显

日照市是一座正在崛起的港口城市，是新亚欧大陆桥东方桥头堡。日照港是国家一类开放港口，中国第二大煤炭输出港，中国十大港口之一。日照位于正在崛起的太平洋经济圈、环黄（渤）海经济圈、新亚欧大陆经济带和山东半岛城市群与长江三角洲城市群的结合部，还是国家重点开发的沿海主轴线与日照——西安沿桥经济带的交汇点，在国家生产力布局中占有重要地位，具有重要的国际开发价值。日照市也是鲁南唯一的沿海港口、中国中西部地区重要的出海口，具有重要的战略地位。日照市交通十分便捷。过境的204、206 国道纵贯南北，泰（安）石（臼）、岚（山）兖（州）公路和日（照）竹（园）高速公路、日（照）菏（泽）铁路复线、岚（山）坪（上）铁路横贯东西。以日竹、同三日照段高速公路、兖石铁路复线、蓝新铁路日照段建设为标志的大交通格局已经形成。

（二）旅游资源丰富

日照市依山傍海，拥有"蓝天、碧海、金沙滩"的黄金海岸，旅游资源得天独厚，海、山、古、林四大资源优势互补，年接待国内外游客达千万人次。目前，已拥有水上运动之都、2008 年北京奥运会帆船比赛训练基地、中国优秀旅游城市、国家园林城市、国家卫生城市、国家环保模范城市、中国魅力城市、中国人居奖、中国江北最大的绿茶生产基地等诸多的城市名片。日照市文化底蕴深厚，是中国最早的象形文字的诞生地。莒文化是山东三大文化之一，在这儿出土的距今有 4 000 年历史的黑陶是华夏古文明之瑰宝。日照市名胜古迹较多，主要有两城遗址、东海峪遗址、尧王城遗址、丹土遗址、陵阳河遗址、齐长城遗址、莒国故城、刘勰故居、定林寺。滨海旅游、传统文化和水上体育的完美结合，已成为日照市的新亮点，正在着力打造的"水上运动之都"和"国际水准的滨海城市"，其品牌影响力和综合竞争力日益增强，"文明城市，和谐日照，生态日照，富裕日照"已展现在世人面前。

（三）综合实力显著

日照 1989 年建地级市，尽管起步较晚，但经济快速持续增长。2008年全市实现生产总值 773.14 亿元，比上年增长 15.1%；其中，第一产业增加值 82.74 亿元，增长 5.7%；第二产业增加值 419.73 亿元，增长17.5%；第三产业增加值 270.67 亿元，增长 15.1%。人均生产总值28 300 元（按年均汇率折算为 4 062 美元），增长 14.5%。三次产业结构比例由上年的 13.7∶50.9∶35.4 调整为 10.7∶54.3∶35。

日照市坚持以发展农村经济、促进农民增收为重点，大力调整优化农业结构，积极推进产业化、标准化、品牌化战略，农业综合生产能力进一步增强，茶叶、蔬菜、水产、畜牧等特色农业和农村第二、第三产业快速发展，社会主义新农村建设扎实推进。工业化进程加快，钢铁、能源、机械制造、浆纸、食品加工、石油化工等临港工业迅速崛起，一批骨干企业培育壮大，成为经济增长的重要动力。2008 年末，全市规模以上工业企业达 870 家，比上年末增加 47 家，全年实现工业增加值 369.57 亿元，按价格指数缩减法计算比上年增长 28.2%。其中，国有企业完成工业增加值 7.84 亿元，增长了11.2%；集体企业完成工业增加值 3.6 亿元，增长 56.1%；股份制企业完成工业增加值 270.82 亿元，增长 25.1%；外商及港、澳、台投资企业完成工业增加值 58.43 亿元，增长了 31.1%。2008 年末，规模以上高新技术企业达

91 家，其中当年新增 27 家，实现高新技术产业产值 234.35 亿元，增长 57.6%，占规模以上工业总产值的比重提高到 15.42%，比上年提高 2.04 个百分点。全年完成高新技术产业投资 27.1 亿元，增长 148.9%。非公有经济稳定发展，占国内生产总值的比重达 56.1%，比上年提高 1.8 个百分点。物流、旅游、金融等服务业快速发展，日照港实现亿吨跨越，年货物吞吐量从 3 805 万吨提高到 13 063 万吨，跃升为我国大陆沿海第 9 个亿吨综合枢纽大港。

日照市对外开放和招商引资坚持对外"主攻日韩，扩大港台，拓展欧美"；对内"接轨青岛，融入半岛，对接江浙沪粤"。2008 年新批利用外资项目 24 个；实际外商直接投资 5.13 亿美元，增长 180.1%；新批境外企业（机构）10 家，中方协议投资额 2 940.5 万美元；完成对外承包劳务营业额 9 290 万美元，增长了 20.6%；外派劳务 6 940 人次，增长了 21.2%。2008 年实现进出口总额 92.68 亿美元，比上年增长 60.9%。其中，出口 25.25 亿美元，增长了 28.6%；进口 67.42 亿美元，增长了 77.7%。钢铁、水产品、煤炭为三大主要出口商品，占出口总额的 55.5%。

加强旅游与文化体育结合，全年共接待境内外游客 1 466 万人次，比上年增长 18.4%。其中，国内游客 1 450.84 万人次，增长了 18.3%；入境游客 15.16 万人次，增长了 35.1%。全年实现旅游总收入 81.7 亿元，增长了 23.6%，其中国内旅游收入 78.59 亿元，增长了 23.1%；旅游外汇收入 4 432.3 万美元，增长了 45.7%。

2008 年日照市基础设施建设加快，科、教、文、卫事业发展迅速，社会各项事业协调发展，城市综合实力显著增强。

二、日照市职业教育发展水平分析

（一）职业学校数量与规模

2008 年全市各类中等职业学校共计 19 所，日照市中等职业学校以职业高中为主。从学校数量上看，近年来，中等职业教育学校数量变化不大。但是，日照中等职业学校在校生人数、招生人数在逐年增长。

2007 年，日照市确定了"加快职业教育改革发展，主动适应和服务于经济建设，不断提高劳动者素质、增强城市综合竞争力"的工作思路，通过撤并、整合等方式，调整职业学校布局结构，优化了职业教育资源配置。各类中等职业教育实现招生 11 099 人，比上年增加 3 255 人，增长率 41.4%，首次突破了万人大关，实现了当年招生职普比 4∶6 的目标。为加快普及高中阶段教育，促进全市中等职业教育持续健康发展，市教育局采取五项措施进一步扩大招生范围，拓宽生源渠道。市内所有中等职业学校均面向全市招生，招生对象不局限于应、往届初高中毕业生，还通过自主招生的方式招收返乡农民工、进城农民工、退役士兵、生产服务一线职工、下岗失业人员等城乡劳动者接受中等职业教育（参见表 2 – 3 – 1）。

表 2 – 3 – 1　2004—2008 年日照市中等职业学校类型与数量

（单位：所）

年份	各类中等职业学校总数	其　　中			
		中等专业学校	职业高中	技工学校	成人中专
2004	18	3	11	1	3
2005	19	3	12	1	3
2006	19	3	12	1	3
2007	19	3	12	1	3
2008	19	3	12	1	3

此外，日照市高等职业学校 2004 年只有 1 所，2005 年增加至 2 所。至 2008 年，有高等职业学校 3 所，分别是日照职业技术学院、山东水利职业学院、山东外国语学院，均为独立设置的高等职业技术学院。其在校生人数 2004 年为 10 557 人，2005 年为 16 451 人，2006 年为 17 208 人。

（二）职业教育专业结构

近几年，日照市不断加大产业结构和经济结构的调整力度，把加快工业化发展作为经济工作的重点，实现了由第一产业为主向第二产业为主的转变。其中，第二产业对国内生产总值的贡献率逐年增加，2006 年达到了 50%；第三产业的贡献率也达到了 36%。截至 2006 年，中等职业教育设置的专业有

46 个，高等职业教育设置的专业有 69 个。调查发现，机电、数控、汽车、计算机、建筑等专业是日照市职业教育的优势和热门专业，有些已成为学校的品牌专业，同时也成为社会、企业、家长和学生最为认可的专业，这主要涉及第二产业的相关领域。由此可见，日照市职业教育专业的设置紧跟产业和经济结构调整的步伐，使所设专业直接服务于经济社会发展。调查还发现，近几年各学校在钢铁冶炼、船舶驾驶、物业管理等领域新增设的专业多达十几个，这主要是根据日照港口扩大、房地产业兴旺和日照钢铁集团的迅速崛起等方面的社会需求而设置的，是直接面向和服务市场的。可以说，日照职业教育的专业设置能与其产业和经济结构的调整相适应，与市场经济的发展相适应。

（三）职业教育的师资

1. 中等职业教育师资

（1）专任教师学历结构

2008 年，全市中等职业学校共有专任教师 1 445 人，其中，学历为高中及以下的 3 人，占专任教师总数的 0.21%；专科学历 246 人，占专任教师总数的 17.01%；本科学历为 1 147 人，占专任教师总数的 79.32%；硕士及以上学历为 50 人，占专任教师总数的 3.46%。

总体看，日照市中等职业学校专任教师学历达标率为 82.79%，仍有 17.22% 的教师学历不达标，学历提高是教师队伍建设的一项重要任务。同时，硕士及以上学历教师的增加说明专任教师学历有提升的趋势（参见表 2 - 3 - 2）。

表 2 - 3 - 2   2004—2009 年日照中等职业学校教师学历构成

年份	高中及以下		专科		本科		硕士	
	人数（人）	比例（%）	人数（人）	比例（%）	人数（人）	比例（%）	人数（人）	比例（%）
2004	23	1.73	438	32.98	853	64.23	14	1.05
2005	16	1.24	413	31.89	852	65.79	14	1.08
2006	4	0.3	397	29.92	906	68.27	20	1.51

年份	高中及以下		专科		本科		硕士	
	人数（人）	比例（%）	人数（人）	比例（%）	人数（人）	比例（%）	人数（人）	比例（%）
2007	1	0.08	297	23.19	958	74.79	25	1.95
2008	3	0.21	246	17.01	1 147	79.32	50	3.46

（2）专任教师专业技术职务结构

2008 年全市中等职业学校共有专任教师 1 445 人，其中初级职称为 264 人，占专任教师总数的 18.26%；中级职称为 698 人，占专任教师总数的 48.27%；副高级职称为 403 人，占专任教师总数的 27.87%；正高级职称为 7 人，占专任教师总数的 0.48%；无职称 74 人，占专任教师总数的 5.12%（参见表 2 - 3 - 3）。

表 2 - 3 - 3　2004—2008 年日照中等职业学校教师职称构成

年份	初级		中级		副高级		正高		无职称	
	人数（人）	比例（%）	人数（人）	比例（%）	人数（人）	比例（%）	人数（人）	比例（%）	人数（人）	比例（%）
2004	356	26.81	617	46.46	320	24.09	0	0	35	2.64
2005	288	22.24	646	49.88	354	27.34	0	0	7	0.54
2006	238	17.94	687	51.77	356	26.83	0	0	46	3.47
2007	204	15.93	648	50.59	375	29.27	4	0.31	50	3.90
2008	264	18.26	698	48.27	403	27.87	7	0.48	74	5.12

由上述数据分析可知，日照市中等职业学校专任教师职称主要以副高级和中级为主，两类合计占总数的 76.14%，初级职称教师也较多，占总数的 18.26%。

2. 高等职业教育师资

（1）专任教师学历结构

2008 年全市高等职业学校共有教师 814 人，其中专科及以下学历教师 11

人，占教师总数的 1.35% ；本科学历教师为 607 人，占教师总数的 74.57% ；硕士学历教师为 196 人，占教师总数的 24.08% （参见表 2 - 3 - 4）。

表 2 - 3 - 4　2004—2008 年日照高等职业学校教师学历构成

年份 学历	2004		2005		2006		2007		2008	
	人数 （人）	百分比 （%）	人数 （人）	百分比 （%）	人数 （人）	百分比 （%）	人数 （人）	百分比 （%）	人数 （人）	百分比 （%）
高中及以下	5	1.12	5	1.08	5	0.83	5	0.62	5	0.61
专科	21	4.70	9	1.95	6	1.00	6	0.75	6	0.74
本科	391	87.47	402	87.01	510	85.00	617	77.13	607	74.57
硕士	30	6.71	46	9.96	79	13.17	172	21.50	196	24.08
合计	447	100	462	100	600	100	800	100	814	100

（2）专任教师专业技术职务结构

表 2 - 3 - 5　2005—2008 年日照高等职业学校教师职称构成

年份	初级		中级		副高级		正高级		无职称	
	人数 （人）	比例 （%）	人数 （人）	比例 （%）	人数 （人）	比例 （%）	人数 （人）	比例 （%）	人数 （人）	比例 （%）
2005	225	48.70	139	30.09	43	9.3	9	1.9	46	10.0
2006	353	51.23	225	32.66	50	7.26	12	1.74	49	7.11
2007	412	53.93	225	29.45	71	9.29	17	2.23	39	5.10
2008	473	56.78	225	27.01	87	10.44	21	2.52	27	3.24

3. 教师接受培训情况

职业学校教师是否能有充足的机会参加继续教育，关系到教师是否能与职业教育、行业发展的最前沿接轨，直接决定着师资队伍的水平以及职业教育的质量。但在对教育工作者的调查问卷中反映出来的师资培训的现状不容乐观。

表 2 - 3 - 6　日照市参与问卷调查的人员构成情况

培训人员职务构成	人数（人）	比例（%）
教育行政管理人员	14	6.0
教育科研或教学研究人员	14	6.0
中等职业学校校长	4	1.7
中等职业学校教师	150	64.4
高职院长（校长）	2	0.9
高职学院教师	49	21.0
合　　计	233	100

关于"2006—2007 年是否参加过培训"这一问题，共有 233 人回答，其中有 101 人选择"没有参加过"，其比例占到总数的 43.3%；选择"参加过 1 次"的有 89 人，占总数的 38.2%；而"参加过 2 次"的为 24 人，占总数的 10.3%；"参加过 3 次及 3 次以上"的为 13 人，占总数的 5.6%（参见表 2 - 3 - 7）。

表 2 - 3 - 7　2006—2007 年日照市职业院校教师接受培训情况

2006—2007 年是否参加过培训	人数（人）	比例（%）
没有参加过	101	43.3
参加过 1 次	89	38.2
参加过 2 次	24	10.3
参加过 3 次及以上	13	5.6
其他	6	2.6
合　　计	233	100

由上述数据分析可知，2006—2007 年接受职业教育相关培训的人员比例仅占到总数的 56.7%，而且绝大多数是接受过 1 次和 2 次培训，同时有 43.3% 的人员没有接受过职业教育相关培训，说明教师接受培训的普及度不高，有待于进一步增加教师培训的人次和机会。

关于"近三年是否参加过培训"这一问题，共有 230 人回答，其中"参加过 1~3 次"的人数最多，为 110 人，占总数的 47.8%；其次，选择"没有参加过"的人数为 55 人，占总数的 23.9%；而其他选项的人数都较少（参见表 2 - 3 - 8）。

表2-3-8　近三年日照市职业院校教师接受培训情况

近三年是否参加过培训	人数（人）	比例（%）
没有参加过	55	23.9
参加过1~3次	110	47.8
参加过4~6次	42	18.3
参加过7~9次	9	3.9
参加过10次及以上	5	2.2
其他	9	3.9
合　计	230	100

由上述数据分析可知，三年内接受过职业教育相关培训的人员比例也仅占到总数的七成左右，仍然有55人未参加过任何培训。这进一步说明教师培训的人员参与程度不高，普及率不够，教师缺乏接受职业教育相关培训的机会。

关于"您期望的教师继续教育方式"这一问题，共有233人回答，其中选择"参观考察""脱产进修"和"参加培训班"的占据前三位，分别为89人、50人和47人，分别占总数的38.2%、21.5%和20.2%。由上述数据分析可知，对于接受继续教育的方式的选择多集中于脱产进修、参观考察和参加培训班等以实际参与为主要形式的培训方式，占到了79.9%（参见表2-3-9）。

表2-3-9　日照市职业院校的教师期望的培训方式

期望的培训方式	人数（人）	比例（%）
脱产进修	89	38.2
学术会议	14	6.0
学术讲座	16	6.9
参观考察	50	21.5
参加培训班	47	20.2
远程教育	12	5.2
自学	3	1.3
其他	2	0.9
合　计	233	100

（四）校企合作水平

本研究通过封闭式选择题考察职业学校和企业合作办学的水平。结果发现，日照市学校和企业合作办学类型主要有校企合一型、校企契约型、半工半读（工学交替）型，占校企合作类型的73.4%。合作方式多为企业为学生提供实习机会、企业委托学校进行职工培训、与企业联合实施订单培养，占合作方式的80.8%。而制约合作的因素主要是：缺乏相应的政策引导、缺乏有效的合作机制、缺少校企双方交流的平台。具体结果参见表2-3-10至表2-3-12。

表 2 - 3 - 10　学校与企业合作办学类型

学校与企业合作办学类型	被选次数	百分比（%）
校企合一型	4	26.7
企业主办型	0	0
校企契约型	4	26.7
职业教育集团型	2	13.3
学校自办产业型	2	13.3
半工半读（工学交替）型	3	20.0

表 2 - 3 - 11　学校与企业合作方式

学校与企业合作办学类型	被选次数	百分比（%）
企业为学生提供实习机会	7	25.0
企业为教师提供实践机会	4	14.3
企业参与学校人才培养方案的设计与实施	2	7.1
企业委托学校进行职工培训	5	17.9
企业为学校提供实训设备	3	10.7
与企业联合实施订单培养	5	17.9
企业为学校提供兼职教师	1	3.6
企业向学校提供教育培训经费	0	0
暂时没有建立合作关系	1	3.6

表 2 - 3 - 12　影响校企合作的主要因素

影响校企合作的主要因素	被选次数	百分比（%）
缺乏相应的政策引导	5	26.3
企业缺少积极性	3	15.8
缺乏有效的合作机制	5	26.3
传统办学观念制约学校的主动性	2	10.5
缺少校企双方交流的平台	4	21.1

（五）对职业教育的认识

我们从职业教育的使命、职业教育的作用、影响职业教育发展的根本因素及职业教育发展的重要方面几个维度对教育工作者、企业人员和家长进行调查，发现职业教育在人们心目中的地位在提升，也在一定程度上反映出人们对职业教育自身及其发展的认识。

1. 职业教育的使命

调查显示，教育工作者、企业人员和家长普遍认为职业教育最重要的使命依次是：为企业培养技能型人才、面向学生来提高就业和创业能力、为地方经济发展提供新生劳动力。从中可以看出，企业需求在人们的心目中是职业教育的首要任务。这可能与现在比较普遍的订单式培养方式有关，职业学校培养什么规格和技术技能的学生与企业的需求密切相关。

2. 职业教育的作用

在被调查的233人中，有63.9%的人认为职业教育对促进当地经济和社会发展起到重要作用，有25.3%的人认为职业教育对促进当地经济和社会发展只发挥一般作用，还有3%的人认为职业教育对促进当地经济和社会发展实际没起任何作用。

3. 影响职业教育发展的根本因素

在被调查者对影响职业教育发展的根本因素（包括相关政策、学校管理、教学质量及课程设置、师资水平、经费投入、企业及社会支持、劳动人事制度、社会环境及其价值观）进行最重要三项的排序中，教育工作者认为最重要的三个根本因素依次是相关政策、经费投入、教学质量及课程设置。可见，人们普遍认为相关政策和学校的教学质量及课程设置是影响职业教育发展的主要因素（参见表2-3-13）。

表2-3-13　影响职业教育发展的根本因素（人次及百分比）

影响职教发展的因素	人次	百分比（%）
相关政策	96	71.6
学校管理	15	18.5
教学质量及课程设置	23	25.3
师资水平	15	25.0
经费投入	45	38.5
企业及社会支持	6	9.7
劳动人事制度	9	18.8
社会环境及其价值观	25	36.8

（六）对职业教育发展水平的评价

在本研究中通过5级评定考察职业教育者对日照市职业教育发展水平的评价，其中1为完全不认可，2为基本不认可，3为介于认可与不认可之间，4为基本认可，5为完全认可。

被调查者对日照市中等职业教育的发展水平是基本认可的，其中认可程度排在前三位的是：中等职业教育教师和技师质量提高、中等职业学校更加积极地研究和考虑用人单位的需求、中等职业教育体系进一步完善和中等职业学校毕业生的培养水平提高（参见表2-3-14）。

表2-3-14　校长和教师对日照中等职业教育发展变化的认可程度

	人数	平均分	标准差
中等职业教育体系进一步完善	227	3.99	0.931

	人数	平均分	标准差
中等职业学校毕业生的培养水平提高	227	3.99	0.872
中等职业教育的区域普及性提高	226	3.92	0.866
中等职业教育提供的教育服务扩展	225	3.89	0.920
中等职业教育资源的利用更加合理	226	3.87	0.993
中等职业教育教师和技师质量提高	226	4.15	0.788
中等职业学校更加积极地研究和考虑用人单位的需求	229	4.05	0.880
用人单位积极地帮助更新中等职业学校的物质基础	229	3.84	1.126
用人单位更加积极地参与中等职业教育的教育过程	228	3.80	1.100

调查显示，被调查者对日照市高等职业教育的发展水平介于基本认可与完全认可之间，其中认可程度排在前三位的是：用人单位积极地帮助更新高等职业学校的物质基础、高等职业学校更加积极地研究和考虑用人单位的需求、高等职业学校毕业生的培养水平提高（参见表2-3-15）。

表2-3-15　校长和教师对高等职业教育变化的认可程度

	人数	平均分	标准差
高等职业学校毕业生的培养水平提高	226	4.16	0.757
高等职业教育的区域普及性提高	226	4.13	0.746
高等职业教育提供的教育服务扩展	226	4.07	0.827
高等职业教育资源的利用更加合理	226	4.09	0.819
高等职业教育教师和技师质量提高	226	4.08	0.816
高等职业学校更加积极地研究和考虑用人单位的需求	226	4.18	0.741
用人单位积极地帮助更新高等职业学校的物质基础	226	4.22	0.779
用人单位更加积极地参与高等职业教育的教育过程	225	4.01	0.957
高等职业教育体系进一步完善	224	4.01	0.973

（七）对课程设置及教材的评价

在被问及职业教育的课程设置是否与当地经济发展需要相适应，教材是否合适时，教育工作者普遍认为基本适应和满意（参见表2-3-16和表2-3-17）。

表2-3-16　您对目前使用的教材是否满意

（单位:%）

	不满意	基本满意	满意	难以回答
教育工作者	16.3	66.5	11.2	6.0

表2-3-17　课程能否适应当地经济发展的需要

（单位:%）

	不适应	基本适应	适应	难以回答
教育工作者	12.9	65.2	15.0	6.9

（八）对专业与岗位关联度的评价

职业教育的专业应与学生将来就业的岗位有密切相关的联系。但是调查结果显示，教育工作者中只有不到一半的人认为学生所学专业与岗位有着密切联系，也有相当一部分人认为二者只存在一点关联（参见表2-3-18）。

表2-3-18　职业学校学生就业岗位与所学专业关联度

（单位:%）

	很少	有一点	密切联系	很难回答
教育工作者	10.3	46.4	37.3	4.7

（九）对校企合作与人才培养评价

关于校企合作在人才培养中的作用，教育工作者普遍认为校企合作是一种比较合适的方式（参见表 2 - 3 - 19）。

表 2 - 3 - 19　校企合作能否适应人才的培养需要

（单位:%）

	不适应	基本适应	适应	很难回答
教育工作者	5.6	48.9	38.6	6.9

（十）对日照市职业院校学生素质的评价

虽然被调查者在对日照市职业教育整体水平的评价中，认为是在不断提高，但对日照市职业院校学生素质具体的评价并不乐观，或持比较保守的观点。被调查者普遍认为，毕业生需要经过一段时间的培训才能上岗，并在综合素质上需要全面加强。

1. 毕业生胜任工作岗位情况

在对毕业生能否快速胜任岗位工作需要的调查中，无论中职还是高职的毕业生，被调查者普遍认为他们都需要经过一段时间的岗前培训才能上岗，做不到一毕业就顶岗，但对比普通学校毕业生并不差（参见表 2 - 3 - 20）。

表 2 - 3 - 20　中等职业学校（高等职业院校）毕业生能否很快胜任岗位工作需要

（单位:%）

	一毕业就能顶岗	需要经过一段时间的岗前培训才能上岗	跟普通高中（普通大学）的毕业生没什么区别	比普通高中（普通大学）的毕业生差	其他
中等职业学校	23.8	67.4	4.3	1.7	2.2
高等职业院校	29.7	59.0	7.4	2.2	1.7

2. 对职业学校毕业生综合素质的评价

我们让被调查者从职业道德和工作态度、相关专业知识、岗位技能、团队合作精神、学习能力等几方面分别对中、高职毕业生综合素质进行 5 级评价，以此考察教育者对毕业生的满意程度。其中 1 为完全不认可，2 为基本不认可，3 为介于认可与不认可之间，4 为基本认可，5 为完全认可。

调查显示，教育者对中、高等职业学校毕业生的整体水平都处于基本满意之下。对于中等职业学校的毕业生，较为满意的排在前三位的素质有：团队合作精神、职业道德和工作态度、岗位技能（参见表 2 - 3 - 21）。对于高等职业学校的毕业生，较为满意的排在前三位的素质有：团队合作精神、职业道德和工作态度、岗位技能（参见表 2 - 3 - 22）。

表 2 - 3 - 21 校长和教师对中等职业学校毕业生各项素质的满意程度

	人数	平均分	标准差
职业道德和工作态度	232	3.31	0.703
相关专业知识	232	3.18	0.691
岗位技能	232	3.25	0.749
团队合作精神	232	3.35	0.692
学习能力	232	3.12	0.758

表 2 - 3 - 22 校长和教师对高等职业学校毕业生各项素质的满意程度

	人数	平均分	标准差
职业道德和工作态度	229	3.39	0.657
相关专业知识	228	3.43	0.629
岗位技能	226	3.42	0.664
团队合作精神	228	3.45	0.631
学习能力	228	3.41	0.712

三、日照市职业教育的主要特点

日照市是一个新兴的发展中的滨海城市，职业教育从无到有，到目前已初具规模，初步形成了中、高等职业教育体系，且呈现出良好的发展势头。

从总体上看，日照职业教育的发展基本与日照经济社会发展、产业结构和经济结构调整相适应，由于政府、社会和学校重视，实施和推进措施得力以及经济飞速发展的助推，职业教育呈现出"重特色、树品牌、面向市场、服务企业"的特点，社会、企业和家长认可度较高，发展前景广阔。

（一）政府主导职教投入，职业教育健康发展

（1）办学规模不断扩大，发展迅速。2004—2007 年日照市职业教育办学规模不断扩大。从 2004 年到 2007 年，日照市新增高等职业院校和中等职业学校各 1 所，中等职业学校在校生人数由 23 120 人增加到 27 560 人，职高、普高学生比达到 4∶6；高等职业学校在校生人数由 10 557 人增加到 17 208 人，在校学生数和每万人接受职业教育的人数逐年上升。基础设施条件不断改善，但由于近几年扩招，使图书、电子计算机、体育场馆、建筑面积、师生比等学校资源生均占有量有所下降。

（2）政府财政性投资逐年增加，成为学校收入的主体。2006 年，中等职业教育学校财政性经费达 2 882 万元，占学校总收入的近 70%，而与此同时，中等职业教育学生交费在学校总收入中的比重逐年降低。当然，这有经济发展社会需求等因素的助推，但更凸显了社会重视和政府在发展职业教育投入中的主导作用。

（3）落实职业教育投入政策，确保职教生源稳定。严格落实经费投入政策，为职业教育发展提供物质保障。稳定的经费投入是支撑职业教育发展的根本保障。日照市政府认真落实中共山东省委、山东省人民政府《关于大力发展职业教育的决定》精神，确保职业教育发展有稳定可靠的经费来源。做到城市教育费附加用于职业教育的比例不低于 30%，主要用于职业教育实训基地建设和师资培养培训；地方教育附加用于职业教育的比例不低于 20%；对一般企业和经济效益较好的企业分别按职工工资总额的 1.5% 和 2.5% 的比例提取教育培训经费，主要用于职业教育贫困家庭学生助学金和"初三分流"试点工作。并规定，各级人民政府要加大对职业教育的支持力度，逐步增加公共财政对职业教育的投入。2007 年，日照市努力做好职业学校贫困生

资助工作，在中等职业学校设立助学金，对所有农村户口和城市低保家庭学生，年资助 1 500 元/人，学生受资助比例达 20%，以此确保就读职业学校的学生不因家庭贫困而辍学。

（二）专业设置面向社会需求，紧跟结构调整步伐

近几年，日照市不断加快产业结构和经济结构调整的步伐，把加快工业化发展作为经济工作的重点，实现由第一产业为主向第二产业为主的转变。调查发现，第二产业对国内生产总值的贡献率逐年增加，2006 年达到了50%；第三产业的贡献率也达到了 36%。调查发现，机电、数控、汽车、计算机、建筑等专业是日照市职业教育的优势和热门专业，有些已形成学校的品牌专业，同时也成为社会、企业、家长和学生最为认可的专业，这主要涉及第二产业的相关领域。由此可见，日照市职业教育专业的设置紧跟产业和经济结构调整的步伐，使所设专业直接服务于经济社会发展。调查还发现，近几年各学校在钢铁冶炼、船舶驾驶、物业管理等领域新增设的专业多达十几个，这主要是根据日照港口扩大、房地产业兴旺和日照钢铁集团的迅速崛起等方面的社会需求而设置的，是直接面向和服务市场的。可以说，日照市职业教育的专业设置能与其产业和经济结构的调整相适应，与市场经济的发展相适应。2004—2007 年在承担各类职业培训中，以企业和劳动部门为主，以在职培训和职业资格培训为主，农村剩余劳动力转移和再就业培训两者所占比重不大，这也与日照这个新兴城市的特点有关，同时也说明职业教育必须符合当今市场化的需求。

（三）办学特色明显，目的明确，合作办学日趋理性

"以服务为宗旨，以就业为导向"是日照市职业教育的显著办学特色，"面向市场，服务企业"是日照市职业教育明确的办学方向。在调查的日照职业学校中，在"人才培养依据"问题上，42% 的学校选择了劳动力市场信息和企业合作制订方案，在"如何了解社会用工需求"问题上，57% 的学校

是通过企业和市场，而82%的学校则通过订单、推荐和招工的形式促进学生就业。日照市大力推行工学结合和校企合作，积极推进"双元制"办学模式改革。在与企业合作办学上主要是校企合一型、校企契约性和半工半读（工学交替）型，三种模式占办学类型的73.4%。加强与企业的合作，说明日照职业教育与企业的合作更趋于理性和合理。

（四）重视师资队伍建设，教育教学质量不断提高

调查发现，日照职业学校的教师素质较高，在校专任教师年龄构成"轻"（以中青年为主体），学历高（以本科学历为主），职业技能和道德素养高（大多认可和乐于从事本职业，被调查的教师有54%参加过相关的职业教育培训）。对企业和家长的调查发现，他们对职业学校毕业生的综合素质、团队精神和工作态度等满意度较高且呈上升趋势，这表明社会对职业教育质量的认可和重视程度在提高。调查中，57%的被调查者认为应普及职业教育，53%的人认为职业教育应为企业培养技能型人才，74%的人认为职业教育应为地方经济发展提供新生劳动力。这从另一个侧面反映出社会对职业教育的期望值提高。

（五）拓宽国际视野，国际合作与交流开端良好

在对外合作办学上，日照市的高等职业学校先行一步，中等职业学校全面跟进，60%以上的学校已与国外建立了合作办学关系，使职业教育更具国际视野和发展前景。如，日照职业技术学院已与韩国现代集团建立了长期合作关系，并与俄罗斯伏尔加格勒国立工业大学、乌克兰敖德萨国立理工大学就"1＋4"合作办学模式达成共识。学院建设了132个长期稳定合作的校外实习实训基地；与136个国内外企业进行校企合作与订单式培养；与12个国家和地区的23所大学建立了校际交流合作关系。诺贝尔奖获得者、世界著名科学家丁肇中教授和韩国现代汽车集团副会长、现代汽车（中国）投资有限公司董事长薛荣兴先生出任学院名誉院长。

四、日照市职业教育发展面临的挑战

日照市作为新兴的发展中的城市，近几年高等职业教育和中等职业教育在校生人数和增长人数方面皆呈上升趋势，但由于体制、思想观念等方面的原因，职业教育发展也面临着重大挑战。

1. 投资主体单一

调查发现，凡是规模较大、办学效益较高的职业院校都是公办学校，并且大都是省市重点甚至部级、国家级重点，企业办学和社会力量办学明显不足，甚至处于日趋萎缩的境地。

2. 专业发展不均衡

日照职业教育专业设置主要集中在涉及第二产业的个别热门急缺专业，关系到长远发展的第一产业的专业空白，甚至连与当地旅游紧密相关的专业也相对薄弱。这与建设社会主义新农村的时代需要和发展当地优势主导产业的需要是不相适应的。

3. 校企合作形式单一

校企合作仅仅局限于订单培养和推荐就业，形式过于单一，在借鉴先进地区（国家）经验，运用多种合作模式发展职业教育方面还有许多文章可做。

4. 教育质量有待提升

调查发现，职业学校的生源大多来自基础教育相对薄弱的农村，素质参差不齐；教师收入偏低（70%的职业学校教师收入在 2 000 元以下），在一定程度上挫伤了从教的积极性；在岗继续教育培训相对滞后（23%的教师近三年没参加过一次培训）。这些因素都制约了教育教学质量的提高。同时，调查还发现，57%以上的被调查者认为职业学校的毕业生须经过培训才能上岗，而对职业学校毕业生的素质竟有一半人选择了难以回答，这也从另一个侧面反映出教育质量还存在着一定的问题。

五、发展日照市职业教育的建议和对策

（一）放宽职业教育准入政策，鼓励投资主体多元化

市场经济条件下，政府的角色应是引导者和服务者，在不断加大投入的基础上，要通过改制或重组，激活公办职业学校的办学活力；要制订优惠政策，鼓励更多的社会力量进入职业教育领域，并允许合理回报。举全社会之力办职业教育，助推日照经济社会发展，这一点应成为共识。只要把鼓励和规范工作做好，不仅会激发社会力量办学的积极性，而且还有利于造成公办职业教育平等竞争的压力，形成良性竞争、共同繁荣的职业教育的新格局。

（二）整合职业教育资源，提高整体办学效益

首先，要调整和优化专业设置。目前，日照市职业教育在学校布局和专业设置上不尽合理，因此，在师资配置和专业设置上要有全局观念，立足优势，科学规划，整合资源。防止不切实际地重复设置专业，造成有的"吃不了"和有的"吃不饱"的情况。优势专业要形成品牌，做大做强，如水产养殖、数控技术、汽修等专业；弱势专业要重点扶持，内挖外引，如酒店管理、涉外旅游等个别专业要敢于取舍。为适应新农村建设的需要，要加大对农村和农业人才的培养力度；为促进旅游经济大发展，要提升旅游专业的档次；为推进和谐社会建设，要重视社区服务人才的培养。积极调整专业设置，加快建设一批适应全市产业结构调整、产业升级需求的重点骨干专业和特色示范专业，培养更多的高素质技能型人才。

其次，要进一步调整和优化学校布局。专业要整合，学校也要整合。统筹全市职业教育的办学资源和专业设置，在市区培植一处骨干示范学校，实现职业学校实践基地共享，不断培植优势骨干专业，突出学校办学特色。要

科学论证，在条件成熟时，促成日照市高级技工学校、市工业学校、市农业学校等学校的整合，以发挥最大的整体办学效益。

最后，要进一步扩大办学规模。要进一步扩大中等职业教育规模，向规模要效益，力争各区县中等职业教育招生人数比 2007 年增长 30% 以上，同时开拓外地生源市场。要进一步加快和完善各区县职教中心建设，进一步完善条件，扩大规模，建设标准达到占地 200 亩左右，建筑面积 4 万平方米，每个中心在校生 3 000 人以上。要积极开展省级重点职业学校创建活动，确保近期有 2 所学校（或职教中心）达到省级重点中等职业学校标准，创造品牌效应。

（三）强化实践教学，加快职业教育实训基地建设

目前，日照市职业教育实训基地建设仍相当滞后。制定"十一五"职业教育发展及实训基地建设规划，逐步建设一批设施完善、资源共享、适应培养高素质技能型人才的实训基地是当务之急。依据现有的各学校优势条件，重点建设 4 大实训基地：依托日照职业技术学院建设以水产养殖技术、建筑工程技术、旅游管理为基础的服务全市的综合性实训基地；依托市工业学校建设以数控技术应用、计算机技术应用、汽车运用与维修、服装加工技术为基础的综合性实训基地；依托市农业学校建设以电工电子与自动化技术为基础的区域性实训基地；依托市高级技工学校建设以机电一体化、电焊、电工为基础的区域性实训基地，最大限度地为学员、企业和社会提供实训和培养机会。鼓励企事业单位有专业技术、管理经验和特殊技能的人员担任专兼职教师，以提高师生的动手能力，促进实践教学为重点，组织开展部分学科专业教师、学生提高职业技能和实践能力。

（四）深化职业院校的教学改革，不断提高教育教学质量

首先，针对"专业型"教师比重过大的问题，要大力加强"双师型"教师队伍建设。不仅要内部挖潜，还要向社会聘请专、兼职的技术骨干或能工

巧匠；完善职业教育兼职教师聘用政策，采取更加灵活的政策和用人机制，支持职业院校面向社会聘请工程技术人员、高技能人才担任专业课教师或实习指导教师；加强"双师型"教师队伍建设；实践性较强的专业教师，按照相应专业技术职务试行条例的规定，申请评定第二个专业技术职务资格，或根据有关规定申请取得相应的职业资格证书。

其次，要围绕全市确立的支柱产业、新兴产业，调整学校专业设置，建设一批重点骨干专业和特色示范专业，并面向市场和社会需求不断开发新专业，培养服务当地经济建设的实用型人才。

再次，要根据市场变化改革课程设置，调整教学内容，继续在全市中等职业学校推行学分制改革，抓好以敬业和诚信为重点的教师职业道德教育，大力加强学生的职业技能和实践能力培养，向质量要效益。

再其次，认真抓好《日照市"十一五"期间职业院校教师素质提高计划》的落实，开展以骨干教师为重点的培养培训工作。认真落实职业教育教师到企业实践制度，专业教师每两年必须有两个月以上时间到企业或生产服务一线实践。

最后，大力推进校企合作、工学结合，推行半工半读制度，完善学分制和弹性学习制度，深化"双元制"办学模式改革。积极推动日照市现代建筑工程职业教育集团等三个职业教育集团的建立、运转，实现职业教育与就业市场的无缝对接，逐步引导和推动职业教育集团化办学。

（五）密切校企合作关系，拓宽国际交流与合作渠道

在校企合作上，实行双向交流，互利共赢，鼓励企业更多地参与学校的人才培养，包括培养方式与方向、培养内容与方案、培养效果的跟踪与评价等；鼓励学校在教学实习、教师培训等方面与企业更加深入地合作。在国际交流方面，要拓宽领域，不仅仅局限于几个学校和几个专业，要深层次地推进，不要局限于参观访问和交流几名师生，特别是薄弱和急需的专业的合作以及教学科研和办学模式的合作要上层次。密切校企合作，加强国际交流，不仅是学校的工作，也需要政府、教育行政部门和企业的积极参与，提供合

作交流的环境和平台。这不仅有利于职业教育向纵深发展，而且有助于提升日照市的城市形象和对外开放水平。

日照市课题组成员

工作组组长： 卞文峰

课题组组长： 庄乾友

副　组　长： 李连邺　李存永

成　　　员： 冯新广　王森勋　卢爱玲　尚防修　丁新海　范开林

杨保国　藤世进　程花林　王启田　张永卫　王金宝

张守国　王君政　丁峰昌　郑成满　王清海　王富荣

任恒锡　李　祥　李世昌　王万增

俄罗斯弗拉基米尔州职业教育调查分析

一、弗拉基米尔州职业教育体系概述

弗拉基米尔州位于俄罗斯联邦的中央联邦区、东欧平原的中心地区，与莫斯科和其他州毗邻。面积为2.9万平方千米，在俄联邦中占第70位，人口154.3万，在俄联邦中占第29位，城市人口占全州人口总数的79.7%。全州包括16个地区、22个城市。州中心——弗拉基米尔市人口为33.61万。此外，科夫罗夫、摩尔、亚历山德罗夫、科利丘吉诺、维亚兹尼基、古斯—何鲁斯达尔等都是大型工业中心。

弗拉基米尔州是俄罗斯经济最发达并且不断发展的中心地区之一。60%的高档器皿、23.5%的建筑玻璃、22%的电视机、17.2%的拖拉机和很多俄联邦出产的摩托车和摩托自行车都由这里生产。工业生产占地区生产总值的39.6%。主要的工业领域包括：机器制造业、金属加工业、轻工业、食品工业、化学、纺织工业、玻璃制造业和艺术行业。农业用地占全州土地面积的38%，园艺栽培和畜牧业发达。

弗拉基米尔州已有3 000年历史。10个白石头建筑杰作被列入联合国教科文组织世界历史文化遗产名单。弗拉基米尔市、亚历山德罗夫市、戈罗霍韦茨市、基尔扎奇市、苏兹达尔市、尤里耶夫－波里斯基进入115个俄罗斯历史城市之列。

稳定的政治局势和社会经济环境、巨大的工业潜力和高技能专家为弗拉基米尔州的发展奠定了坚实基础。弗拉基米尔州的行政机构和地区立法议会积极出台了旨在吸引投资的政策，制定了一系列保证给予投资者优惠条件的文件，确立了州对外经济长期发展构想，其结果是州对外经济联系不断拓展。与来自德国、意大利、美国、英国和其他遥远国家和近邻国家伙伴的合作非常活跃。

（一）地区职业教育改革的目的、任务和法律法规基础

弗拉基米尔州职业教育体系的发展与国内社会经济形势紧密相连，州职业教育体系的成果首先与民主、经济改革相关。民主和经济改革是职业教育体系内容和结构变化的基础。州行政机构根据《2010 年前俄罗斯教育现代化构想》制定了职业教育体系现代化战略，要求创建区域职业教育体系的有效模式，使职业教育在教育体系、州商业和地方协会合作基础上变为州社会经济发展资源。

弗拉基米尔州职业教育体系活动的战略目标是：

——保证优质教育的普及，使其作为稳定社会和降低社会经济分化的基础；

——使职业教育体系适应当前和未来劳动力市场的需求。

上述目标的实现将促进教育效率的提升，为创建知识经济提供高技能人才。

地区职业教育体系的任务如下：

——保证公民平等获得职业教育；

——保证当前和未来经济和社会领域对必需的技能型职业人才的需求；

——完善职业教育的内容，创建有效的职业教育质量管理机制；

——制定和实施初等和中等职业教育的区域教育网络模式（网络的最优化）；

——更新、巩固和发展职业教育机构的物质技术基础和信息基础，发掘人才的潜力；

——创建发现和支持天才儿童的体系。

鉴于优先发展职业教育的任务已经确立，其中期发展规划如下：

——提升职业教育质量，创建独立的职业教育评价体系；

——通过巩固、协调和整合已有职业教育机构网络，改组机构网络，保证各层次和各专业的职业教育计划的实施；

——发展连续的职业教育体系；

——适应部门人才预订需求，优化职业技能人才培养结构；

——在预测劳动力市场未来需求的情况下，确定学校要完成的国家人才培养任务；

——实现职业教育计划模块化，制定地区初等职业教育和中等职业教育标准，使教育内容符合实际需要。

按照 2002 年 9 月 2 日弗拉基米尔州颁布的《教育法》，要保证青年学生的国家性社会保障权益。2004 年 11 月 9 日，弗拉基米尔州州长命令批准实现教育现代化的基本方向，州《教育法》所确定的《2003—2007 年弗拉基米尔州职业教育的发展》专项大纲。2004 年 12 月，州长批准实施《地区初等和中等职业教育机构网构想》，保证了 2006—2007 学年度职业教育体系战略性任务的落实。

为了制定调节教育局所属初等职业教育学校的法律法规基础，根据现行法律，州教育局命令于 2007 年 3 月制定了关于国立初等职业学校分校条例。

教育局同州法律委员会合作制订了关于职业学校与雇主合作培养技能型人才的联合方案。该方案是形成社会合作的基础。此外，还签署了与弗拉基米尔企业家和州商品生产者协会共同培养技能型工人和专家以保证地方经济需要的协议，并正在制订与弗拉基米尔州工商业局合作的方案。

（二）职业教育体系发展的总体趋势及其特点

组织职业教育机构地区网络的构想决定了（构想）发展的优先地位，决定了要构建统一的地区职业教育空间。

方案的实施预先规定了三个阶段。

第一阶段：2005—2006 年。

第二阶段：2007—2008 年。

第三阶段：2008—2010 年。

因此，在构想实施第一阶段，考虑到地区的人口和社会经济条件，优化重组区域职业教育机构网络的过程成为 2006—2007 学年度的主要大事，制定和实施了 12 项有关创建地区职业教育机构网络的州长决议。

教育局分析了州初等职业教育体系的状况，对学校进行排名，研究地方自治机构、市人才教育政策协调委员会的意见，提出了以下重组职业教育的主要任务：

——根据居民的教育需求和州经济领域职业技能人才培养结构的变化，创建地区职业教育机构网络；

——使职业教育的内容符合实际需要，提升职业教育质量，并保证现代生产发展水平的需求，面向地区劳动力市场；

——发展连续职业教育体系，创建多层次和多专业机构——综合体、职业教育和职业培养中心；

——优化资源和财政保证的经济机制，制定地区预算拨款的规范标准；

——根据地方劳动力市场的需求、具体的生产条件和地区职业目录，开展技能型劳动力培养。

职业教育网络的重组为独立的教育机构、政权机构和商业协会的联合创造了条件。

第二阶段预计再减少两个州的职业教育机构，为保证国家教育标准的落实，转向以地区预算拨款标准为基础进行投资，确定地区职业教育的内容、规划和实施标准，在企业主的积极参与下，建立独立的质量管理体系。

目前，重组初等职业教育机构网络的实践工作正在持续。教育局正在落实弗拉基米尔州州长2007年3月发布的《关于改组州国立初等职业教育机构基尔扎奇第55专科学校和弗拉基米尔第39实科中学的决议》。这种同一层次机构的联合，可以更有效地运用划拨的用于发展职业教育机构的资金，根据行业对人才培养的预定，保留这些学校正在实施的职业目录。

州教育局正在研究职业教育机构网络重组第三阶段（2008—2010年）的内容。第三阶段的网络重组应该使职业教育机构向更高层次发展（专科学校—实科中学，中等技术学校—高等专科学校）的过程具有现实意义。在这一阶段的框架内，继续优化职业机构网络的过程并扩大职业教育机构网络，创建多层次、多专业综合体。

根据这些战略，州希望：

——集中财力和人才资源用于职业教育优先发展方向；

——在职业教育体系内部实行结构调整，在教育内容实现现代化基础上，在整合初等、中等和高等职业教育机构并优化人才培养职业技能机构基础上，使职业教育体系符合公民和经济的现实需求。

近些年，弗拉基米尔州初等职业教育机构的工作已经稳定化了。这首先与投资提高和企业对技能型工人培养体系态度的转变相关。一系列州长决议和弗拉基米尔州州长下属的经济委员会的建议，进一步明确了初等职业教育机构工作中的优先方向，也促进了职业教育工作的稳定。

同时，很明显，弗拉基米尔州不利的人口状况对职业教育在劳动力再生产的效果方面产生了负面影响，这将导致招生计划和学生总数首先是初等职业教育机构招生和学生总数的极大缩减。

二、弗拉基米尔州职业教育

（一） 重视职业教育质量及教学评价质量

中等职业教育机构工作的优先方向是实现教育过程的一体化。为了实现弗拉基米尔州作为俄联邦主体的权力，包括制定对实施初等职业教育大纲的教育机构的教学内容和学生培养水平的补充要求，以弗拉基米尔州社会经济发展的特殊性和趋势为基础，制定了州的法律草案《关于弗拉基米尔州初等职业教育国家教育标准的地区组成部分》。

随着新专业的出现，初等职业教育和中等职业教育机构实施的教育计划的数量有所增加。初等职业教育阶段增加到 87 个计划（2005 年为 84 个），中等职业教育阶段增加到 29 个计划（2005 年为 26 个）。

为了提升教学质量，保证各种教育需求的教育机构（实科中学、高等专科学校、为残疾儿童和只获得职业教育的学生提供教育的多层次连续职业教育机构）的数量有了很大的增长，从 2005 年的 18 所增到 2006 年的 30 所，极大地超过了原计划 19 所的指标。

一些教学机构的教学水平分化。不同隶属的中等职业教育机构（100%）

和 21% 的初等职业教育机构实施提高水平的教育大纲。7 个州的 6 个中等职业教育机构在 26 个专业实施了提高水平的教育。提高水平和基础水平的专业的比例可以变为 2:3、4:2、5:1，甚至是 8:1。例如，夫亚尼科夫动力技术中等技术学校实施的只是基础水平的教育，而弗拉基米尔高等师范专科学校所有的专业都实施提高水平的教育。

为了评价中等职业教育机构的活动，教育局分管职业教育部门和中等职业教育学校校长委员会共同制定了学校活动的评价标准。2006 年，教育局的决议对弗拉基米尔州中等职业教育机构活动排名性评价进行了修改和补充。

企业、社会团体代表和地方自治管理机构，通过国家毕业生评定委员会、人才评定委员会和职业教育机构许可、鉴定与认证委员会中的工作，来参与职业教育质量的评价。

以下指标证明了职业教育教学质量达到足够高的水平。99%（计划是98.5%）的初等职业教育学校毕业生、100% 的中等职业教育学校毕业生达到国家教育标准的水平。中等职业教育学校每年以优秀成绩获得毕业证书的毕业生数占毕业生总数的 20%（2006 年弗拉基米尔高等师范专科学校占 30%）。获得高水平提高层次教育的毕业生比例较高，证实了职业教育学校工作具有社会意义。其中初等职业教育体系达 26%，中等职业教育体系达 52%。

继续接受教育的毕业生的比重也很高，2005 年为 62%，2006 年为64%。州的中等职业教育机构 50% 以上的毕业生继续在高等职业教育机构接受教育。与高校签订压缩学习期限协议的数量，2005 年为 23%，2006年为 25%。

有 75% 的教育局所属初等职业教育学校和 100% 的中等职业学校配备了心理学工作者（或）社会教育学工作者，完全符合计划。

初等和中等职业学校中越来越多的学生参与州和全俄竞赛以及奥林匹克竞赛（分别是 0.4% 和 1.5%，计划指标为 0.4% 和 1.1%）。2006—2007 学年度举行了 6 个州针对初等职业教育大纲的学生职业能手竞赛，职业包括：理发师、车工、焊接工（气焊工）、钳工、木工和镶木工、农业生产能手等。职业实科学校和中等技术学校的学生都顺利地在全俄奥林匹克职业能手和全俄科学创造观摩竞赛上展示了作品。部属中等职业教育学校参加州奥林匹克竞赛及其他州一级比赛的学生数量为 2% ~24% ，而参加全俄奥林匹克竞赛和其他活动的学生数为 0.1% ~0.9% 。

创新和实验工作很活跃。2006—2007 学年度在职业教育学校的基础上创建了以下实验基地：

——州国立初等职业教育学校古斯—何鲁斯达尔第 47 职业中等技术学校开展了"制定大学前职业教育网络状教育模式"的课题研究，该校由联邦教育发展研究所命令授予其联邦实验基地地位；

——依托州的国立中等职业教育学校夫亚尼科夫动力技术中等技术学校，开展了"在多层次、专业中等职业教育学校框架下实施连续职业教育体系"的课题研究；

——依托国立初等职业学校弗拉基米尔第 30 职业中等专业学校，开展了"在初等职业教育机构与生产企业相互作用的基础上制定和应用相应的教育职业环境"的课题研究。

现在，教育局、弗拉基米尔教育工作者进修学院和职业教育机构，在 2007—2008 学年度在州国立教育学校（2 所实科学校和 1 所中等技术学校）基础上积极开展建立州的实验基地的工作。

2007 年，在《国家教育规划》框架内，举办了国立初等和中等职业教育学校竞赛，以落实创新教育大纲。竞赛的目的是对从事高科技生产的工人和专业人员实行国家援助，共提交了 266 项来自不同学校的申请。在获胜的 45 所中等技术学校和高等专科学校、35 所初等职业教育学校中有 1 所弗拉基米尔州初等职业教育学校（尼科洛戈雷镇第 36 职业实科学校）和 1 所中等职业教育学校（亚历山德罗夫工业—人文中等技术学校）。

与此同时，弗拉基米尔州职业教育学校存在严重的师资问题，这影响了其教学质量的提升。在职业学校（职业实科学校）中，每年生产性教师替换 25% ~30% 。师资女性化和老龄化仍在继续（约有 30% 的教师到了退休年龄）。缺少高水平生产教学教师，其总数中只有 16% 的人具有高等教育水平，36% 的人有中等职业教育水平，只有 59% 的教师具有高于实科学校、职业学校毕业生的水平和技能，而理论课教师只有 54% 的人受过高等职业教育，这导致学生普通教育类课程知识质量水平较低。为了从物质上鼓励生产教学能手，2004 年 12 月，州长命令规定在职位固定工资基础上增补一定数量的工资。

（二）优化职业教育体系

职业教育体系优化的直接后果是 16 所小规模的初等和中等职业学校在 2006 年进行了重组。因此，职业学校减少了 10 所，创建了 2 个实施初等和中等职业教育计划的多层次和专业学校（亚历山德罗夫工业—人文中等技术学校和被改造成连续教育中心的夫亚尼科夫动力技术中等技术学校）。多层次综合体成为职业教育中心和职业培养基地。通过联合小规模初等职业学校以保留教学生产基地，将来还会在其基础上创建区域性职业教育资源中心，在亚历山德罗夫、弗拉基米尔、科利丘吉诺等城市创建大型、单一层次的职业教育机构。

为了最有效地利用物质和人才资源，以提高职业教育机构的活动与州劳动力市场、社会领域要求的匹配程度，实现教育资源现代化，对初等职业教育机构提供信息支持，编制教学资料，为教师和生产教学能手进修创造条件，州的教育局 2006 年 12 月命令批准了《关于弗拉基米尔州初等职业教育机构资源中心的规定》，以 5 个州初等职业学校为基础，创建为不同行业和不同所有形式的企业、组织培养人才，并对工人和专业人员进行再培训的"资源中心"分支机构。

（三）增加职业教育开放性的措施

职业学校活动主要指标的变化保证了预算投入足够高的社会效益。职业教育的覆盖率在两年期间一直保持稳定：初等职业教育体系为 29% ~ 30%；中等职业教育体系是 42% ~ 43%。具体的招生数字也证实了这一结论。2006—2007 学年度，初等职业教育体系完成了 95% 的招生计划，中等职业教育体系百分之百地完成了任务。

2007 年 9 月 2 日，州长下达命令，允许州的职业学校在已经确定需要完成国家性任务的范围内，招收没有受过基础普通教育的人、残疾人、受过或没受过基础普通教育的健康能力受限的人，以对这些人进行职业培训。前面提到的命令可以极大地支持无社会保障、处于复杂生活状态的青年群体。

为了向有权获得国家、社会帮助的大学生提供奖学金，向困难、不利家庭的学生提供社会支持，每年需要拿出奖学基金资金的5%用于此项支出。

向中等专业学校，包括实科中学班的学生每月额外支付一些资金，其中包括每天1.5卢布的饮食费用，职业技术专业学校每人每天24.75卢布的补助。

（四）职业教育体系的管理及投资

国家—社会管理机构在地区职业教育体系管理中的作用正在增强，包括初等职业学校的校长委员会和中等职业学校的校长委员会，以及职业教育老教师委员会。职业学校是行业协会和州工商业委员会成员。

2007年，弗拉基米尔州投资4.715亿卢布，由7所中等专业学校培养了3 000名各行业的专家，33所专门的初等职业学校培养了14 000名专家。国家从联邦和州的预算资金中支持尼科洛戈雷镇第36职业实科学校和亚历山德罗夫工业—人文中等技术学校的资金额度是每年4 000万卢布（其中2 000万卢布来自各级预算）。

在完成《2003—2007年弗拉基米尔州职业教育发展计划》时，为了向学生提供社会支持，激发中等职业学校学生的创新潜力，教育局为大学生设立了社会性奖学金。2006年，州长命令设立的名为"弗拉基米尔的希望"奖学金，奖给18名天才大学生，其中有11名大学生获得每月600卢布的奖励，7名学生获得一次性奖学金1 100卢布。

职业学校投资不足导致40%的学校物质技术基础不合现代化要求。建筑、装置、技术设备需要进行大修或替换。教学物资设备损耗，特别是机床和农机拖拉机库损耗达75%～80%，严重影响了技能型人才和服务人员的培养质量。

（五）初等／中等职业教育中人才培养订单的形成

职业教育领域的社会合作发挥着积极的作用，社会合作使学校与劳动力市场主体、地区权力执行机构联合起来，并使合作过程中的所有参与者最大限度地协调一致活动，以达到为经济领域培养技能型人才的基本目的。

为了协调各方的行动，落实社会经济发展的人才保障政策，教育局连同初等职业学校、地方自治机构于 2006 年完成了市政初等职业教育人才政策协调委员会的创建工作。

教育局与州的劳动及就业行政管理部门、初等和中等职业学校校长对人才订单的制定进行监察（机制）的实践，保证实现对 2005—2008 年劳动力市场上需求职业人才的培养、再培训的人才订单有效实施。

为了完成行业订单，教育局定期审查职业学校人才培养规模和培养目录，并与劳动和就业局协商，将它们建立在自己的委员会中。人才培养规模每年都会增加或减少，考虑到初等职业教育机构物质—技术基础状况，也要与就业协调委员会和就业中心进行协商。

当然，劳动和就业局 2006 年 4 月所做的调整并没有对 2006—2008 学年学生的毕业情况产生影响，因为职业学校的学制为 2~4 年。但是，由于几个部门和初等职业学校的校长共同采取一些措施，招收订单式培养的职业教育学生呈明显增长趋势。中小型商业企业和服务领域没有参与这项正在进行的调查研究，可能正是由于这一原因，会计、计算机操作员和理发师行业的培养数量超出了需求。

整体上来说，部门订单能够下达到学校，是学校未来的工人干部和专家培养计划的必要组成部分，也是同企业和培养技能型人才的机构直接签订协议的基础。在签订协议的过程中确定职业目录和职业中等专科学校（职业实科学校）毕业生的培养质量，以及相互的责任和义务。

职业实科学校的校长同企业就广泛的问题达成理解，并改善相互间的合作，这一点反映在学生招生结构变化方面。2005—2007 年，初等职业教育学校开始在 12 个新的职业方向招生（包括组合机床和专业机床调整工、自动化和半自动化调整工、机车车辆的钳工、电子测量仪器的装配工、检测仪器和自动装置钳工及其他）。

至于中等职业学校，它们中有很多新专业也招收学生，它们同企业和州的专业人员进修机构签订协议，组织生产实践并安排毕业生就业。类似这样的协议 2004 年为 208 份，2005 年为 401 份，2006 年为 472 份。

以初等职业学校为基础，对未就业居民进行培养、再培训和组织进修工作。2006 年有 4 038 人在初等职业教育机构进行进修、培训和再培训，他们中按联邦国家服务方向就业的有 977 人（2004 年有 1 555 人），按与企业签订的协议就业的有 627 人，按个人签订协议就业的有 2 434 人。职业教育学校保证部门人才预定的比例从 2005 年的 70% 增加至 2006 年的 85%。这样，考虑到职业教育体系的实际潜力和早先签订的协议，2005 年部门完成了对行业技工人才预定的 95%，2006 年实现了 102%。这样就减少了不适应劳动力市场所需专业和职业的招生。

为了更充分地满足地区劳动力市场和州经济的需要，州教育部门和州劳动、就业部门行政机构共同的法令制定、批准了地区初等职业教育的职业目录，其中列入的 64 个职业和 12 个初等职业学校已经按这一职业目录进行教学了。但是，按企业的要求拓展地区职业目录的工作仍未间断。2006 年，这个文件根据部门就业情况和本地区的性别特点进行了补充和修改。此后，教育部门批准了修正过的目录。根据相关组织对初等职业学校培养技能型劳动工作者的需求，2006 年 10 月，州长法令也批准了劳动力市场需求职业的示范目录。

由于上述措施，近些年，初等职业学校毕业生的就业呈现出稳定的状态。2006 年，国家人口就业服务局登记未就业的居民数占职业学校（职业实科学校）毕业生的 2.6%（2004 年占 3.7%），按所学职业就业的占毕业生数的 62%（这一指标自 2003 年就很稳定），武装部队吸收了 17% 的毕业生（2004 年和 2005 年这些指标还要高出几个百分点），考入中等和高等职业学校的有 11%（和前两年一样多），还有 4% 是独立安置就业的（2004 年为 9%）。

中等职业学校就生产实践和毕业生安置问题与企业和州的专业培养机构签订协议。这样的协议数量由 2004 年的 208 份增加到 2005 年的 401 份，再增加到 2006 年的 472 份。多层次中等职业学校与社会合作伙伴的合作工作得以开展，如亚历山德罗夫工业—人文中等技术学校签订 134 份协议，戈罗霍韦茨国立工业—人文高等专科学校签订 241 份协议。

中等职业学校中未就业毕业生的比例也有所增加。根据就业服务部分的统计，2004—2005 年这一比例为 1.9%，2006 年为 2.0%。

尽管情况明显好转，但职业学校在开展社会性合作方面仍然还有困难，首先是初等职业学校，在这方面受一系列客观因素的制约。如，缺少对州劳动力市场所需技能型人才结构的分析评价、州对技能型工人干部和专业人才需求的中期预测，以及到 2010 年以前工人的预期数量。

虽然各个部门做了很多工作，但部门人才预订暂时还没变成有效的为经济领域培养必需的技能型人才的管理资源。这种局面的形成主要源于以下几种原因。

（1）实际缺少未来（3～5 年）人才培养预订，这样就会导致专家培养的结构和范围具有不确定性，没有为初等职业学校提供机会，以使其计划和确定地区劳动力市场所要求的人才培养数量和职业目录。

（2）许多企业，特别是中小型企业，既不参与那些部门预订的基础人才的培养，也不参与毕业生的职业定位，以及职业学校教学—物质基础的巩固和改善工作。初等职业学校自身很难独立保证学校的教学—物质基础，以培养州经济发展所需的职业和人才。

（3）人才政策协调委员会的创建引发根据部门预订培养人才方面的变化，部门预订与劳动力市场需求间的差距在全州范围内一如既往地存在。

（4）经过结构调整的职业学校在土地和不动产转让方面存在的问题非常复杂。人才预订者——雇主和地方自治管理机构参与度不够。

上述问题加剧了劳动力市场的紧张程度，使劳动力市场与职业教育服务市场之间的矛盾日益尖锐化。

三、弗拉基米尔州职业教育发展的基本结论

已取得的积极成果证明了州行政机构和教育部门所采取的措施的有效性，包括法律法规手段调整下属机构的有效性、教育内容的现实化、教学过程和方法、物质技术保证、学校师资的发展，并为中学生和大学生的教学创造条件。职业教育开始变得越来越灵活和开放，不论是依靠预算资金，还是依靠

预算外来源的拨款，提供教育服务的辐射范围都扩展了。

同时，州的职业教育体系，特别是初等职业教育仍然面临一系列问题。

（1）工人的社会地位比较低，危险艰苦的生产劳动条件、偏低的劳动工资、普通学校学生的职业定向，以及学生家长希望获得更高水平的教育要求，这些都影响着初等职业教育机构的招生基础，招生主要来源于被普通学校"淘汰"的学生，从而制约了高水平工人的培养，降低了质量，使学校教育整体工作复杂化。

（2）教育行业不太理想的工资水平、特殊的工作条件导致教育工作者的匮乏，首先是高水平生产课教师严重不足。

（3）企业和组织在发展职业学校教学物质基础上的投资缩减，学校与过去的企业主、企业关系破裂等问题正在加深。

（4）多数初等职业学校教学物质基础处于不足状态，这大大影响毕业生的培养质量。

完成职业学校活动基本任务必须解决以下任务：

（1）满足各类居民对优质职业教育服务的需求，扩展工人和专业人才培养的职业技能结构。

（2）以中等完全（普通）学校为基础落实教育大纲。

（3）完成部门人才培养预订，满足企业和组织对开展各种社会所需活动的工人和专业人员培养方面的需求。

（4）拓展青年在选择劳动活动方面的可能，以取得职业和个人的成功。

（5）继续发展职业学校道德培养体系，使学生具有道德和公民素养。

（6）为更大地提升学生的培养、再培训和进修的质量创造条件。

（7）为激活学校的创新和实验工作创造条件。

（8）巩固和发展职业学校师资队伍，为教师专业技能的发展创造条件。

（9）对青年和少年提供社会支持，包括向健康缺陷的学生，以及各种其他儿童——孤儿和没有父母照顾的儿童提供社会支持。

鉴于弗拉基米尔州职业教育体系作为州优先发展方向所面临的任务，在中期规划中作出以下规定：

（1）实现人才培养的职业技能结构最优化，教育大纲的多样化。

（2）在预测劳动力市场远景需求的基础上，向学校下达国家任务。

（3）继续重组职业学校网络，通过合并、合作和一体化，来落实不同层次、不同专业的职业教育大纲。

（4）发展连续的职业教育体系。

（5）使职业教育内容现实化。

（6）巩固和继续发展职业学校的师资队伍，发展信息和物质技术基础。

（7）发展地区职业教育体系的国家—社会管理形式。

（8）实现职业教育资源管理现代化。

（9）继续发展社会合作。

（10）完善职业学校活动的职业培养定位。

（11）关注弱势青年的职业培养。

俄罗斯沃罗涅日州职业教育调查分析

一、沃罗涅日州职业教育系统发展的基本指标

沃罗涅日州职业教育系统是由初等、中等和高等职业学校组成的教育网络。

最近几年，沃罗涅日州初等和中等职业教育机构的数量在减少，而高等职业学校的数量则在增加（参见图2-5-1）。

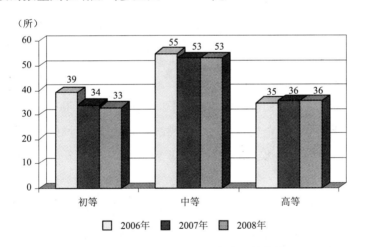

（所）

图2-5-1　各种水平职业教育机构数量

对于沃罗涅日州来说，同样具有这样典型的趋势，初等和中等职业学校的学生数量锐减，而高等职业学校的学生数量在递增（参见图2-5-2）。

2005—2006学年初，州内开办了54所中等职业学校，其中包括48所公立学校，3所州办学校，还有3所非公立学校，这些学校的在读学生有4.85万人。

如图2-5-1所示，2006—2008年，初等职业教育体系的学校数量由39所减少到33所（它们当中有6所是在沃罗涅日州，其余的分布在其他18个

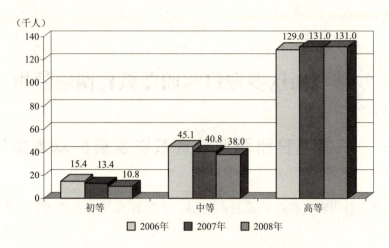

图 2 - 5 - 2　各种水平职业教育机构学生数量

地区）。这些学校中有 21 所职业技术学校和 9 所职业中学，总共有学生 18.08 万人。这些学生（从 2005 年起，所有的初等职业学校比 2004 年少了将近 50%）最初是由联邦财政预算拨款资助，后来则交由沃罗涅日州政府管辖。在这种情况下，没有一所学校停办，而是依靠同一专业的学校合并来缩小初等职业教育网络。初等职业学校的平均规模是 400 ~ 500 人。

初等职业学校的一个特点是辍学率高，有时甚至达到 10%。基本的辍学原因中占第一位的是许多人获得初等职业教育的动机降低，多数人希望接受高等教育。

正如普通学校学生社会调查结果显示，在采取以下措施的情况下，初等职业学校的入学状况有可能得到改善：解决初等职业学校毕业生的就业问题；给予毕业生适当的工资；提高学生的职业素质。

在初等职业教育机构中，在对以下信息进行分析的基础上可以确定年轻的工作者的职业素质结构：本州人口就业状况分析与预测性资料；企业的用人申请；州劳动管理部门每年的预测；学校就业指导工作的结果；年轻人的需求与能力。

初等职业学校对工人和专业人员进行培养、再培训，或者开设进修班是克服劳动力市场人才短缺的机制之一。许多工人和专业人员按照合同在初等职业学校进修和提高专业技能，资金来自于劳动就业服务部门，不足部分由法人和自然人补足。近 50% 的全日制学校毕业生按合同参加短期培训，但这并不能满足现代生产的需求，特别是那些初等职业学校全日制没有的职业种类需求。

教育领域的管理者为了减少供求的不平衡和提供合格的劳动力，从 2005 年起每年根据州政府在初等职业教育方面的预算和劳动管理部门提交的报告，确定初等职业教育学校的入学招生数。

初等职业技术学校人才培养分 64 个专业进行，其中在劳动力市场中需求较多的职业，也是职业学校进行培养的专业，包括通用车床车工、焊接工、电气装配工、钳工、装修工、木工和泥瓦工等。

从 2007—2008 学年度开始按照以下新职业种类进行培养：木材加工装备调整工、禽畜类加工者和社会工作者。

在 28 所初等职业学校中，实际上是专业培养与中等普通教育同步进行。

在初等职业学校和职业实科学校的毕业生中，有 66.5% 的毕业生按照专业对口分配到企业、建筑行业、机构团体和服务行业进行工作；略低于 18% 的毕业生被征入军队服务，有将近 12% 的人继续进入中等职业学校和高等职业学校学习，登记在册的没有工作的毕业生每年不到 2%。

在初等职业学校中建成了必需的物质设施基地。建立了 290 个开展职业技术类课程教学的研究室、88 个实验室、184 个教学工厂，配备了 285 个开展普通教育学科教学的办公室。

最近两年，为了落实联邦《统一教育信息环境发展计划》，正在实施一整套相应措施。州所有学校都拥有了计算机设备：在初等职业学校和职业实科学校安装了 883 台计算机，初等职业学校学生计算机平均占有率是 18.9 人一台计算机，高于全俄罗斯人的计算机平均水平。所有教学单位都利用电子邮件，95% 的教学单位可接入互联网。97.1% 的学校还可利用电信网络进行信息交流与共享。

25 所学校中所有宿舍共有 7 500 个床位，这些床位可以满足外地人和不富裕的学生的需求。26 个食堂共有 3 500 个座位，约 7 900 名学生在此用餐（其中有 1 400 人可以得到优惠）。

图书馆馆藏共计有 27.8 万册书，其中包括教学方面的著作。

初等职业教育体系中人才培养的质量表现出如下趋势：

（1）优秀毕业生和国家毕业鉴定等级高的毕业生数量增多。优秀毕业生从 2005 年的 4.2% 增加到 2007 年的 5.6%；国家毕业鉴定等级高的毕业生从 15.3% 增加到 16.8%；在毕业鉴定中得到 4 分和 5 分的毕业生达到 64.2%。

（2）根据所学专业对口工作的毕业生比例增加。2007 年总比例是 66.5%，不包括应征入伍的毕业生（18%）和继续进入高等职业学校和初等职业学校学习的毕业生（12%）。

（3）初等职业学校与高等职业学校和中等专业学校通过整合不断发展，这一过程给职业学校和职业实科学校毕业生提供了继续学习的机会，使在教学过程中运用现代化技术、图书馆的储藏资源和其他的信息手段成为可能。

（4）学校的吸引力有所提高，劳动力市场的需求量有所增加，按照与法人、自然人、就业公司签订的合同，收费性教育服务的增加证实了这一点。2005—2007 年，按照合同在初等职业学校培训的工人和专业人员的数量从 3 200 人增加到 4 100 人，增长了 28%。

二、职业教育系统的社会功能

与教育的功能一样，职业教育系统也具有必不可少的重要的社会功能。在初等职业技术学校中超过 80% 的学生是来自贫困家庭的儿童（参见表 2 - 5 - 1）。

表 2 - 5 - 1　初等职业学校中需要社会支持的学习者数量

年份 儿童类别	2004	2005	2006
贫困家庭儿童（%）	80	78	66.4
孤儿（名）	960	1 017	1 070
残疾儿童（名）	57	42	31
学习困难儿童（名）	184	192	212

2007 年，孤儿、留守儿童和身体健康有缺陷的儿童的总数达到 1 065 名，

在全体学生中这类儿童占 10.8%。

现在，职业教育为社会上不受保护的这类儿童（孤儿、心理和身体发育迟缓的儿童）创造了以下条件：第 12、30、34、38、40 专科学校定位于培养这类儿童，并保证他们经常性的检查；扩大上述学校的师资队伍，增加工作人员。由于积累了许多教育这样儿童的实践经验，能够在现有初等职业学校的基础上创办矫正型学校。

一些因素对初等职业学校的学生数量具有显著影响，比如学生宿舍和食物（全体学生的 88%）。为了考试或其他目的不在学校住宿而在外面租房子的学生比例在降低，从 2004 年的 27.7% 降到了 2006 年的 14.2%。

三、职业教育的师资力量

职业学校的教师技能相当高，具有高等技能的教师比例占 33%；受过高等教育的教师占 93.9%，受过高等和中等专业教育的占生产教学技师的 92.5%。

同时，沃罗涅日州的经验表明，初等职业学校的教学和行政干部在过去的条件下，学校计划招生招满的时候也能够应付工作。当今社会变化迅速，职业教育系统的外部环境要求职业学校具有高水平的工作人员，不仅是在专业教学领域，而且还有管理领域、学校活动规划方面。只有这样，才能够满足居民和地区经济部门的要求。

为了发展初等职业学校的师资，沃罗涅日州以州教师进修和教育工作人员再培训研究所为基础，创办教师进修培训体系。该体系旨在满足各类职业学校的现实需求：让教师和教育工作者利用现代教学方法和教学技术进行工作，发展新的教育形式，为教授他们掌握计算机工艺创造条件。每年大约有 20% 的职业学校教学人员在沃罗涅日州教师进修和教育工作人员再培训研究所参加提高技能的培训班。

生产教学技师在先进企业、机关以及组织中进行实习受到特别重视。在 2007 年，去企业实习的人数占总技师人数的 20.6%。

在职业学校师资配套方面，有很多问题悬而未决。教师人数的压缩首先与职业学校的优化和改组过程（合并、联合、改组、改变等级等）相关，甚至与学生总数的减少相关。另一个原因就是缺少推动因素和吸引专门人才的优惠条件，其中包括高等和中等职业教育相应专业的毕业生。

在初等职业教育系统中，沃罗涅日州有2 300个工作岗位。同时，初等职业学校中工作人员的数量实际上明显在减少。最近几年，从2004年的1 827人下降到2006年的1 771人（参见图2－5－3）。

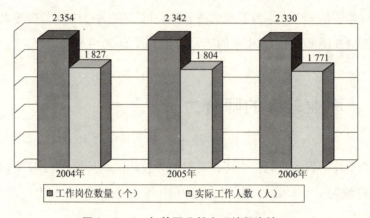

图2－5－3 初等职业教育系统师资情况

年轻人担任生产课教师是一个现实问题。2007年，年轻的生产课教师占63.1%，其中大约4%的人拥有比毕业生低的技术等级。由于收入低，一些人转向其他工作岗位。班级班额数量为12～15人，但是在生产培训的课堂上，技师们实际上不得不同时教授25～30人，或者组织二部制上课。这在某种程度上影响到学生的职业培训质量。

四、职业教育学校的投资

沃罗涅日州用于维持初等职业学校的费用每年不断增加。2007年投资达到3.84亿卢布，与2006年相比增长11%。相应地，生均支出每年都在增加，从2001年的8 436卢布增加到2007年的40 260卢布。

在这一层次的学校中，用于工资的支出份额从2004年的71%下降到

2007 年的 62.4%。在联邦和州预算投资结构中，2004 年州预算投入占支出总额的 85%；2007 年使用资金数量为 6 004 万卢布，其中用于购买设备 3 629.5 万卢布，大大超过计划预算投入。

除了国家投资，职业学校的经济活动得到发展，这些经济活动可以为其补充预算计划外的收入。2007 年，预算外资金收入占预算投资的 13%。

除此之外，在近几年，国民教育优先发展方案允许在竞争的基础上从预算财政中获得补充资金。在 2007 年，州里的三所开始实施创新教育纲要的学校成为了全俄罗斯学校竞选的优胜者。这些学校安装了价值 1.4 亿卢布的现代仪器设备。在 2008 年也有两所学校成为优胜者，这两所学校从联邦预算中获得 5 550 万卢布，配套的州预算的资金、雇主和学校自己创收资金达到 5 530 万卢布，换句话说，比例就是 50∶50。优胜学校获得的雇主投入的资金及联邦投入资金在 2008 年比上一年增加了 20%。

在沃罗涅日州进入初等职业教育系统的资金还有另外一种来源就是资助和借贷。来自国际银行的借贷资金用来购置设备和技术，数目超过 5 000 万卢布。依靠州纲要《沃罗涅日州 2006—2010 年教育发展》的资金，以及学校自有资金，2007 年大约有 300 万卢布用于装备 3 个资源中心。

在《发展统一教育信息环境》联邦纲要实施框架下，在近两年里，所有州里的学校确保拥有计算机设备。

罗索希市第 56 职业学校参加了《高等和职业教育领域内发展教育联系和首创精神》实验方案，这使学校购买设备金额达到 50 万卢布。

在职业学校以全日制形式学习的所有学生确保能够获得奖学金。根据州行政条例，从州预算中每年都要拨出奖学金给特殊才能的研究生、大学生和中小学生们。

来自联邦资金和州预算的投资积极推动了市预算中用于发展职业教育的资金增长，尽管市投资仍然极不平衡。

五、职业教育与劳动力市场的相互关系

关于居民就业调查研究资料表明，经济上活跃的居民总数在 2007 年占州居民总数的 49% 以上。其中，94.8% 在经济领域就业，5.2%（约 5.83 万人）没有就业，但是在积极地寻找就业机会（依照国际劳动组织的分析方法，他们被视为无工作者）。2008 年 3 月末，有 2.3 万人就寻找工作问题请求国家就业管理部门的帮助，他们几乎所有的人都是未就业的人口，其中 87.9% 为注册无业人员。与 2007 年同一阶段相比，未就业和无工作的人口减少了 13%~15.4%。

沃罗涅日州劳动力市场的特征是各种工业职业的技术人员和人才明显短缺，特别是机器制造、建筑、市政经济、服务等领域。这种情况部分是由于企业主所给的工资低。此外，州劳动力市场具有下列特征：1990 年初的经济危机引发的结构性失业引起大量职业衰退（无线电子综合业等）；大量经济活跃居民转而从事家庭副业（由于土壤肥沃），甚至从事小型生产；拥有高学历的人在失业人口中长期保持很高比例；在官方统计工资报酬和其他收入指标极低的情况下，居民隐性就业和隐性收入却广泛扩展；低工资、所有制的改变以及一系列企业生产现代化导致出现了高水平人才的严重短缺问题。

经济领域人才保障问题与工人培训结构的比例相关。高校中人文科学方面培养出的人才数量超过地区劳动力市场需求的 5 倍，而经济类超过 2 倍。类似的情况在中等专业学校也存在。

在中期规划中，预测州企业经济状况会稳定。但是，技术干部完全保障的企业不超过 40%，而在沃罗涅日州市是 26%。

同时，在需求数量和结构失衡状态下，其中一方面是职业学校人才培养数量和结构失衡，劳动力市场的技术人才亏缺（参见表 2－5－2）。这可以解释学校缺少对人才需求的认识，同时年轻人也没有意愿按照劳动力市场需要的某些专业学习，特别是技术专业。例如，一些固定的职业（点心师、汽车钳工），从初等职业技术学校毕业的学生数量超过劳动力市场需求的 3~5 倍。从另一方面讲，如果一系列职业（例如仪器—程序师、建筑工作人员等），按此专业培养的学生人数要比市场的需求少很多，换句话说，此类学校很多专业的毕业生不符合劳动力市场的需求，而很多劳动力市场需求的专业（铸造工、房盖工、锻造工、柏油工、职业钳工、施工、饲养员），主要是由于年轻人不愿意从事这些职业，导致培养工作难以进行。

表 2 - 5 - 2　从培养专业和学历水平上分析地区经济需求与毕业生

	高等职业教育			中等职业教育			初等职业教育		
	需求	毕业生	平衡表	需求	毕业生	平衡表	需求	毕业生	平衡表
人文科学	760	4 425	+3 665	414	847	+433			
教育	863	986	+123	835	973	+138			
卫生保健	751	1 123	+372	1 212	1 540	+328			
文化与艺术	206	182	-24	236	228	-8	36	13	-23
经济管理	1 029	2 380	+1 351	1 615	3 003	+1 388	766	192	-574
服务领域	86	0	-86	926	332	-594	881	760	-121
农村经济	154	1 435	+1 281	846	658	-188	604	636	+32
动力	228	260	+32	496	313	-183	591	101	-490
机器制造	711	832	+121	1 466	421	-1 045	1 905	744	-1 161
航空技术	172	144	-28	160	36	-124	350	70	-280
交通工具	328	390	+62	596	459	-137	1 744	987	-757
建筑	447	1 246	+799	1 076	617	-459	728	691	-37

　　发展与企业主的社会合作体系，是沃罗涅日州职业教育体系优先发展的方向之一。为了吸引社会合作者参与技术人才的培训活动，州行政部门通过了专门的条例《有关保障企业主参与州初等职业教育机构活动的规定》。在州里形成了与社会合作相互作用的下列机构：州长直接管辖的地区人才政策委员会；2010 年前教育现代化协调委员会；州主管农工综合体和农业教育工作跨部门人才政策委员会；补充教育委员会；工业和其他领域的人才委员会。

　　这些组织以及职业联合会、工会、学校、贸易—工业局、居民就业部、地区行政部门等都致力于劳动力的质量管理，通过以下形式的活动实施：

　　——参与制定能够促进改善技术力量质量、提高个别职业和职业活动等级的法律基地；

　　——考虑职业技能结构及其与教育服务市场之间的相互作用，参与制定劳动力市场需求预测报告；

　　——按照各类经济活动形式，研究制定针对各种职业的职业标准体系；

——考虑劳动力市场要求，促进职业教育质量的完善；

——完成职业领域的社会计划。

在沃罗涅日州州长直接管辖下的干部政策地区委员会是咨询机构。委员会的主要活动方向是：在强化劳动动机、利用最新的俄罗斯和国外教学计划、手段和学习工艺的基础上，通过培训和再培训系统的完善，提高人才培养工作效能；研究及推广组织劳动和生产的先进经验，促进管理工作人员的发展，其中包括为工作人员职业化的发展创造条件，使之尽量适应市场经济的要求。在许多方向中，制订改善人才培养保障计划，吸引州内的中等和高等职业学校的同时，扩大企业在各种形式的培训、再培训、提高干部技能组织中的机会。

为了进一步发展初等职业教育体系，加强企业主与学校之间的互利合作，完善法律活动，州行政部门 2008 年颁布命令《国立初等职业学校和各种私立企业为地区经济各部门培养技术人才共同活动的规定》（有关共同活动的示范性合约在 2007 年已经制定完毕，并递交给州政府机构和初等职业教育机构的领导们）。

为了初等职业学校稳定地开展工作并加强其物质基地的建设，职业学校和社会合作者——企业主就合作开展技术人员培训、再培训和进修签署合约。

为了给企业主提供机会，确定职业学校毕业生的培训水平是否达到国家标准的技术要求，从 2008 年起，教育主管部门发布《州初等职业学校关于毕业生毕业鉴定的有关条例》。在条例中，一些联合体、企业和组织及机构的专家（技术人才和专业人才的订购者）被指定为鉴定委员会的主席。2007年，115 名著名的企业专家参与了所有初等职业教育机构毕业生的毕业鉴定，并进行了就业指导工作。

目前，企业主和学校之间已经签署了 180 多个合约。

在许多企业中，为学生进行实践额外地创建了 621 个工作岗位，为他们设置了 120 种奖学金；为 700 多名学生办理了补助工资。

2007 年，在签署了经济合同之后，企业向初等职业学校派出了 1 174 名工人。同时，接受 3 700 名毕业生来企业工作。同时，大众传媒发布了 334 条初等职业学校招生信息。

巩固与管理部门、区地方自治机构、劳动就业管理部分、行业协调联合会（工业家和企业主委员会、农业联合会、建筑者联合会）以及工会之间的联系。

州教育主管部门对初等职业学校与企业主完成合同义务情况进行每个季度的追踪报道。通过对 2008 年第一个学期进行追踪报道表明，社会合作者划拨大约 200 万卢布用于巩固教育机构的物质建设，装备教室和教学实验室，并使之现代化。900 万卢布应用于购买设备，也就是说，和上年相比较，企业主的投资从 94 万增加到 1 180 万卢布，增加 25.6% 。

六、基本结论：地区职业教育体系现代化的未来

沃罗涅日州遵循《沃罗涅日州章程》，研究制定《沃罗涅日州 2006—2010 年教育发展一系列纲要》。

系列纲要的主要内容是：

——通过在教育领域创建必要的国家调节机制，更新教育结构和教育内容，强调教育计划的基础性和实践性，完善连续教育体系等手段，满足公民、社会和劳动力市场的需求，确保高质量教育的所需条件；

——确保经济和社会领域对具有必要技能的职业人才的现实和未来需求，为提高教育计划的基础性和完善连续教育体系创造条件。

为了达到这些目标须完成下列任务：

——巩固和更新国立初等职业教育机构的物质技术基础；

——根据地区劳动力市场的需求和州经济的未来发展设置初等职业教育体系的人才培养内容；

——在教育、科学、道德培养以及青年政策领域中，在引领创新、运用信息技术方面提供人才支持；

——在教育、科学、道德培养和青年政策领域，确保现有的资源支持，并形成新的地区信息资源。

为了实现已确定的目标，完成已确定的任务，建议首先要制定职业教育

网络的信息和机构改革的新机制。此机制满足地区经济的发展需要，为高技术生产优先培养技术人才。

重组初等职业教育体系的主要方向包括：

——在9个资源中心的基础上，根据经济主要部门设置，完成教育机构的重组，把普通教育职能转化到普通教育系统上来；

——在国家和个人合作的基础上，重组那些与企业主积极合作的教育机构向自治机构发展；

——为高技术生产创建再培训和人才进修中心（技术发展中心）；

——将初等职业学校作为内部网络纳入培训干部人才系统；

——创建独立的企业主认可的技能类别授予中心。

重组中等职业教育系统的主要方向：

——建构培训应用型硕士的教育机构网络；

——通过把中等职业教育机构合并到大学，改组30%的中等职业教育机构为专科学院；

——将部分与企业主积极合作学校在国家—个人进行合作的基础上改组为自主机构。

期待《沃罗涅日州2006—2010年教育发展—系列纲要》的实现将带来下列最终结果：

——扩大初等职业学校全日制毕业生工作分配的比例，达到89%，而中等职业学校达到70%；

——缩小失业人员在初等、中等和高等职业学校毕业生总数的比例，达到8%；

——增加拨款数额，巩固职业学校的物质基础。

与企业主联合研究制定新的教育标准，贯彻教育纲要的整体化，争取学生、社会支持，扩大企业主在教育所有过程的参与度——这一切都能够提高初等职业学校和中等职业学校的教学质量，确保完成州人才预订，为部门经济发展培训具有所要求的教育水平的专业人才。

附录

沃罗涅日州职业教育体系发展指标

每一万居民职业学校学生比例

（单位:%）

	2004 年	2005 年	2006 年
初等职业教育	80	72	67
中等职业教育	214	219	207

初等和中等职业教育体系中具有高等技能资格的教师的比例

（单位:%）

	2004 年	2005 年	2006 年
初等职业教育	33.0	33.4	33.2
中等职业教育	34.6	35.9	35.9

初等职业学校和中等职业学校创建监测服务的比例

（单位:%）

	2004 年	2005 年	2006 年	2007 年
初等职业教育	—	—	12.0	15.0
中等职业教育	8.0	13.0	22.0	28.0

毕业鉴定获得优秀毕业证书的毕业生比例

（单位:%）

	2004 年	2005 年	2006 年
初等职业教育	4.3	4.8	5.3
中等职业教育	13.2	13.6	15.1

初等职业学校获得职业教育等级提升的毕业生比例

（单位:%）

	2004 年	2005 年	2006 年	2007 年
初等职业教育	22.3	22.0	22.1	22.0

初等职业学校毕业生的就业水平：总的就业率

（单位:%）

	2004 年	2005 年	2006 年	2007 年
初等职业教育	91.5	92.6	94.7	92.8

初等和中等职业学校对口就业毕业生的比例（参军入伍的人不计算在内）

（单位:%）

	2004 年	2005 年	2006 年
初等职业教育	64.1	66.2	65.3
中等职业教育	61.0	60.1	59.3

就业部统计在册毕业生比例

（单位:%）

	2004 年	2005 年	2006 年
初等职业教育	1.8	1.5	1.3
中等职业教育	6.5	5.9	4.5

基础教育毕业后希望继续升学的毕业生情况

	2001 年		2002 年		2003 年		2004 年		2005 年	
	人数（人）	比例（%）	人数（人）	比例（%）	人数（人）	比例（%）	人数（人）	比例（%）	人数（人）	比例（%）
九年级毕业生总数	34 830		36 754		34 785		33 253		30 232	
继续教育										
十年	23 691	68.0	24 933	67.8	22 240	63.9	21 199	63.8	19 849	65.7
初等职业学校	5 293	15.2	5 146	14.0	5 600	16.1	4 926	14.8	3 128	10.3
中等职业教育机构	6 634	19.0	6 118	16.6	7 534	21.7	7 205	21.7	7 056	23.3

初等职业教育体系的毕业生情况

	2001 年	2002 年	2003 年	2004 年	2005 年
没有获得完全中等教育鉴定的初等职业学校毕业生比例（%）	16.8	14.0	12.8	12.2	8.3
初等职业学校毕业生升学比例（%）					
一中等专业学校	4.0	3.9	4.2	3.8	3.9
一大学	2.2	2.4	4.7	2.9	2.2
初等职业教育毕业生无业人员的份额	6.4	6.1	4.0	3.3	1.8

初等职业学校学生就业情况

	比例（%）
国立（市立）初等职业学校学生有一个工作岗位的比例	4
其中：成为生产培训技师的人数	15
中等职业学校学生有一个工作岗位的比例	3
其中：成为生产培训技师的人数	15

俄罗斯坦波夫州职业教育调查分析

一、坦波夫州社会经济状况

坦波夫州位于东欧平原的南部，属于俄罗斯中央联邦州。州的地理位置适宜开展经济活动。州位于中央黑土区的东北部，这里主要的铁路和公路纵横交错，与俄罗斯中部、伏尔加河流域以及南部、西部连成一体。

区域总面积3.45万平方千米，人口109.68万（2009年初）。人口密度32.4人/平方千米。

坦波夫州有7个城市和13个市镇。最大的城市坦波夫市人口有28.18万，米丘林斯克市人口有9.09万，其他城市人口少于5万人。

全州人口呈现下降趋势。2008年常住人口减少9 200人，2009年1月1日人口为109.68万人。

与此同时，州的个别人口指数有所好转，有望在不久的将来出现积极变化。其中，2008年的出生率从8.9%增长到9.3%，1岁以内儿童的死亡率减少了15.3%。

坦波夫州的移民政策也有助于人口状况的改善。由于实行协助旅居国外的同胞自愿迁居的地区计划，2008年呈现移民顺差。

坦波夫州具有良好的气候条件和丰富的自然资源，这在很大程度上决定着其经济体系的专门化。黑土壤和平原能够种植温带作物和从事畜牧业。粮食、甜菜、向日葵、水果和奶制品的生产占有重要地位。目前，已经勘探出700多处矿区、区段和各种矿藏的前景面积共计29亿立方米。开发具有联邦和地区意义的大型矿区是提高州工业整体竞争力的重要资源潜力。

坦波夫州是国家给予补贴的地区，但同时也是快速发展的区域。该地区具有科学、创新和教育潜力，农工综合体，发达的交通运输和建筑体系。便利的交通运输有利于获得必要的原料、燃料和设备以及运出生产的产品。

机械制造（化工设备生产、汽车和拖拉机配件和备件、纺织工业设备）、仪器制造（冰箱、锻压机）、化工、轻工业、食品工业（糖业、肉类、榨油、罐头食品）是主要的工业部门。坦波夫州的建筑体系正在蓬勃发展。

坦波夫州的工业生产占地区产品总额的 18% 左右。工业企业就业人数为 6.37 万人，约占州经济自立人口的 1/5。

州政府制定和实施 2010 年前社会经济发展纲要，其战略目标是促使地区向创新发展之路过渡。州首先定位于发展这样一些经济领域，如农业、服务业、公共饮食和贸易、金属加工、建筑等。

近些年，州经济稳定发展，呈现出地区工业综合体基础部门加强的积极态势。2008 年企业和组织的经营活动营业额达 1 934 亿卢布，增长 29.4%。主要营业额（44.2%）是批发和零售贸易（增速 140.8%）。加工制造比重占 22.5%；电力、天然气、水的生产和配置占 9.1%；交通和通信占 7.9%；农业占 6.0%；建筑占 5.9%。工业生产的总指数占 101.0%，农业产量指数达到 124.2%。

在大中型企业和组织固定资本投资结构中下列项目对州投资人来说最具吸引力：农业和林业（17.1%）、加工制造（17.2%）、交通和通信（21.6%）。在州大中型企业和组织固定资本投资特定结构中采购机器和设备的支出保持增长趋势。

2008 年所有来源的资金投入共计 415 亿卢布（比 2007 年增长 15.4%），同时，主要来源是引资，在大中型企业投资总额中占 70% 多。此外，26.3% 是银行贷款，而 24.3% 是预算资金。

外国投资最大额流入加工制造领域以发展其他非金属矿物产品的生产，流入农业领域以发展畜牧业和种植业。州主要的外国投资者是德国、丹麦和英国。2008 年，州经济领域吸引外资 3 600 万美元。

坦波夫州不断扩展对外贸易伙伴的范围。2008 年在互利互惠条件下与 49 个国家开展贸易活动，其中包括 12 个独联体国家和 37 个远邻国家。

机械制造、化工产品、食品及其生产原料的出口是保证州预算收入的主要部分。机械制造产品中最畅销的是专用汽车、食品工业和石油加工工业的设备、工艺和酒精设备、轴承、工业用橡胶制品、电子和电工设备。有机化学化合物、染料、颜料、油漆、涂料、聚合物、塑料及其制品在国外市场也很畅销。

由于加工型企业的产品不具竞争性以及地区失去传统产品销售市场，地区产品出口结构因而变得艰难。

食品在远邻国家进口的产品结构中占主要地位，其中主要是从阿根廷、巴西和古巴进口蔗糖（超过 60%）。其次是机械制造产品（更新已有的工艺设备和机器）和石油化工产品（为了自身生产的需要）。

二、坦波夫州职业教育改革

（一）职业教育体系发展的主要指标和优先方向

2008 年，坦波夫州职业教育体系包括 53 所学校，其中包括 15 个初等职业学校（学生人数为 3 374 人）、32 个中等职业学校（包括分校在内学生人数为 20 010 人）和 6 所大学。说明州初等和中等职业教育体系状况的主要指标参见表 2 – 6 – 1 和表 2 – 6 – 2。

表 2 – 6 – 1　坦波夫州初等职业教育体系发展的主要指标

	共计		其中：州属学校				联邦属学校			
			职业实科学校		职业学校		职业实科学校		职业学校	
	2007 年	2008 年	2007 年	2008 年	2007 年	2008 年	2007 年	2008 年	2007 年	2008 年
学校数（所）	16	10	2			3	4	3	2	2
学生数（人）	5 078	3 127	680	580	1 538	1 409	1 696	114	1 164	1 015
初等职业学校容纳人数（人）	9 080	11 084	1 180	1 180	3 483	3 380	3 065	4 300	1 350	1 380
宿舍数（间）	6	17			7	7	5	6		
宿舍容纳学生数（人）	1 090	1 409	65	30	280	276	402	529	343	574

表 2 - 6 - 2　坦波夫州中等职业教育体系发展的主要指标

	共计	其中：州属学校			联邦属学校		非国立学校	
		职业学院	中等技术学校	中等专业学校	职业学院	中等技术学校	职业学院	中等技术学校
学校数（所）	32	11	2	1	9	5	1	3
学生数（人）	20 010	6 509	827	260	7 679	3 144	313	1 278
中等职业学校容纳人数（人）	26 836	4 841	480	370	10 419	3 848	350	1 520
宿舍数（间）	27	8	1		12			
宿舍容纳学生数（人）	2 972	970	30		1 333	469		170

　　州职业教育的发展按照地区确定优先方向（2006 年州政府委员会决议赞成通过）的《2007—2010 年初等和中等职业教育体系发展战略》（以下简称《战略》）实行。

　　《战略》中作为发展该体系最重要的任务是：

　　——达到劳动市场与地区初等和中等职业教育体系之间的动态平衡；

　　——建立和实行有效的质量管理体制；

　　——保证提供教育服务的普及性和效率；

　　——形成人才潜力，能够保证初等和中等职业教育体系的质量、普及性及良好声望。

　　坦波夫州通过一系列文件确定了州职业教育的发展目标和任务，这些任务和目标在《战略》中已得到体现。这些文件包括：《2007—2010 年形成和发展坦波夫州人才潜力》专项纲要（2006 年 11 月 24 日 345 号文件）；《2009—2012 年形成和发展坦波夫州人才潜力》专项纲要（2009 年 4 月 28 日482 号文件）；《关于建立发展经济领域人才潜力和促进居民就业的州协调委员会》条例（2006 年 6 月 6 日 577 号文件）；《关于批准坦波夫州定向合同培养高等和中等职业教育专家》的州政府决议（2006 年 11 月 1 日 1229 号文件）；《关于在州初等、中等和高等职业教育机构培养工人和专家方面形成地区需求》的规定（2006 年 11 月 15 日 1281 号文件）；《关于在州国立初等和中等职业教育机构竞争分配培养工人和中级专家预算名额》的规定（2006年11月15日1282号文件）；《关于发展经济领域人才潜力的市委员会（地区委员会）》的规定（2006年8月29日州政府委员会15/1号决议赞成通过）；《关于建立职业教育和人才政策州部门委员会》的州政府决议（2007年3月6日228号文件）；《关于批准在俄联邦授权范围内实施检查坦波夫州区域内遵守居民就业法令的临时规定》的州政府决议（2008年4月7日424号文件）；《关于批准2008—2010年坦波夫州劳动力市场上的行动方案》的州政府决议（2008年7月18日875号文件）；《关于进行每周监测州劳动力市场》的州政府领导指示（2008年12月23日8号文件）。

（二）提高教学质量

质量管理的保证首先取决于评估教育质量与国家教育标准要求的一致性。

2008年，3 738名熟练技术工人和专业人员毕业于初等职业教育专业，其中16.3%的毕业生获得特殊工种毕业证书。2008年，初等和中等职业教育机构中获得两种以上职业资格证书的学生比例占61.2%。

为了将现代生产工艺引入教学过程，提高职业学校工作人员的技能，州建立了6个行业性工作中心，包括建筑、运输、木材加工、金属加工、贸易与公共饮食、轻工业等，并拨出300万卢布用于中心的装备。企业投入是工人和专业人员培养质量的必要保障。

根据俄罗斯工商企业者联盟确认的模式，2008年雇主制定了地区职业标准。在毕业生职业技能证书范围内考虑到地区商品生产者对初等职业学校/中等职业学校毕业生的质量要求，即评估培养质量与地区标准要求的一致性，州建立了5个基础领域职业技能鉴定中心。每个中心成立吸收雇主联合会代表（坦波夫州工商局，坦波夫州建筑者联盟地区部门雇主联合会）的鉴定专家组。

最近制定了初等职业教育/中等职业教育内容的发展符合地区要求和学校因素的基本原则。在《2007—2010年形成和发展坦波夫州人才潜力》专项纲要的框架下，拟每年进行根据地区特点制定的职业课程规划竞赛。

教育质量与毕业生就业直接相关。针对2007年毕业生的调查表明，一些学校的毕业生没有一个失业的。同时，州初等职业教育毕业生没有就业的比例平均为 1.6%，而中等职业教育毕业生为 4.3%。

（三）保证教育服务的普及性

达到该目标不仅是坦波夫州，而且也是联邦的首要任务之一。

根据俄罗斯的法律，初次获得职业教育的青年由州和联邦预算资金支付学习费用。接受基础教育、完全普通教育的同时获得职业教育的学生比例较高，占该体系全部学生的 71.8%；在中等（完全）普通教育基础上学习的人数占 9.4%，按规定获得职业教育条件的学生占 12.5%。200 人获得整合性职业，即占 6.3%。55% 的初等职业学校按 5 个以上专业进行培养，平均一所学校有两个专业。

因此，州辖地区实施初等职业教育大纲的学校网足以保证青年和成年人自由享受职业教育资源，并能够保证学生自由选择获得教育的途径。

地区职业定向体系保证对教育服务的普及性作出自己的贡献。州已经解决了保证向地区居民开放劳动市场提供所需职业信息和职业发展潜力信息的问题。为了研究地区劳动力市场状况，初等职业学校/中等职业学校建立了监测部门，而就业部门每周对州劳动力市场进行监测。

在保证教育服务普及性方面，对这些学校学生的社会支持，特别是对来自社会弱势群体的社会支持（70% 以上的学生来自低收入和单亲家庭，940 名孤儿和无父母照管的孩子，50 名残疾儿童）起到重要的作用。

针对孤儿以及身体和智力发展受到损害的孩子，州在职业学校基础上建立了社会劳动适应性和职业定向的初等职业教育教学生产中心。而在处于社会危险境地的孩子数量有所增加的情况下，在其中一所职业学校的基础上成立了对偏常行为孩子和青少年进行心理—医学—社会跟踪的教学生产中心。

2008 年，心理迟缓发展的孩子获得职业教育的可能性得到扩展。在第 6 职业学校开设了分支机构——初等职业教育中心，以帮助孤儿、无父母照管的孩子、心理迟缓发展的孩子获得社会劳动适应性并选择职业定向。2009 年，州通过了第 25 职业学校建立健康受限孩子职业培养和社会适应中心的方

中俄典型地区职业教育调查与比较分析

案。在该方案的框架下，以专门（矫正）寄宿学校为基础开设了两个班。

保证教育服务普及性和效率的重要方面是优化教育机构网，发展它们与普通教育学校和学生寄宿教育机构的相互关系，以保证职前培养和职业培养。坦波夫州教育与科学管理部门制订了2007—2010年初等职业教育/中等职业教育体系重组计划，形成了该体系机构与学生寄宿教育机构相互影响的方向：共同利用社会的、经济的、生产的基础设施；提供服务和生产产品；制定远景规划和合作方案；组织和实施共同的措施。2008年，该网络已经包括152个相互作用的州主体。

该计划实施的前两年已经能够达到初等职业学校/中等职业学校的量变和质变。横向一体化有助于消除人才培养方面的重复和保证合理使用资源，而纵向一体化有助于发展学生的机动性，给他们提供建构自己的教育轨迹的可能。

将初等职业学校转变成中等职业学校，这在发展初等职业学校的过程中占有重要地位。这项工作从2007年起在州进行，目的是根据行业原则建立大型多级职业学院，既实施初等职业教育计划，也实施中等职业教育计划。在这种导向框架下，2007年成立5所职业学院，2008年成立1所技术学校。

（四）巩固师资力量

以2008年为准，坦波夫州初等职业教育系统共有700名教育工作人员，其中只有55.2%的人受过高等教育。生产教师情况更为复杂，他们共计334人，其中只有31.7%的人受过高等教育（参见表2-6-3）。

表2-6-3　坦波夫州初等职业学校师资（2008年3月1日）

指　标	教育工作者总数	学　校					
		州属学校		联邦所属学校		联邦监狱所属初等职业学校	分校
		职业实科学校	职业学校	职业实科学校	职业学校		
教育工作者总数（人）	700	68	211	223	133	33	32
其中：							
教育工作者数（人）	642	67	171	213	130	39	22

续表

指　　标	教育工作者总数	学　校					
		州属学校		联邦所属学校		联邦监狱所属初等职业学校	分校
		职业实科学校	职业学校	职业实科学校	职业学校		
其中：受过高等教育的人数（人）	387	35	103	134	90	14	11
生产教学技师数（人）	334	44	85	102	60	30	13
其中：受过高等教育的人数（人）	106	12	24	33	23	11	3

坦波夫州中等职业学校的师资状况明显好些，教育工作者总数是 2 037 人，其中在编教师 1 451 人，84.4% 的人受过高等教育（参见表 2 - 6 - 4）。

表 2 - 6 - 4　坦波夫州中等职业学校师资（2008 年 3 月 1 日）

指标	共计	其中：								
		州属学校			联邦所属学校		非国立学校		分校	
		职业学院	中等技术学校	中等专业学校	职业学院	中等技术学校	职业学院	中等技术学校	联邦分校	州分校
教育工作者总数（人）	2 037	938	26	78	603	211	37	91	5	48
教育工作者（人）	1 451	647	19	17	482	184	18	60	3	21
其中：受过高等教育的人数（人）	1 224	464	19	17	450	178	17	60	—	19
生产教学技师（人）	324	221	1	—	81	17	—	1	3	—
其中：受过高等教育的人数（人）	104	78	—	—	23	2	—	1		

加强州初等职业学校/中等职业学校师资的关键方向是：建立培养、培训、教育工作者和管理者地区进修体系；为教师和生产教学技师进修开设现代生产基地；提高教育过程的资源保障；派近 20% 的生产教学技师去经济部门进修。

（五）发展职业教育的国家社会管理及社会合作

坦波夫州在职业教育领域正在形成国家社会管理及社会合作体制。首先涉及的是关于职业学校、地方自治政府、地区教育管理机关、就业部门、雇主联合会、工会等代表参与学校的监督委员会、管理委员会和其他委员会的问题。

目前，在州的所有职业学校都设有监督委员会。这些委员会是由对培养相应人才最感兴趣的组织和企业领导人组成的。

监督委员会每年募集 100 多万卢布。资金主要用于：巩固物质技术基础；经营需要；车间、教学办公室设备；给予学生物质帮助；用于文化教育性活动的奖品和贵重礼物。

州在职业学校与雇主形成社会伙伴关系体制方面也做了大量工作，建立了发展实体经济领域人才潜力和促进居民就业方面的协调委员会，以及直属于市政府和区政府的委员会。

初等职业学校/中等职业学校直接与企业签署关于社会合作的协议，目前共签署了 200 个左右[1]的协议。这些职业学校与州国家就业部门建立起紧密合作的关系。职业教育体系所有的学校每年参与失业者和闲置居民培训计划的竞争。实施这些计划能够获得补充财政资金，用于中等专业学校、职业学院、中等技术学校的发展。

（六）保证劳动力市场与职业教育体系之间的平衡

近些年，坦波夫州的劳动力市场出现积极趋势：失业人数减少，岗位空额数有所增加。

2009 年 1 月 1 日，国家就业服务部门登记 8 400 人，其中大部分是正式失业者。平均一个工作空岗有 1.3 人来竞聘。2008 年，州各经济部门的雇主

---

① 对合作感兴趣的企业中最大的企业是米丘林斯克市的机车库公司等，它们与第 20 职业技术学校签署协议，不仅保证带薪实习，而且安排毕业生就业。

共向就业部门提供了 34 000 多个岗位空额。但是，已经开始的金融和经济危机导致劳动力需求下降。2009 年第一季度，州就业中心登记 8 483 人需要找工作，是 2008 年同期的 131%。然而，州劳动力市场却存在着熟练技术工人满足不了许多职业需求的现象，特别是建筑、工程和医学行业。同时，还存在对无技能低收入劳动的需求，特别是在州农工综合体。农业企业对本专业专家和熟练技术工人的年均需求量平均是 1 070 人。

2008 年，各级职业学校（全日制）的毕业生数是 14 128 人，其中高等职业教育机构的毕业生有 4 779 人，初等职业教育机构的毕业生 5 504 人，中等职业教育机构的毕业生 3 845 人。

失业人口总数中职业学校毕业生的比重较低。2008 年末，各级毕业生总数中在就业部门注册的占 1.1%。同时应该指出，不是所有获得工作派遣证的毕业生都去指定的工作单位。自主就业的毕业生比例增加了，高等学校毕业生自主就业增长 3.9%，初等职业教育机构增长 6.8%，中等职业教育机构增长 5.6%。

坦波夫州制定了 2008—2010 年劳动力市场行动构想及实现构想的措施方案。在调节劳动力市场的重要措施中可以归纳为以下几个方面：

——促进发展小企业和失业公民自主就业（750 人将获得数额为 2 250 万卢布的财政资助用于个体经营）；

——计划在大批员工面临解雇威胁的情况下超前培训 1 578 名企业工人，为此开支 780 万卢布；

——组织临时就业、失业和未就业人员以及面临被解雇的人员的进修培训。雇主负责创立 5 250 个工作岗位并划拨 8 610 万卢布作为财政援助。

达到劳动力市场与地区初等职业教育和中等职业教育体系的动态平衡是州优先关注的领域之一。为了保证这种动态平衡，一方面要保证最大限度地满足地区经济对熟练技术干部的需求，另一方面要帮助年轻人获得所需的职业，从而保证提高他们在劳动力市场的竞争力，使他们有社会保障。

研究雇主的需求，每周进行劳动力市场监测有助于更准确地确定企业对劳动力需求的预测。因此，从 2006 年开始，地区向职业教育体系提出的工人和专家培养预订是在中期预测的基础上形成的。近三年内发生了重大变化：

与雇主一起建立通过学校竞争来分配熟练技术工人和专业人员预订指标的机制，从而使劳动力市场供求关系平衡指数达到60%，为年轻专业人员更有效地就业创造了条件。

可是，还有很多遗留问题，如为12个经济部门培养具有初等职业教育水平的工人的问题，2009年就有19个部门有这样的人才需求（参见图2-6-1）。

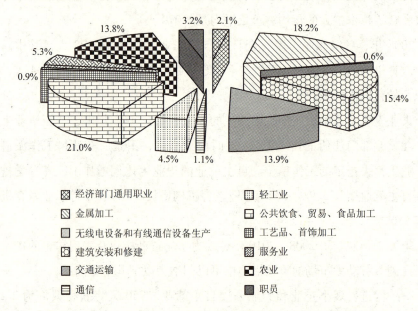

图2-6-1 2008年坦波夫州初等职业学校学生按经济部门的分布

2009年，企业对劳动力需求量最大的经济部门是：金属加工（25%）、农业（17%）、建筑、安装和修建工作（17%）。

有些部门年年都有人才需求，可是人才培养至今没有得到实现，其中包括合成树脂、塑料的生产及其加工，建筑材料的生产。地区还出现了一些成立新部门的企业，他们也开始出现对劳动力的需求，2009年有钟表和工艺石的生产、钟表修理及橡胶料的生产和加工。

至于个别职业，大体上初等职业学校是按47个专业对工作人员进行培养的，而2009年地区对72个专业存在需求。与此同时，州企业对这些学校11个专业的培养没有需求。

2008年对劳动力市场的分析和建立地区对人才培养的预订能够使一些工种符合人才培养规模和雇主的要求，如焊工、机床工、装修工、建筑工、农业生产拖拉机驾驶员等。

中等职业教育按 81 个专业为 19 个经济部门培养人才（参见表 2 - 6 - 5）。

表 2 - 6 - 5　中等职业学校学生按合并专业组的分布情况

序号	合并专业组（代码）	2007 年		2008 年	
		学生数（人）	学生比例（%）	学生数（人）	学生比例（%）
1	人文和社会科学（030000）	964	5.1	788	4.8
2	教育与教育学（050000）	613	3.3	544	3.3
3	保健（060000）	1 189	6.3	997	6.1
4	文化与艺术（070000）	420	2.2	366	2.2
5	经济与管理（080000）	3 209	17.1	2 941	17.8
6	服务业（100000）	120	0.6	225	1.4
7	农业和渔业（110000）	2 287	12.2	1 631	9.9
8	动力学、动力机械制造和电工学（140000）	360	1.9	306	1.9
9	冶金学、机械制造和材料加工（150000）	1 135	6.1	648	3.9
10	航空和宇宙火箭技术（160000）	591	3.2	778	4.7
11	交通工具（190000）	2 607	13.9	2 605	15.8
12	仪表制造和光学（200000）	259	1.4	169	1.0
13	电子技术、无线电技术和通信（210000）	627	3.3	545	3.3
14	自动化与控制（220000）	162	0.9	136	0.8
15	信息学和计算技术（230000）	1 218	6.5	1 157	7.0
16	化学与生物工艺学（240000）	204	1.1	111	0.7
17	森林资源再生产和加工（250000）	10	0.1	—	—
18	食品和消费品工艺学（260000）	1 745	9.3	1 651	10.0
19	建筑学与建筑（270000）	996	5.3	880	5.3
20	生命活动安全和环境保护（280000）	32	0.2	13	0.1
合计		18 748		16 491	

根据中等职业教育大纲对学生结构的分析表明，培养方向目录几乎是稳定的。下列方向的学生人数最多：经济与管理占 17.8%，交通工具占 15.8%，食品和消费品工艺学占 10.0%，农业和渔业占 9.9%。

根据地区经济发展需求决定工人和专业人员培养的数量和职业对合同制人才培养的机制有利，州从 2006 年起开始运行该体制。为此，州在所有区域设立了解决人才问题的市级委员会，制定了所有相关方网络式交互作用的模式。

结果是州教育与科学管理部门、坦波夫州工商局和州工业家与企业者联合会的共同合作制定了人才培养方案，并确定了企业与职业学校相互配合的总的方法。

三、结论：职业教育的首要目标及达到目标的机制

坦波夫州初等职业教育/中等职业教育体系近些年的主要目标和任务是：

——学校人才培养的职业技能结构完全符合地区经济的需求；

——通过对教育体系进行结构性改革，建立符合现代生产需求的连续教育体系；

——创造必要条件，保证使教育质量符合雇主要求；

——发展个人—国家合作机制；

——按区域部门原则进一步重组教育机构，创建新的学校模式（多层次专业学院）；

——建立地区质量管理体系。

为了完成这些任务，州同时规定：

——进行地区劳动力市场监测，定期研究雇主对职业教育不同层次人才的现实需求并预测其长远需求；

——在职业标准和第三代教育标准的基础上扩展教学内容；

——发展地区毕业生技能鉴定体系；

——按区域部门原则创办多级职业学院；

——发展现行的资源中心并创办新的资源中心；

——就初等和中等职业教育领域的活动和监督问题制定法规；

——在个人—国家合作关系基础上扩展学校与雇主的相互关系。

第三部分：附录

问卷编号：□□□□□□□

"中俄典型地区职业教育调查与比较研究"项目调研问卷
工具1：教育行政部门问卷

_____先生/女士：

您好！这是一项有关职业教育发展现状的问卷调查，通过调查可以帮助我们了解区域中等和高等职业教育的实际情况，并为进一步推进职业教育改革提供政策依据。因此，您的参与对我们的调研非常重要。我们郑重承诺：我们会对您的回答严格保密。本问卷调查仅限于课题研究，调查结果只作整体统计分析用，问卷不用署名，结果无对错之分。而您提供的信息对本研究结果的准确性具有重要价值，希望您能把实际的情况和真实的想法填写在问卷上。

在开始填写问卷前，请您仔细阅读以下填写说明：

1. 答案无对错之分，请根据您的实际情况或看法，在您认为适当的选项序号前的方框中画"√"，或在表格项目栏中如实简要回答。

2. 在填写过程中，若有问题请向调研人员提问。

3. 如果有些题目未能列出您的情况或想法，请在该题中"其他"栏前的方框中画"√"。

4. 尽可能不要漏填，否则将影响整个统计工作。

谢谢您的合作与支持！

中央教育科学研究所

"中俄典型地区职业教育调查与比较研究"项目组

2007年9月

_____省_____市

1. 2004—2007 年当地社会经济发展基本情况（单位：亿元）

年份	本市或本县生产总值（GDP）	其　中		
		第一产业（农业）	第二产业（工业和制造业）	第三产业（服务业）
2004				
2005				
2006				
2007				

2. 2004—2007 年当地人口及收入基本情况（单位：元）

年份	人口数	人均年收入	职工月均收入	公务员月均收入	教师月均收入
2004					
2005					
2006					
2007					

3. 2004—2007 年该地区中等职业学校类型与数量（单位：所）

年份	各类中等职业学校总数	其　中			
		中等专业学校	职业高中	技工学校	成人中专
2004					
2005					
2006					
2007					

4. 2004—2007 年该地区高等职业学校类型与数量（单位：所）

年份	各类高等职业学校总数	其中			
		普通专科	独立设置的高等职业技术学院	普通高等学校中的二级学院或独立学院	成人高等学校中高职类院校
2004					
2005					
2006					
2007					

5. 2004—2007 年该地区每万人中接受职业教育的人数（单位：人）

年份	每万人接受中等职业教育的人数	每万人接受高等职业教育的人数
2004		
2005		
2006		
2007		

6. 2004—2007 年该地区接受职业教育学生数与普通学校学生数比较（单位：万人）

年份	接受中等职业教育的学生数	接受普通高中教育的学生数	接受高等职业教育的学生数	接受普通高校教育的学生数
2004				
2005				
2006				
2007				

7. 2004—2007 年中等职业学校发展规模（单位：人）

| 年份 | | 在校生人数 | 其中 | | | | 招生人数 | 毕业生人数 |
			残疾学生数	%	贫困学生数	%		
2004	总数							
	其中：中等专业学校							
	职业高中							
	技工学校							
	成人中专							
2005	总数							
	其中：中等专业学校							
	职业高中							
	技工学校							
	成人中专							
2006	总数							
	其中：中等专业学校							
	职业高中							
	技工学校							
	成人中专							
2007	总数							
	其中：中等专业学校							
	职业高中							
	技工学校							
	成人中专							

8. 2004—2007 年高等职业学校发展规模（单位：人）

年份		在校生人数	其 中				招生人数	毕业生人数
			残疾学生数	%	贫困学生数	%		
2004	总数							
	其中：普通专科							
	独立设置的高等职业技术学院							
	普通高等学校中的二级学院或独立学院							
	成人高等学校中高职类院校							
2005	总数							
	其中：普通专科							
	独立设置的高等职业技术学院							
	普通高等学校中的二级学院或独立学院							
	成人高等学校中高职类院校							
2006	总数							
	其中：普通专科							
	独立设置的高等职业技术学院							
	普通高等学校中的二级学院或独立学院							
	成人高等学校中高职类院校							

续表

年份		在校生人数	其中				招生人数	毕业生人数
			残疾学生数	%	贫困学生数	%		
2007	总数							
	其中：普通专科							
	独立设置的高等职业技术学院							
	普通高等学校中的二级学院或独立学院							
	成人高等学校中高职类院校							

9. 2004—2007 年承担各类职业培训情况（非学历教育）（单位：万人）

9.1 依据主办单位划分

年份	各类职业培训总人次	其中			
		教育部门主办	企业主办	劳动部门主办	社会力量主办
2004					
2005					
2006					
2007					

9.2 依据培训内容划分

年份	各类职业培训总人次	其中				
		职业资格培训	农村劳动力转移培训	在职培训	再就业培训	短期培训
2004						
2005						
2006						
2007						

10. 2004—2007 年中等职业学校毕业生去向（单位：人）

年份		毕业生总数	直接就业人数	%	升入高一级学校人数	%	未就业人数	%
2004	总数							
	其中：中等专业学校							
	职业高中							
	技工学校							
	成人中专							
2005	总数							
	其中：中等专业学校							
	职业高中							
	技工学校							
	成人中专							
2006	总数							
	其中：中等专业学校							
	职业高中							
	技工学校							
	成人中专							
2007	总数							
	其中：中等专业学校							
	职业高中							
	技工学校							
	成人中专							

11. 2004—2007 年高等职业学校毕业生去向（单位：人）

年份		毕业生总数	直接就业人数	%	升入高一级学校人数	%	未就业人数	%
2004	总数							
	其中：普通专科							
	独立设置高等职业技术学院							
	普通高等学校中的二级学院或独立学院							
	成人高等学校中高职类院校							
2005	总数							
	其中：普通专科							
	独立设置高等职业技术学院							
	普通高等学校中的二级学院或独立学院							
	成人高等学校中高职类院校							
2006	总数							
	其中：普通专科							
	独立设置高等职业技术学院							
	普通高等学校中的二级学院或独立学院							
	成人高等学校中高职类院校							

续表

年份		毕业生总数	直接就业人数	%	升入高一级学校人数	%	未就业人数	%
2007	总数							
	其中：普通专科							
	独立设置高等职业技术学院							
	普通高等学校中的二级学院或独立学院							
	成人高等学校中高职类院校							

12. 2004—2007 年中等职业学校师资总体情况（单位：人）

年份	教职工编制总数	教职工实际总数	兼职教师数	专任教师数	专任教师与学生师生比
2004					
2005					
2006					
2007					

13. 2004—2007 年中等职业学校专任教师师资结构（表格内填人数，单位：人）

13.1 年龄与性别构成

年份	年 龄 构 成					性别构成	
	30 岁及以下	31~40 岁	41~50 岁	51~60 岁	60 岁以上	男教师人数	女教师人数
2004							
2005							
2006							
2007							

13.2　职称构成

年份	初级	中级	副高级	正高级	无职称
2004					
2005					
2006					
2007					

13.3　学历构成

年份	高中及以下	专科	本科	硕士	博士
2004					
2005					
2006					
2007					

14. 2004—2007年高等职业学校师资总体情况（单位：人）

年份	教职工编制总数	教职工实际总数	兼职教师数	专任教师数	专任教师与学生比
2004					
2005					
2006					
2007					

15. 2004—2007 年高等职业学校专任教师师资结构（表格内填人数，单位：人）

15.1 年龄与性别构成

年份	年 龄 构 成					性别构成	
	30 岁及以下	31～40 岁	41～50 岁	51～60 岁	60 岁以上	男教师人数	女教师人数
2004							
2005							
2006							
2007							

15.2 职称构成

年份	初级	中级	副高级	正高级	无职称
2004					
2005					
2006					
2007					

15.3 学历构成

年份	高中及以下	专科	本科	硕士	博士
2004					
2005					
2006					
2007					

16. 中等职业学校基础设施建设情况

	2004 年	2005 年	2006 年	2007 年
占地总面积	平方米 生均	平方米 生均	平方米 生均	平方米 生均
建筑面积	平方米 生均	平方米 生均	平方米 生均	平方米 生均
实验室	平方米 生均	平方米 生均	平方米 生均	平方米 生均
校内实习场地	平方米 生均	平方米 生均	平方米 生均	平方米 生均
校外实习场地	平方米 生均	平方米 生均	平方米 生均	平方米 生均
电脑室	平方米 生均	平方米 生均	平方米 生均	平方米 生均
教学用计算机	台 生均	台 生均	台 生均	台 生均
多媒体教室	平方米 生均	平方米 生均	平方米 生均	平方米 生均
建校园网学校数				
图书馆（室）	平方米 生均	平方米 生均	平方米 生均	平方米 生均
藏书总量	册 生均	册 生均	册 生均	册 生均
体育场馆面积	平方米 生均	平方米 生均	平方米 生均	平方米 生均

17. 高等职业学校基础设施建设情况

	2004 年	2005 年	2006 年	2007 年
占地总面积	平方米 生均	平方米 生均	平方米 生均	平方米 生均
建筑面积	平方米 生均	平方米 生均	平方米 生均	平方米 生均
实验室	平方米 生均	平方米 生均	平方米 生均	平方米 生均
校内实习场地	平方米 生均	平方米 生均	平方米 生均	平方米 生均
校外实习场地	平方米 生均	平方米 生均	平方米 生均	平方米 生均
电脑室	平方米 生均	平方米 生均	平方米 生均	平方米 生均
教学用计算机	台 生均	台 生均	台 生均	台 生均
多媒体教室	平方米 生均	平方米 生均	平方米 生均	平方米 生均
建校园网学校数				
图书馆（室）	平方米 生均	平方米 生均	平方米 生均	平方米 生均
藏书总量	册 生均	册 生均	册 生均	册 生均
体育场馆面积	平方米 生均	平方米 生均	平方米 生均	平方米 生均

18. 2004—2007 年中等职业学校经费情况（单位：万元）

18.1　收入情况

<table>
<tr><td colspan="2"></td><td>2004 年</td><td>2005 年</td><td>2006 年</td><td>2007 年</td></tr>
<tr><td colspan="2">经费总额</td><td></td><td></td><td></td><td></td></tr>
<tr><td colspan="2">财政性教育经费</td><td></td><td></td><td></td><td></td></tr>
<tr><td colspan="2">企业赞助、合作</td><td></td><td></td><td></td><td></td></tr>
<tr><td colspan="2">社会团体、个人捐助</td><td></td><td></td><td></td><td></td></tr>
<tr><td colspan="2">学生交费</td><td></td><td></td><td></td><td></td></tr>
<tr><td colspan="2">校办产业</td><td></td><td></td><td></td><td></td></tr>
<tr><td colspan="2">其他（具体说明）</td><td></td><td></td><td></td><td></td></tr>
<tr><td rowspan="5">拨款部门</td><td>财政部门专项</td><td></td><td></td><td></td><td></td></tr>
<tr><td>教育部门</td><td></td><td></td><td></td><td></td></tr>
<tr><td>劳动部门</td><td></td><td></td><td></td><td></td></tr>
<tr><td>农业（扶贫）部门</td><td></td><td></td><td></td><td></td></tr>
<tr><td>其他部门</td><td></td><td></td><td></td><td></td></tr>
</table>

18.2　支出情况

<table>
<tr><td colspan="2"></td><td>2004 年</td><td>2005 年</td><td>2006 年</td><td>2007 年</td></tr>
<tr><td colspan="2">事业性经费支出</td><td></td><td></td><td></td><td></td></tr>
<tr><td rowspan="2">其中</td><td>个人部分支出</td><td></td><td></td><td></td><td></td></tr>
<tr><td>公用部分支出</td><td></td><td></td><td></td><td></td></tr>
<tr><td colspan="2">基建部分支出</td><td></td><td></td><td></td><td></td></tr>
</table>

19. 2004—2007 年高等职业学校经费情况（单位：万元）

19.1　收入情况

<table>
<tr><td></td><td>2004 年</td><td>2005 年</td><td>2006 年</td><td>2007 年</td></tr>
<tr><td>经费总额</td><td></td><td></td><td></td><td></td></tr>
<tr><td>财政性教育经费</td><td></td><td></td><td></td><td></td></tr>
</table>

续表

	2004 年	2005 年	2006 年	2007 年
企业赞助、合作				
社会团体、个人捐助				
学生交费				
校办产业				
其他（具体说明）				
拨款部门 财政部门专项				
教育部门				
劳动部门				
农业（扶贫）部门				
其他部门				

19.2 支出情况

	2004 年	2005 年	2006 年	2007 年
事业性经费支出				
其中 个人部分支出				
公用部分支出				
基建部分支出				

20. 2004—2007 年中等职业学校专业设置

	2004 年	2005 年	2006 年	2007 年
中等职业学校设置专业数				
该地区优先发展的专业				
该地区占主导地位的专业				
实施"订单培养"的专业				
根据市场需求灵活设置的专业				
近三年新增的专业				

21. 2004—2007 年高等职业学校专业设置

	2004 年	2005 年	2006 年	2007 年
高等职业学校设置专业数				
该地区优先发展的专业				
该地区占主导地位的专业				
实施"订单培养"的专业				
根据市场需求灵活设置的专业				
近三年新增的专业				

22. 2004—2007 年该地区中等职业学校与企业的合作情况

	2004 年	2005 年	2006 年	2007 年
与企业合作的中等职业学校数				
中等职业学校在具体哪些方面与企业有合作？（可多选）	□ ① 专业设置　　□ ② 招生　　□ ③ 就业 □ ④ 实习　　　　□ ⑤ 学校管理 □ ⑥ 其他（请注明）＿＿＿＿＿＿			
本地区中等职业学校和企业的合作形式都有哪些？（请列举）				

23. 2004—2007 年该地区高等职业学校与企业的合作情况

	2004 年	2005 年	2006 年	2007 年
与企业合作的高等职业学校数				
本地区高等职业学校在具体哪些方面与企业有合作？（可多选）	□ ① 专业设置　　□ ② 招生　　□ ③ 就业 □ ④ 实习　　　　□ ⑤ 学校管理 □ ⑥ 其他（请注明）＿＿＿＿＿＿			
高等职业学校和企业的合作形式都有哪些？（请列举）				

问卷编号：☐☐☐☐☐☐☐

"中俄典型地区职业教育调查与比较研究"项目调研问卷
工具2：学校问卷

_____先生/女士：

您好！这是一项有关职业教育发展现状的问卷调查，通过调查可以帮助我们了解区域中等和高等职业教育的实际情况，并为进一步推进职业教育改革提供政策依据。因此，您的参与对我们的调研非常重要。我们郑重承诺：我们会对您的回答严格保密。本问卷调查仅限于课题研究，调查结果只作整体统计分析用，问卷不用署名，结果无对错之分。而您提供的信息对本研究结果的准确性具有重要价值，希望您能把实际的情况和真实的想法填写在问卷上。

在开始填写问卷前，请您仔细阅读以下填写说明：

1. 答案无对错之分，请根据您的实际情况或看法，在您认为适当的选项序号前的方框中画"√"，或在表格项目栏中如实简要回答。

2. 在填写过程中，若有问题请向调研人员提问。

3. 如果有些题目未能列出您的情况或想法，请在该题中"其他"栏前的方框中画"√"。

4. 尽可能不要漏填，否则将影响整个统计工作。

谢谢您的合作与支持！

中央教育科学研究所
"中俄典型地区职业教育调查与比较研究"项目组
2007 年 9 月

中俄典型地区职业教育调查与比较分析

学校基本情况

1	学校名称	
2	学校地址	省　　　市
3	学校成立时间	年
4	学校级别	□ ① 国家级重点　□ ② 省部级重点　□ ③ 地市级重点 □ ④ 一般　　　　□ ⑤ 其他（具体说明）_____
5	学校层次类型	□ ① 中专学校　□ ② 职业高中　□ ③ 技工学校 □ ④ 成人中专　□ ⑤ 独立设置的高职高专院校 □ ⑥ 普通高校举办的高职院校　□ ⑦ 成人高等学校（高职） □ ⑧ 民办高职院校　□ ⑨ 其他（具体说明）_____
6	学校性质	□ ① 公办　□ ② 民办　□ ③ 行业、企业办 □ ④ 其他（具体说明）_____
7	学校上级主管部门	□ ① 教育部门　□ ② 劳动部门　□ ③ 农业部门 □ ④ 其他部门　□ ⑤ 行业、企业 □ ⑥ 其他（具体说明）_____
8	学制设置	□ ① 二年制　　□ ② 三年制　□ ③ 四年制 □ ④ 3＋2 学制　□ ⑤ 其他（请注明）_____

9. 2004—2007 年学校发展规模

年份	在校生人数	其　中				招生人数	毕业生人数
		残疾学生数	%	贫困学生数	%		
2004							
2005							
2006							
2007							

10. 2004—2007 年学校招生规模

年份	招生人数	其中		城市生源	农村生源
		计划招生	自主招生		
2004					
2005					
2006					
2007					

11. 2004—2007 年承担各类职业培训情况

年份	各类职业培训总人次	其中：职业资格培训	农村劳动力转移培训	在职培训	再就业培训	短期培训
2004						
2005						
2006						
2007						

12. 2004—2007 年中等职业学校毕业生情况（高职院校不填）

年份	毕业生总数	直接就业人数	%	升入高一级学校人数	%	未就业人数	%
2004							
2005							
2006							
2007							

2007 年学校主要专业毕业生情况

专业名称	毕业生人数	直接就业率（%）	对口就业率（%）	升学率（%）	未就业人数（%）
农林					
资源环境					
能源					

续表

专业名称	毕业生人数	直接就业率 （%）	对口就业率 （%）	升学率 （%）	未就业人数 （%）
土木水利					
加工制造					
交通运输					
信息技术					
医药卫生					
商贸旅游					
财经					
文化艺术体育					
社会公共事务					
其他					

13. 2004—2007 年高等职业学校毕业生情况（中等职业学校不填）

年份	毕业生总数	直接就业人数	%	升入高一级学校人数	%	未就业人数	%
2004							
2005							
2006							
2007							

2007 年学校主要专业毕业生情况

专业名称	毕业生人数	直接就业率 （%）	对口就业率 （%）	升学率 （%）	未就业人数 （%）

注：左侧第一栏专业名称，请根据该校所开设专业填写。

14. 2004—2007 年毕业生取证情况

年份	毕（结）业生人数	获学历证书人数	%	获技能证书人数	%	获双证书人数	%
2004							
2005							
2006							
2007							

15. 2004—2007 年学校师资队伍情况

年份	教职工编制总数	教职工实际在编总数	其　中		
			教师数	行政管理人员数	工勤人员数
2004					
2005					
2006					
2007					

16. 2004—2007 年学校专兼职教师队伍情况

年份	教职工实际在编总数	专任教师数	专任教师比例	学生数与专任教师数之比
2004				
2005				
2006				
2007				

年份	任课教师总数	其　中		
		专职教师（校内在编教师）	兼职教师	专职与兼职教师比
2004				
2005				
2006				
2007				

17. 分课程教师占专任教师的比例

年份	专业课教师		文化基础课教师		实习指导课教师		"双师型"教师	
	人数	比例	人数	比例	人数	比例	人数	比例
2004								
2005								
2006								
2007								

注："双师型"教师指以下三类教师：① 具有教师职务且具有非教师系列中级以上专业技术资格的教师；② 具有教师职务且具有高级工职业资格（或高级技术等级）及以上证书的教师；③ 具有教师职务且有在企业等工作两年或两年以上实践经验的教师。

18. 学校师资队伍结构

18.1 学校专任教师情况（单位：人）

年龄结构	30 岁及以下	31 ~ 40 岁	41 ~ 50 岁	51 ~ 60 岁	60 岁以上
学历结构	高中及以下	专科	本科	硕士	博士
职称结构	初级	中极	副高级	正高级	无职称

18.2 学校管理人员情况（单位：人）

年龄结构	30 岁及以下	31 ~ 40 岁	41 ~ 50 岁	51 ~ 60 岁	60 岁以上
学历结构	高中及以下	大专	本科	硕士	博士
职称结构	初级	中极	副高级	正高级	无职称

18.3 学校师资结构（单位：人）

	初级	中极	副高级	正高级	无职称
专业课教师					
实习指导教师					
外聘兼职教师					
专业技能等级	初级工	中级工	高级工	技师	高级技师

18.4 专兼职教师来源

	本校毕业留校		普通学校转行		企业转来		普通高校毕业生		职业技术师范学院毕业		各类能工巧匠	
	人数	比例	人数	比例	人数	比例	人数	比例	人数	比例	人数	比例
专职教师												
兼职教师												

19. 学校基础建设情况

占地总面积		平方米	建筑面积		平方米
行政办公室	间	平方米	教师办公室	间	平方米
教室	平方米	生均	实验室	平方米	生均
校内实习场地	平方米	生均	校外实习场地	平方米	生均
电脑室	平方米	生均	教学用计算机	台	生均
多媒体教室	平方米	生均	是否建校园网	是	否
图书馆（室）	平方米	生均	藏书总量	册	生均
体育场馆面积	平方米	生均	学生宿舍	是	否

20. 学校经费（单位：万元）

项目 ＼ 年份	2004	2005	2006	2007
经费总额				
财政性教育经费				
企业合作				
社会团体、个人捐助				
学生交费				
校办产业				
其他（具体说明）				
拨款部门 · 财政部门专项				
拨款部门 · 教育部门				
拨款部门 · 劳动部门				
拨款部门 · 农业（扶贫）部门				
拨款部门 · 其他部门				

21. 经费支出（单位：万元）

项目 ＼ 年份	2004	2005	2006	2007
经费支出总额				
其中 · 教职工工资、补贴等				
其中 · 教师进修培训				
其中 · 设备购置、修缮				
其中 · 基建				
其中 · 日常行政性开支				
其他（具体说明）				

22. 教职工工资情况

项目＼年份	2004	2005	2006	2007
行政管理人员月平均收入（元）				
专职教师月平均收入（元）				
兼职教师每课时平均工资（元）				

23. 学校专业设置情况

项目＼年份	2004	2005	2006	2007
开设专业总数				
学校主要优势特色专业				
近三年新增的专业				
实施"订单培养"的专业				
根据市场需求灵活设置的专业				

24. 学校教师培训情况

学校是否建立了师资培训制度	□ ① 有		□ ② 没有	
年　份	2004	2005	2006	2007
全员教师参加继续教育和专业培训人次				
骨干教师参加继续教育与专业培训人次				
全校教师全年参加培训学习人次				
其中　国家级培训学习人次				
其中　省级培训学习人次				
其中　地市培训学习人次				
其中　其他培训学习人次				
到企业、生产岗位参加实践培训人次				

25. 学校制订职业教育人才培养计划的主要依据是什么？

（限选 3 项，请在适当选项序号前的方框中画"√"，并根据其重要程度将所选问题的序号填在右下角的三个□内，最重要的填在左边第一个□，然后依次向右填写）

□① 根据学校的条件、师资力量

□② 按照教育部门下达的任务指标

□③ 根据劳动力市场信息

□④ 按照当地人才规划制定培养方案

□⑤ 学校与企业合作制定的培养方案

□⑥ 其他（请注明）_____

□ □ □

26. 学校如何了解社会用工需求？

（限选 3 项，请在适当选项序号前的方框中画"√"，并根据其重要程度将所选问题的序号填在右下角的三个□内，最重要的填在左边第一个□，然后依次向右填写）

□① 政府信息　　　　□② 通过中介机构　　　　□③ 与企业联系

□④ 毕业生跟踪调查　□⑤ 来自媒体广告　　　　□⑥ 来自劳动力市场

□ □ □

27. 学校采取哪些措施帮助学生就业？

（限选 3 项，请在适当选项序号前的方框中画"√"，并根据其重要程度将所选问题的序号填在右下角的三个□内，最重要的填在左边第一个□，然后依次向右填写）

□① 企业订单　　　　　　　□② 学校向用工单位推荐

□③ 通过中介机构推荐　　　□④ 通过网络媒体推荐

□⑤ 学生自谋职业　　　　　□⑥ 用人单位招工

□⑦ 其他（具体说明）_____

□ □ □

28. 学校是否有技能人才校企合作培养制度？

□① 有　　□② 无

29. 学校是否与行业、企业及相关专家组成学校咨询委员会？

□ ① 有　　□ ② 无

30. 学生家长是否参与学校的民主管理与监督？

□ ① 有　　□ ② 无

31. 学校与企业合作办学类型（可多选）？

□ ① 校企合一型　　　　　□ ② 企业主办型

□ ③ 校企契约型　　　　　□ ④ 职业教育集团型

□ ⑤ 学校自办产业型　　　□ ⑥ 半工半读（工学交替）型

□ ⑦ 其他（请注明）_____

32. 学校与企业合作方式（可多选）？

□ ① 企业为学生提供实习机会　□ ② 企业为教师提供实践机会

□ ③ 企业参与学校人才培养方案的设计与实施

□ ④ 企业委托学校进行职工培训　□ ⑤ 企业为学校提供实训设备

□ ⑥ 与企业联合实施订单培养　□ ⑦ 企业为学校提供兼职教师

□ ⑧ 企业向学校提供教育培训经费□ ⑨ 暂时没建立合作关系

33. 是否与国外建立合作办学形式？

□ ① 有　　□ ② 无

与国外合作办学的专业名称：_____

34. 影响校企合作的主要因素？

（限选 3 项，请在适当选项序号前的方框中画"√"，并根据其影响程度将所选问题的序号填在右下角的三个□内，影响最大的填在左边第一个□，然后依次向右填写）

□ ① 缺乏相应的政策引导　□ ② 企业缺少积极性

□ ③ 缺乏有效的合作机制　□ ④ 传统办学观念制约学校的主动性

□ ⑤ 缺少校企双方交流的平台 □ ⑥ 其他_____

□ □ □

问卷编号：□□□□□□□□

"中俄典型地区职业教育调查与比较研究"项目调研问卷
工具 3：校长教师问卷

_____先生/女士：

您好！这是一项有关职业教育发展现状的问卷调查，通过调查可以帮助我们了解区域中等和高等职业教育的实际情况，并为进一步推进职业教育改革提供政策依据。因此，您的参与对我们的调研非常重要。我们郑重承诺：我们会对您的回答严格保密。本问卷调查仅限于课题研究，调查结果只作整体统计分析用，问卷可以不署名，结果无对错之分。而您提供的信息对本研究结果的准确性具有重要价值，希望您能把实际的情况和真实的想法填写在问卷上。

在开始填写问卷前，请您仔细阅读以下填写说明：

1. 答案无对错之分，请根据您的实际情况或看法，在您认为适当的选项序号前的方框中画"√"，或在_____上简要回答。

2. 请根据您的实际情况回答，并独立完成本问卷，在填写过程中，若有问题请向调研人员提问。

3. 如果有些题目未能列出您的情况或想法，请在该题中"其他"栏前的方框中画"√"。

4. 尽可能不要漏填，否则将影响整个统计工作。

谢谢您的合作与支持！

中央教育科学研究所
"中俄典型地区职业教育调查与比较研究"项目组
2007 年 7 月

个人基本信息

1. 您的性别？

□ ① 男　　□ ② 女

2. 您的年龄？

□ ① 20 岁以下　　□ ② 21~30 岁　　□ ③ 31~40 岁

□ ④ 41~50 岁　　□ ⑤ 51~60 岁　　□ ⑥ 60 岁以上

3. 您的文化程度？

□ ① 初中及以下　　□ ② 高中（含中专、中技、职高）　　□ ③ 大专

□ ④ 大学本科　　□ ⑤ 硕士　　　　　　　　　　　　　　□ ⑥ 博士

4. 您的职称？

□ ① 初级职称　　□ ② 中级职称　　□ ③ 高级职称　　□ ④ 无职称

5. 您的工作单位（机构名称）？

_____省_____市_____

6. 从事职业教育工作年限？

□ ① 1~5 年　　□ ② 5~10 年　　□ ③ 11~15 年

□ ④ 16~20 年　　□ ⑤ 21~25 年　　□ ⑥ 26~30 年

□ ⑦ 30 年以上

7. 您目前从事职业的类别？

□ ① 教育行政管理　　　　□ ② 教育科研或教学研究

□ ③ 中等职业学校校长　　□ ④ 中等职业学校教师

□ ⑤ 高职院（校）长　　　□ ⑥ 高等职业技术学院教师

8. 您在职业学校主要承担哪类工作？

□ ① 管理工作　　□ ② 教学工作　　□ ③ 实习指导或实践教学

□ ④ 管理兼教学　　□ ⑤ 科研工作　　□ ⑥ 其他_____

9. 影响您选择从事职业教育工作的主要因素是什么？

□ ① 毕业分配　　□ ② 组织安排　　□ ③ 应聘/竞争上岗

□ ④ 个人志趣　　□ ⑤ 转行/调动　　□ ⑥ 其他_____

10. 您的月工资收入？

□ ① 1 000 元及以下　　□ ② 1 001~1 500 元　　□ ③ 1 501~2 000 元

□④ 2 001~2 500 元　□⑤ 2 501~3 000 元　□⑥ 3 001~3 500 元

□⑦ 3 501~4 000 元　□⑧ 4 000 元以上

11. 您认为，职业教育的最重要的使命是什么？

（限选 3 项，请在适当选项序号前的方框中画"√"，并根据其重要程度将所选问题的序号填在右下角的三个□内，最重要的填在左边第一个□，然后依次向右填写）

□① 为企业培养技能型人才

□② 为地方经济服务，提供新生劳动力

□③ 面向学生，提高就业和创业能力

□④ 难以回答

□⑤ 其他_____

□ □ □

12. 您认为，影响职业教育发展的根本因素是什么？

（限选 3 项，请在适当选项序号前的方框中画"√"，并根据其影响程度将所选问题的序号填在右下角的三个□内，影响最大的填在左边第一个□，然后依次向右填写）

□① 相关政策　　　□② 学校管理　　　□③ 教学质量、课程设置

□④ 师资水平　　　□⑤ 经费投入　　　□⑥ 企业及社会支持

□⑦ 劳动人事制度　□⑧ 社会环境及其价值观

□⑨ 其他_____

□ □ □

13. 您认为，职业教育对促进当地经济和社会发展起的作用如何？

□① 发挥重要作用　　□② 发挥一般作用　□③ 实际没起任何作用

□④ 有很多负面作用　□⑤ 难以回答　　　□⑥ 其他_____

14. 您认为，当地中等职业学校毕业生能否很快胜任岗位工作的需要？

□① 一毕业就能顶岗　　　　□② 需要经过一段时间的岗前培训才能上岗

□③ 跟普通高中的毕业生没什么区别　　　□④ 比普通高中的毕业生差

□⑤ 其他（请填写）_____

15. 您认为，当地高等职业院校毕业生能否很快胜任岗位工作的需要？

□ ① 一毕业就能顶岗　　　□ ② 需要经过一段时间的岗前培训才能上岗
□ ③ 跟普通大学的毕业生没什么区别　　　□ ④ 比普通大学的毕业生差
□ ⑤ 其他（请填写）_____

16. 您认为，学校的课程设置能否适应当地经济发展的需要？
□ ① 不适应　　　□ ② 基本适应　　　□ ③ 适应　　　□ ④ 很难回答

17. 您对目前使用的教材是否满意？
□ ① 不满意　　　□ ② 基本满意　　　□ ③ 满意　　　□ ④ 很难回答

18. 您认为学生就业岗位与所学专业关联度如何？
□ ① 完全没有　　　□ ② 很少　　　□ ③ 有一点　　　□ ④ 密切联系
□ ⑤ 很难回答

19. 您认为学校与企业的联系与合作能否适应人才的培养需要？
□ ① 不适应　　　□ ② 基本适应　　　□ ③ 适应　　　□ ④ 很难回答

20. 2006—2007 年度，您是否参加过有关职业教育相关的培训？
□ ① 没有参加过　　　□ ② 参加过 1 次　　　□ ③ 参加过 2 次
□ ④ 参加过 3 次及以上　　　□ ⑤ 其他

21. 近三年您参加教师继续教育的次数？
□ ① 没有参加过　　　□ ② 1～3 次　　　□ ③ 4～6 次　　　□ ④ 7～9 次
□ ⑤ 10 次及以上　　　□ ⑥ 其他

22. 您乐意选择的继续教育培训方式？
□ ① 脱产进修　　　□ ② 学术会议　　　□ ③ 学术讲座
□ ④ 参观考察　　　□ ⑤ 培训班　　　□ ⑥ 远程教育
□ ⑦ 自学　　　□ ⑧ 其他

23. 您认为，职业教育发展的最重要的方面是什么？（请在合适的选项前画 "√"）
① 保证职业教育的质量
□ 完全不同意　□ 不同意　□ 难以回答　□ 同意　□ 完全同意
② 保证职业教育的普及性
□ 完全不同意　□ 不同意　□ 难以回答　□ 同意　□ 完全同意
③ 人才培养结构适应当地经济发展的需求

□ 完全不同意　　□ 不同意　　□ 难以回答　　□ 同意　　□ 完全同意

④ 人才培养规格适应用人单位的需要

□ 完全不同意　　□ 不同意　　□ 难以回答　　□ 同意　　□ 完全同意

⑤ 提高就业能力和就业率

□ 完全不同意　　□ 不同意　　□ 难以回答　　□ 同意　　□ 完全同意

24. 您对中等职业学校毕业生综合素质的满意程度？（请在合适的选项前画"√"）

① 职业道德和工作态度

□ 非常不满意　　□ 不满意　　□ 一般　　□ 满意　　□ 非常满意

② 相关专业知识

□ 非常不满意　　□ 不满意　　□ 一般　　□ 满意　　□ 非常满意

③ 岗位技能

□ 非常不满意　　□ 不满意　　□ 一般　　□ 满意　　□ 非常满意

④ 团队合作精神

□ 非常不满意　　□ 不满意　　□ 一般　　□ 满意　　□ 非常满意

⑤ 学习能力

□ 非常不满意　　□ 不满意　　□ 一般　　□ 满意　　□ 非常满意

25. 您对高等职业学院毕业生综合素质的满意程度？（请在合适的选项前画"√"）

① 职业道德和工作态度

□ 非常不满意　　□ 不满意　　□ 一般　　□ 满意　　□ 非常满意

② 相关专业知识

□ 非常不满意　　□ 不满意　　□ 一般　　□ 满意　　□ 非常满意

③ 岗位技能

□ 非常不满意　　□ 不满意　　□ 一般　　□ 满意　　□ 非常满意

④ 团队合作精神

□ 非常不满意　　□ 不满意　　□ 一般　　□ 满意　　□ 非常满意

⑤ 学习能力

□ 非常不满意　　□ 不满意　　□ 一般　　□ 满意　　□ 非常满意

26. 在您看来，中等职业学校毕业生的主要不足是什么？（请在合适的选项前画"√"）

① 职业道德和工作态度

☐ 完全不认可　　☐ 基本不认可　　☐ 介于认可和不认可之间

☐ 基本认可　　☐ 完全认可

② 相关专业知识

☐ 完全不认可　　☐ 基本不认可　　☐ 介于认可和不认可之间

☐ 基本认可　　☐ 完全认可

③ 岗位技能、职业技能

☐ 完全不认可　　☐ 基本不认可　　☐ 介于认可和不认可之间

☐ 基本认可　　☐ 完全认可

④ 团队合作精神

☐ 完全不认可　　☐ 基本不认可　　☐ 介于认可和不认可之间

☐ 基本认可　　☐ 完全认可

⑤ 综合素养

☐ 完全不认可　　☐ 基本不认可　　☐ 介于认可和不认可之间

☐ 基本认可　　☐ 完全认可

27. 在您看来，高等职业学院毕业生的主要不足是什么？（请在合适的选项前画"√"）

① 职业道德和工作态度

☐ 完全不认可　　☐ 基本不认可　　☐ 介于认可和不认可之间

☐ 基本认可　　☐ 完全认可

② 相关专业知识

☐ 完全不认可　　☐ 基本不认可　　☐ 介于认可和不认可之间

☐ 基本认可　　☐ 完全认可

③ 岗位技能、职业技能

☐ 完全不认可　　☐ 基本不认可　　☐ 介于认可和不认可之间

☐ 基本认可　　☐ 完全认可

④ 团队合作精神

□ 完全不认可　　　□ 基本不认可　　　□ 介于认可和不认可之间

□ 基本认可　　　　□ 完全认可

⑤ 综合素养

□ 完全不认可　　　□ 基本不认可　　　□ 介于认可和不认可之间

□ 基本认可　　　　□ 完全认可

28. 您对中等职业教育变化的认可度排序？（请在合适的选项前画"√"）

① 中等职业教育体系进一步完善

□ 完全不认可　　　□ 基本不认可　　　□ 介于认可和不认可之间

□ 基本认可　　　　□ 完全认可

② 中等职业学校毕业生的培养水平提高

□ 完全不认可　　　□ 基本不认可　　　□ 介于认可和不认可之间

□ 基本认可　　　　□ 完全认可

③ 中等职业教育的区域普及性提高

□ 完全不认可　　　□ 基本不认可　　　□ 介于认可和不认可之间

□ 基本认可　　　　□ 完全认可

④ 中等职业教育提供的教育服务扩展

□ 完全不认可　　　□ 基本不认可　　　□ 介于认可和不认可之间

□ 基本认可　　　　□ 完全认可

⑤ 中等职业教育资源的利用更加合理

□ 完全不认可　　　□ 基本不认可　　　□ 介于认可和不认可之间

□ 基本认可　　　　□ 完全认可

⑥ 中等职业教育教师和技师质量提高

□ 完全不认可　　　□ 基本不认可　　　□ 介于认可和不认可之间

□ 基本认可　　　　□ 完全认可

⑦ 中等职业学校更加积极地研究和考虑用人单位的需求

□ 完全不认可　　　□ 基本不认可　　　□ 介于认可和不认可之间

□ 基本认可　　　　□ 完全认可

⑧ 用人单位积极地帮助更新中等职业学校的物质基础

□ 完全不认可　　　□ 基本不认可　　　□ 介于认可和不认可之间

□ 基本认可　　　□ 完全认可

⑨ 用人单位更加积极地参与中等职业教育的教育过程

□ 完全不认可　　　□ 基本不认可　　　□ 介于认可和不认可之间

□ 基本认可　　　□ 完全认可

⑩ 其他（详细说明）_____

□ 完全不认可　　　□ 基本不认可　　　□ 介于认可和不认可之间

□ 基本认可　　　□ 完全认可

29. 您对高等职业教育变化的认可度排序？（请在合适的选项前画"√"）

① 高等职业教育体系进一步完善

□ 完全不认可　　　□ 基本不认可　　　□ 介于认可和不认可之间

□ 基本认可　　　□ 完全认可

② 高等职业学校毕业生的培养水平提高

□ 完全不认可　　　□ 基本不认可　　　□ 介于认可和不认可之间

□ 基本认可　　　□ 完全认可

③ 高等职业教育的区域普及性提高

□ 完全不认可　　　□ 基本不认可　　　□ 介于认可和不认可之间

□ 基本认可　　　□ 完全认可

④ 高等职业教育提供的教育服务扩展

□ 完全不认可　　　□ 基本不认可　　　□ 介于认可和不认可之间

□ 基本认可　　　□ 完全认可

⑤ 高等职业教育资源的利用更加合理

□ 完全不认可　　　□ 基本不认可　　　□ 介于认可和不认可之间

□ 基本认可　　　□ 完全认可

⑥ 高等职业教育教师和技师质量提高

□ 完全不认可　　　□ 基本不认可　　　□ 介于认可和不认可之间

□ 基本认可　　　□ 完全认可

⑦ 高等职业学校更加积极地研究和考虑用人单位的需求

□ 完全不认可　　　□ 基本不认可　　　□ 介于认可和不认可之间

□ 基本认可　　　□ 完全认可

⑧ 用人单位积极地帮助更新高等职业学校的物质基础

□ 完全不认可　　□ 基本不认可　　□ 介于认可和不认可之间

□ 基本认可　　□ 完全认可

⑨ 用人单位更加积极地参与高等职业教育的教育过程

□ 完全不认可　　□ 基本不认可　　□ 介于认可和不认可之间

□ 基本认可　　□ 完全认可

⑩ 其他（详细说明）_____

□ 完全不认可　　□ 基本不认可　　□ 介于认可和不认可之间

□ 基本认可　　□ 完全认可

30. 您认为当地职业教育发展存在的主要问题是什么？

31. 您对进一步发展职业教育有何具体的意见和建议？

"中俄典型地区职业教育调查与比较研究"项目调研问卷
工具4：企业人员、家长问卷

1. 您的性别？

□ ① 男　　□ ② 女

2. 您的年龄？

□ ① 20 岁以下　　□ ② 21～30 岁　　□ ③ 31～40 岁

□ ④ 41～50 岁　　□ ⑤ 51～60 岁　　□ ⑥ 60 岁以上

3. 您的文化程度？

□ ① 初中及以下　　□ ② 高中（含中专、中技、职高）　　□ ③ 大专

□ ④ 大学本科　　□ ⑤ 硕士　　　　　　　　　　　□ ⑥ 博士

4. 您的职业？

□ ① 公务员　　□ ② 企业人员　　□ ③ 教育工作者

□ ④ 自由职业者　　□ ⑤ 农民　　□ ⑥ 医生、律师

□ ⑦ 其他（请填写）_____

5. 您的工作年限？

□ ① 1～5 年　　□ ② 6～10 年　　□ ③ 11～15 年

□ ④ 16～20 年　　□ ⑤ 21～25 年　　□ ⑥ 26～30 年

□ ⑦ 30 年以上

6. 您的月工资收入？

□ ① 1 000 元及以下　　□ ② 1 001～1 500 元　　□ ③ 1 501～2 000 元

□ ④ 2 001～2 500 元　　□ ⑤ 2 501～3 000 元　　□ ⑥ 3 001～3 500 元

□ ⑦ 3 501～4 000 元　　□ ⑧ 4 000 元以上

7. 您认为职业教育的最重要使命是什么？

（限选 3 项，请在适当选项序号前的方框中画"√"，并根据其重要程度
将所选问题的序号填在右下角的三个□内，最重要的填在左边第一个□，然
后依次向右填写）

□ ① 为企业培养技能型人才

□ ② 为地方经济服务，提供新生劳动力

□ ③ 面向学生，提高就业和创业能力

□ ④ 难以回答

□ ⑤ 其他_____

　　　　　　　　　　　　　　　　　　　　　□ □ □

8. 您认为职业教育对促进当地经济和社会发展起的作用如何？

□ ① 发挥重要作用　　　　□ ② 发挥一般作用

□ ③ 实际没起任何作用　　□ ④ 有很多负面作用

□ ⑤ 难以回答　　　　　　□ ⑥ 其他（请回答）_____

9. 您认为影响职业教育发展的根本因素是什么？

（限选 3 项，请在适当选项序号前的方框中画"√"，并根据其影响程度将所选问题的序号填在右下角的三个□内，影响最大的填在左边第一个□，然后依次向右填写）

□ ① 相关政策　　□ ② 学校管理　　□ ③ 教学质量、课程设置

□ ④ 师资水平　　□ ⑤ 经费投•入　　□ ⑥ 企业及社会支持

□ ⑦ 劳动人事制度　□ ⑧ 社会环境及其价值观

□ ⑨ 其他_____

　　　　　　　　　　　　　　　　　　　　　□ □ □

10. 您认为当地中等职业学校毕业生是否能很快适应岗位要求？

□ ① 一毕业就能顶岗　　□ ② 需要经过一段时间的岗前培训才能上岗

□ ③ 跟普通高中的毕业生没什么区别　　□ ④ 比普通高中的毕业生差

□ ⑤ 其他（请填写）_____

11. 您认为当地高等职业学校毕业生是否能很快适应岗位要求？

□ ① 一毕业就能顶岗　　□ ② 需要经过一段时间的岗前培训才能上岗

□ ③ 跟普通大学的毕业生没什么区别　　□ ④ 比普通大学的毕业生差

□ ⑤ 其他（请填写）_____

12. 您是否参加过职业学校教育或职业培训？

□ ① 参加过　　□ ② 没参加过

13. 您是否愿意送您的子女上职业学校读书？（包括过去、现在和将来）

□ ① 愿意　　□ ② 不愿意

14. 如果愿意，可能的原因是什么？

□ ① 孩子自己愿意　　　　　□ ② 孩子没考上普通高中（或大学）

□ ③ 职业学校毕业生更好找工作 □ ④ 为了能学一技之长

□ ⑤ 其他（请填写）＿＿＿＿＿

15. 如果不愿意，可能的原因是什么？

□ ① 觉得没面子

□ ② 职业学校管理太差

□ ③ 宁愿孩子补习也不愿意上职业学校

□ ④ 职业学校毕业生找工作没竞争力

□ ⑤ 职业学校生源不好

□ ⑥ 其他（请填写）＿＿＿＿＿

16. 您认为目前中等职业学校最需要培养毕业生的主要是什么？（限选3项）

□ ① 职业道德和工作态度　　□ ② 相关专业知识

□ ③ 岗位技能、职业技能　　□ ④ 团队合作精神

□ ⑤ 综合素养　　　　　　　□ ⑥ 其他（请填写）＿＿＿＿＿

17. 您认为目前高等职业学校最需要培养毕业生的主要是什么？（限选3项）

□ ① 职业道德和工作态度　　□ ② 相关专业知识

□ ③ 岗位技能、职业技能　　□ ④ 团队合作精神

□ ⑤ 综合素养　　　　　　　□ ⑥ 其他（请填写）＿＿＿＿＿

18. 您认为职业学校毕业生就业岗位与所学专业关联度如何？

□ ① 完全没有　　□ ② 很少　　□ ③ 有一点

□ ④ 密切联系　　□ ⑤ 很难回答

19. 您认为学校与企业的联系与合作能否适应人才的培养需要？

□ ① 不适应　□ ② 基本适应　□ ③ 适应　□ ④ 很难回答

20. 您认为目前企业在参与职业学校人才培养方面所发挥的作用如何？

□ ① 不大　　□ ② 一般　　□ ③ 很大　□ ④ 很难回答

21. 您认为当地职业教育发展存在的主要问题是什么?

22. 您对进一步发展职业教育有何具体的意见和建议?

"中俄典型地区职业教育调查与比较研究"
开 题 报 告

一、中俄职业教育比较研究的目的

进入 21 世纪，中俄两国致力于发展全面战略协作伙伴关系。2006 年，中国成功地举办了"俄罗斯文化年"；2007 年，俄罗斯举办了"中国文化年"。这进一步加强了两国的教育文化交流。本课题是在中央教育科学研究所与俄罗斯新欧亚基金会共同设立的合作研究项目基础上开展的，旨在加强我国职业教育与俄罗斯职业教育的新情况、新变化和新特点的交流与沟通，从两国职业教育改革的实际出发，总结经验，探索发展规律，力图从俄罗斯职业教育发展的历史、现实和未来的视野，反思我国职业教育发展的战略与政策，促进中俄职业教育的发展。

新中国成立以来，特别是 20 世纪 50 年代和 60 年代，我国职业教育的体系架构，基本上沿袭了苏联职业教育的发展模式。随着经济社会的不断发展，科学技术的进步，以及改革开放的不断深化，我国职业教育的改革与发展取得了历史性的进步。同时，我们也看到改革开放以来，我国教育界比较关注美国、德国、日本、加拿大、澳大利亚等国的职业教育发展模式，形成了较丰硕的研究成果，而对俄罗斯的职业教育研究相对较少。因此，加强中俄两国的职业教育比较研究是非常必要的。

本课题的研究重点是根据中俄不同地区职业教育领域的政府、学校、企业之间的合作机制，寻找并完善有效合作的模式，并予以推广，从而促进中等和高等职业教育的发展，其最终目的是促进区域经济社会健康发展。

二、职业教育比较研究的重要性

当今世界发展的基本趋势决定着教育体系在诸多方面发生了重大转变，因此进行中俄职业教育比较研究具有重要的意义。

一是社会发展速度加快,必须要培养适应能力强的人才,实现由工业社会向信息化社会的转变。信息化社会的到来意味着跨文化交流范围的扩展,需要人们以包容的态度进行国际交流。

二是国际组织的合作日益频繁,其宗旨是共同探讨和解决人类所面临的全球化问题,为此要求年轻一代应该具有现代意识、科学意识、民主意识、责任意识、创新意识;经济迅速发展,竞争加强,知识更新加速,岗位就业转换频繁,需要提高工作人员的职业技能,并对工作人员进行再培训,提高他们的职业灵活性;发达国家人力资本影响的提高,知识经济的发展决定着青年人和成年人教育需要迅速发展、持续发展。

三是新的文明呼唤国家掀起新的"教育浪潮",促使国家对职业教育体系进行深刻的变革,不同的国家如美国、英国、中国、俄罗斯、东欧国家、东南亚国家和南美等国家都在发生类似的变化,正在进行的教育改革旨在满足社会目前以及将来的需求,旨在有效地利用资源,其中包括教育体系自身的资源,以提高社会教育效益。

四是经济、社会、科学、技术、工艺的发展需求是职业教育改革的重要组成因素。今天,国家已经意识到创建教育和劳动力市场相互作用的不同模式的必要性,其目的是要满足某一具体领域未来发展的需求。为此,需要长期了解劳动力市场对不同技能水平人才的当前需求和未来需求,同时要兼顾国际发展趋势。如果不能形成有效的毕业生就业体系,其中包括以与雇主建立有效合作关系为基础的合同制定向培养,就不可能发展职业教育和劳动领域之间的关系。必须培养所有高校、技校和职业技术学校毕业生找工作和选择工作的技能,其中包括创造就业岗位,创建自己的事业。在职业教育发展战略方向中,巩固并使学校的物质技术基础和基础设施实现现代化具有特殊意义。发达的基础设施可以使学校与互联网和地区信息网络接轨,可以通过科技园区将教育和企业界联系起来。

五是职业教育体系中,中等和高等职业教育应当优先发展,应当使教育内容具有现实性,并提高中等和高等职业教育的质量,以使其符合国际质量标准,使中等和高等职业教育面向劳动力市场的需求。

六是在教育部门、职能部门、商业界和地区组织开展合作的基础上,利用国际经验，在社会和国家展开合作的基础上落实中俄两国中等和高等职业教育发展方案，构建并调整地区职业教育体系及其发展模式。

基于上述认识，中俄需要发展教育，特别是发展中等和高等职业教育将是其中一项重要任务，因为职业教育的发展对于形成人力资源，对于促进经济社会发展具有非常重要的、直接的现实意义。

三、中俄职业教育比较研究的现状综述

通过文献检索，我们看到研究苏联时期教育问题的文献和成果相对比较多。进入21世纪以来，我国加大了对俄罗斯教育改革与发展状况的关注和研究。随着职业教育在世界范围内受到重视，有关俄罗斯职业教育的研究成果逐渐增多。但研究文献一般性的介绍和评述多一些，真正进行两国区域性职业教育发展比较的研究还不多见。

俄罗斯政府于1992年、1996年、1997年先后颁布实施了《俄罗斯联邦教育法》《联邦高等及大学后职业教育法》《联邦初等职业教育法》，从法律上保障了职业教育的发展。《俄罗斯联邦教育法》规定"俄罗斯联邦优先发展教育事业"；加强了职业教育管理机构建设，职业教育包括职业教育培训、初等职业教育、中等职业教育、高等职业教育、大学后职业教育和补充教育。建立了具有连续性、开放性的职业教育体系，推行"大职业教育"概念；加强了教学改革，不断提高职业教育质量；加强了国家对职业教育质量的监督和控制；实行多渠道筹集教育经费的模式。俄罗斯的职业教育经过改革以后，出现了多元化发展的趋势。2002年2月11日，俄罗斯联邦教育部发布第393号指令，提出《2010年前俄罗斯教育现代化构想》（以下简称《构想》）。《构想》提出职业教育要达到现代水平的教育质量；为了实现职业教育的新质量需要做到16条要求；职业教育的基本目标——培养具备一定水平的专业技能、在劳动力市场上具有竞争力、有专业知识、有责任心、精通自己的业务并能触类旁通、按照国际标准高效地进行专业工作、能促进职业的持续发展、具备专业和职业的应变能力的工作者；满足个人接受适当教育的要求。《构想》还提出"建立国家教育贷款、资助体系以保证贫困家庭和偏远地区的公民能够接受职业教育"；"促进合作办学和广开职业教育机构的多渠道财政来

源；在合同的基础上对职业教育机构进行财政投资"。

借鉴俄罗斯连续性、开放性职业教育体系的发展经验，探讨区域性发展的规律，更有效地配置职业教育资源，重视职业教育与基础教育的结合，与工厂企业的结合，与自身教育体系的结合，特别是与我国终身教育、学习型社会以及社会主义和谐社会的建设结合，是一个非常重要的课题立项。

四、课题研究的主要内容

1. 利用国际职业教育的发展经验，对职业教育发展的地区模式进行比较分析

中俄各选择三个地区，对职业教育发展的地区模式现状进行比较分析。这三个地区应包括发达地区、中等发达地区、欠发达地区，各自有着不同的职业教育发展模式，以服务于不同的产业类型，并成为所选地区发展的主导行业。

2. 在总的合作方案的框架内，各地区制订子方案

子方案的制订应遵循以下原则：

（1）相似地区之间进行直接经验交流。

（2）相似地区的实验学校之间建立直接联系。

（3）相似地区专家、专业人员、大学生进行交流。

（4）相似地区的职业教育领域开展合作活动。

（5）将国外的成功经验进行调整改进，并利用其发展本地区的职业教育。

3. 在地区实验方案的框架内，形成为实验区主导产业培养人才的教育中心

如，俄方旅游业人才教育中心设在弗拉基米尔州的苏兹达里市，中方以江苏省的苏州市为中心。

（1）以实验区中等和高等职业学校为基础形成教育中心。

（2）相似地区的教育中心研究并交换教学法经验。

（3）以教育中心为基地，两国相似地区互派专业人员到合作国进修；组织交换学生；合作制订教学计划，吸引合作国相关专业人员参与教育中心的学生培养活动。

4. 借助以下措施，在实验方案框架范围内，调整权力机构、教育机构和商业界在职业教育领域的合作模式，促进实验区主导产业的发展，进而促进整个地区的发展

（1）吸收实验区有兴趣的代表参与实验区教育中心的人才培养活动（如，在以旅游业为主导产业的地区参与建立教学宾馆，教育机构和商业机构按比例投入，之后按比例提取利润，其中包括在中国实验区建俄罗斯餐厅，在俄罗斯实验区建中国餐厅）。

（2）发展地区商业界对于职业学校学生和教师的援助体系（助学金和奖学金体系）。

（3）完善实验区企业的学生的见习体系。

（4）组织专业人员和进修生到合作国企业中进行见习，目的是提高这些专业人员的技能，并将他们培养为职业学校的指导教师。

五、课题问卷调查预期目标与实施方案

中俄双方基于良好的合作基础及共同合作的意愿，各自选择2~3个实验地区开展问卷调查和课题研究。中方的实验地区选定为苏州（江苏省）、沈阳（辽宁省）、日照（山东省）。

课题研究的基本思路、研究方法是综合采用文献研究、问卷调查、访谈法、案例研究、比较研究等方法。通过文献研究和比较研究，提供职业教育发展的国际视角，以及职业教育相关理论与研究成果；通过调查研究，了解我国职业教育发展的现状，运用定量与定性结合的方法进行分析，提供一个实证研究的统计分析结果和研究报告；通过案例研究，探索职业教育的新模式，寻找政策依据，提供政策建议，促进研究成果向决策的转化。

（一）中方课题研究的内容与重点

1. 中国职业教育调查研究的内容

（1）三个地区的职业教育发展的基本状况（区域社会发展水平、职业学校规模等）。

（2）推动职业教育发展的政策研究（有利于职业教育向产学研发展的办

学政策）。

（3）职业教育发展的主要特征（选择成功案例及相关数据分析与论证）。

（4）存在的问题及相关制约因素分析。

2. 研究重点

（1）中国（三个地区）职业教育发展现状调查与评价。

（2）中国（三个地区）职业教育校企合作模式研究。

（3）中国（典型地区）职业教育质量保障机制研究。

其中，深入调研以下四个方面：政府的主导作用；行业企业参与度；学校的主体作用；"双师型"职业教育师资队伍建设。

（二）俄方课题比较研究的方向

（1）对俄罗斯实验区职业教育的发展现状和趋势进行评价（统计分析）。

（2）对中国实验区职业教育的发展现状和趋势进行评价（统计分析）。

（3）对中俄实验区职业教育的发展现状和趋势进行比较研究（统计分析）。

（4）对材料进行对比分析，借助调查对职业教育的发展趋势作出评价。

（5）对不同人群（教育行政管理人员、初等和中等职业学校的领导、职业学校的工作人员、雇主、市政府代表）对职业教育发展的评价进行对比。

（三）两国共同关注的内容

研究目的：获得实验地区关于初等和中等职业教育发展现状和趋势的经验型信息（统计信息和社会信息），并进行比较。

主要分析对象包括：

（1）职业教育的质量。

（2）职业教育的普及性。

（3）人才培养结构是否适应地区（雇主）的需要。

（4）毕业生的质量是否符合雇主对于高水平人才的需求。

（四）案例研究（结构和主要内容）

2006年11月，日照职业技术学院教育代表团赴俄罗斯乌克兰考察访问。应俄罗斯伏尔加格勒国立工业大学和乌克兰敖德萨国立理工大学邀请，由日照市副市长解世增、日照职业技术学院院长冯新广等组成的教育访问团于11月15–27日对两校进行教育访问。经过洽谈交流，与伏尔加格勒国立工业大学达成意向，在中、俄两国教育部认可的前提下，中国籍学生在日照职业技术学院按照伏尔加格勒国立工业大学本科教学大纲完成大一、大二的教学任务；大三、大四的教学在伏尔加格勒国立工业大学内，完成本科学历，考试全部合格后，由伏尔加格勒国立工业大学颁发俄罗斯教育部承认的国家级本科毕业证书。

（五）中俄职业教育比较研究内容

1. 根据中俄双方确定的三个实验区，从政府、企业和职业学校的互动机制，探索产学研一体化发展有效模式等方面进行比较研究

（1）中、高等职业教育基本情况调查。

（2）中、高等职业教育培训需求调查。

（3）中、高等职业教育办学及教育培训资源调查。

（4）校企合作、产学结合职业教育模式调查。

（5）职业教育办学机制及政策调查。

（6）职业教育质量与效果调查。

2. 从中俄职业教育的共同特征、面对的挑战等方面进行比较研究

（1）中俄职业教育的共同特征。

（2）中俄职业教育面对的挑战。

（3）中俄职业教育发展的若干启示。

3. 对地区职业教育体系的变化进行结构性分析

可以涉及一些有效信息，诸如职业学校的学生人数（容量、结构、专业组）等；初等和中等职业学校的师资；教学物质基础的现状和发展变化；教学内容；教学方法；管理方法；社会合作发展的水平；职业学校的投资情况（国家预算投入的总量，以及预算外投资的数量，预算外投资的计算方式，等等）。

4. 对地区职业教育体系的变化进行时段性分析（针对俄罗斯实验区）

（1）初等职业教育体系移交地区管理前的有关情况。

（2）初等职业教育体系移交地区管理后的有关情况。

六、课题的主要创新点和特色

坚持理论联系实际，紧密结合不同地区经济、社会、文化、教育发展的特点，重点把高等职业教育作为一种教育类型加以研究。一是探讨把高等职业教育作为传统意义上的高等教育的一个层次对待的利弊问题，促进国家、社会力量对职业教育的长远投资，形成一个自我生存、可持续发展的内在机制。二是以科学发展观为指导，以案例为主要分析对象，以建设长远合作发展、互动发展机制为特色，在政策制定和政策保障方面具有可持续性特点。三是提供成功的案例、成熟的经验和先进的发展理念。

通过文献研究和国际比较，总结中俄两国职业教育的历史传统和发展趋势，为探索构建适应经济社会发展所需要的连续性、开放性职业教育体系提供理论和政策依据。

通过对我国典型地区职业教育的现状调查和案例研究，总结当前我国职业教育发展的主要经验和存在的问题，选择中国三个城市（沈阳、苏州、日照）进行个案研究，集中探讨政府、学校、企业合作、工学结合的职业教育人才培养模式，找出存在的问题，提出解决问题的办法和措施，形成有说服力的理论概括和可操作的工作方案。

对职业教育保障机制（包括协调机制、投入机制、激励机制）进行评估，提出有益于职业教育可持续发展的政策建议。

七、课题的队伍组织及任务分工

顾问：朱小蔓　中央教育科学研究所所长　教授

总课题组组长：徐长发　中央教育科学研究所副所长　研究员

总课题组副组长：赖　立　中央教育科学研究所教育与人力资源研究部

副研究员

中俄合作研究协调组组长：史习琳　中央教育科学研究所所长办公室
主任

姜晓燕　中央教育科学研究所教育理论研究部
助理研究员

课题组成员：张男星　中央教育科学研究所教育与人力资源研究部
研究员

张竺鹏　中央教育科学研究所教育与人力资源研究部
副研究员

孙　诚　中央教育科学研究所教育与人力资源研究部
副研究员

杨　红　中央教育科学研究所教育与人力资源研究部
助理研究员

刘玉娟　中央教育科学研究所心理与特殊教育研究部
博士

秦　岩　中央教育科学研究所所长办公室　干部

周凤华　教育部职业技术教育中心研究所　助理研究员

江苏省苏州市课题组

课题组组长：高国华　苏州市教育局　副局长

副组长：臧其林　苏州旅游与财经高等职业技术学校　党委书记　校长

课题组成员：陶友华　苏州旅游与财经高等职业技术学校　科研与督导处
副处长

辽宁省沈阳市课题组

课题组组长：徐　涵　沈阳师范大学教育科学院　博士　教授

李　铁　沈阳市教育局　副局长

课题组副组长：杨　克　沈阳市职业教育与成人教育研究室　主任

课题组成员：任级三　沈阳市装备制造工程学校　学士　教授级

山东省日照市课题组

课题组组长：卞文峰　中央教育科学研究所日照基地　主任　高级教师

课题组副组长：许崇文　日照市教育局　副局长（分管职业教育）

李连邺　日照市职业技术学院　教授　院长助理

课题组成员：各县区教育局分管职业教育副局长及职业中专校长

八、课题实施的时间与步骤

（一）第一阶段：课题设计，与俄罗斯方面协商达成共识

1. 2007 年 4 月

（1）中俄双方共同准备并协商合作构想以及预研究阶段的计划，制订研究方案，与合作者协商，包括与投资合作方协商，准备启动项目。

（2）在俄罗斯和中国选定合作地区。

（3）协商实施整个方案的工作计划。

2. 2007 年 5 月

（1）与各地区的代表进行协商，确定是否参与研究。

（2）中方准备向基金会执行委员会提交同意合作研究方案的书面材料。

（3）将方案构想和预研究计划提交给基金会执行委员会会议。

（二）第二阶段：基本理论研究阶段

2007 年 6 月

开展合作研究的准备工作：

（1）组织研究团队，其中包括教育专家、领导者、社会学家。每一个地区的团队由 3 名成员组成，其中有 1 名负责地区职业教育体系的领导，1 名职业学校校长。

（2）中俄双方研究并协商制定研究任务。

（3）为参加 10 月份在符拉迪沃斯托克举办的研讨会做准备；选择专家组，以及三个实验区的合作者参加会议，其中包括地区教育系统的领导、地区商业界的代表、实验区城市市长、职教界专家以及参加研究的职业学校的领导。

（4）中俄双方筹建研究团队，组成人员包括比较教育领域的汉学家，同时也是方案的领导；职业教育领域的专家；编辑。两国的研究团队中分别包括 3 名理论研究人员，同时也是成果的写作者，以及 3 名研究人

员。中俄双方各组成三个地区的代表团队，每个团队成员中包括1名地区职业教育体系的领导、1名职业学校校长和1名资源中心领导。每个地区需要提交自己的材料。社会学研究人员对各地区情况进行研究，并将研究情况转达理论研究者；理论研究者对研究材料进行概括，并将工作成果交给项目领导和编辑，由他们完成研究并撰写专题研究报告，报告需要翻译。

（5）中俄双方研究并协商研究任务。

（6）为参加符拉迪沃斯托克的会议做准备，挑选专家组以及三个地区的合作者参加研讨会，地区成员包括地区职业教育系统的领导、职业教育领域的专家、职业学校的领导。

（三）第三阶段：实证调研阶段

1. 2007 年 7－8 月

（1）进行调研方案设计和准备，确定调研的目的、对象、内容、方法、步骤，设计和编制针对不同对象的调查问卷和访谈提纲，完成调研的准备和调研人员的培训。

（2）进行信息采集，实地开展调查研究，专家咨询，召开小型研讨会。

（3）选择沈阳、苏州、日照三个城市进行职业教育的综合研究。

（4）选择三个城市不同行业企业进行职业教育改革的个案研究，总结和探讨职业教育产学结合、校企合作的基本模式，进一步验证和完善职业教育机制和模式改革的理论、技术和方法。

2. 2007 年 9 月

（1）开展研究，研究人员搜集关于每个实验城市职业教育发展的情况。

（2）调整调查表。

（3）尽可能完成对学校领导和相关领导的访谈。

（4）形成地区的阶段调研成果汇总，整理、归纳资料。

（5）研究人员对各地区的研究材料进行概括。

（6）为符拉迪沃斯托克的会议做准备，准备报告，制定与会者行程。

9月底将各自承担的子课题进展情况进行汇报，课题组成员讨论，提出不足之处，进一步完善。

（四）第四阶段：整理资料、撰写研究报告阶段

1. 2007 年 10 月

（1）10 月 20 日前三个城市问卷调查材料寄回给总课题组；10 月 30 日总课题组将三个城市的调查数据反馈给三个城市的课题组。

（2）汇总各地调查数据和访谈资料，进行数据处理和统计分析，形成各专题的阶段性成果；子课题报告递交上来汇总后，讨论形成总报告框架；撰写课题总报告。

（3）根据俄罗斯代表团的回访结果对最初的合作方案进行协商调整。

（4）参加符拉迪沃斯托克的研讨会，在参加职业教育分会期间推介并调整最初的合作方案，推介实验地区的报告，介绍前期的研究成果。

（5）参加符拉迪沃斯托克的会议，展示并调整预研究方案，地区代表通过报告介绍研究结果。

2. 2007 年 11 月

（1）11 月 3 – 9 日接待俄罗斯代表团，包括三个实验区。

根据符拉迪沃斯托克的研讨会职业教育分会的成果准备相关资料；根据俄罗斯代表团的回访结果调整并协商研究方案。

（2）对前期研究阶段的情况进行总结。

（3）修正、协商并向基金会执行委员会会议提交设计完成的方案，以获得资金支持。

（4）中方需要以相应的形式获得执行研究方案所需资金。

（5）总报告汇报，听取专家意见，进行修改。

（6）送出版社出版。

（五）第五阶段：结题阶段

2007 年 12 月

课题研究形成理论概括、实践总结和政策建议相结合的研究成果，召开结题会。课题成果上报管理部门。

九、课题研究成果形式

1. 统计分析报告（2007 年完成）

2. 分城市研究报告（2007 年完成）

（1）辽宁省沈阳市职业教育发展调研报告

（2）山东省日照市职业教育发展调研报告

（3）江苏省苏州市职业教育发展调研报告

（4）俄罗斯（三市）职业教育发展调查报告

3. 专题研究报告

（1）中国职业教育发展现状研究（调研报告）（2007 年完成）

（2）中国校企合作职业教育模式研究（研究报告）

（3）中国职业教育质量保障机制研究（研究报告）

（4）中俄职业教育比较研究（研究报告）

4. 研究总报告

5. 制订中俄两国职业教育科研人才培养计划

对中俄三个实验区的职业教育的发展模式进行分析，并准备出版研究成果。符拉迪沃斯托克职业教育分会的成果材料将被纳入合作方案的资源袋中。在每个实验方案框架内，在中国和俄罗斯各形成一个教育中心，为实验区主导产业培养专业人员；借助于中俄之间的合作，通过每个实验方案的实施，提高地区商业界对于发展职业教育的关注程度，使商业界参与教学用设施（教学宾馆、教学餐厅、见习基地，等等）的建设；通过组织交流、互访，参加研讨会组建发展中俄职业教育的新的专家团队。出版关于中俄职业教育发展地区模式比较研究的论文集；制订培养代表性专业人才的合作计划，并将其运用于中俄教学法资源中心的活动中。在实验方案框架内，制订并落实中俄教学法资源实验中心进修生、教师和专家交换计划；实验中心专家学习发展初等和中等职业教育的新的思路；实验中心的学生在合作国家的企业中学习该领域的创新性方式并进修学习；中俄实验区的专家在合作国学习新的工艺，进修，并成为主导行业企业中见习生指导教师；进一步提高中国和俄罗斯专家的理论知识水平。借助于中俄之间的合作，通过每个实验方案的实施，提高地区商业界对于发展职业教育的关注程度，使商业界参与教学用设施（教学宾馆、教学餐厅、见习基地，等等）的建设；组建发展中俄职业教育的新的专家团队。

附录：

抽样方案：

教育行政部门调查问卷（工具 1）：

沈阳市、苏州市、日照市各 1 份。

学校调查问卷（工具 2）：

沈阳市、苏州市各选取 20 所中、高等职业学校（各级各类都要兼顾，高职院校最少选 6 所）；日照市选取 12 所中、高等职业学校，其中高职 3 所，中等职业学校 9 所。

沈阳市、苏州市可适当增加学校数，比如增加到 25 所。

校长教师调查问卷（工具 3）：

1. 教育部门工作人员（行政、教学、科研）　　　　$20 \times 3 = 60$
2. 学校工作人员（校长、教师）　　　　$20 \times 52 = 1\,040$

企业人员、家长调查问卷（工具 4）：

1. 用人单位、企业代表　　　　$30 \times 3 = 90$
2. 学生家长代表　　　　$50 \times 3 = 150$

后　记

进入 21 世纪，中俄两国致力于发展全面战略协作伙伴关系，分别于 2006 年在中国举办了"俄罗斯文化年"，于 2007 年在俄罗斯举办了"中国文化年"，这为进一步加强两国教育文化交流与合作提供了发展的空间。

《中俄典型地区职业教育调查与比较分析》一书，是中国中央教育科学研究所与俄罗斯新欧亚基金会共同设立的合作研究项目的最终成果，旨在加强中国与俄罗斯职业教育新情况、新变化和新特点的交流与沟通，从两国职业教育改革的实际出发，总结经验，探索规律，力图从俄罗斯职业教育发展的历史、现实和未来的视野，反思中国职业教育发展的战略与政策，分析当前中国职业教育发展面临的挑战和主要问题，重点探讨中俄两国不同地区职业教育领域政府、学校、企业之间的合作机制，寻找并完善有效的实践模式，并予以推广，从而促进中俄职业教育的健康发展。

《中俄典型地区职业教育调查与比较分析》一书是集体智慧的结晶。由中央教育科学研究所牵头，组织沈阳市教育局、苏州市教育局、日照市教育局、沈阳师范大学、苏州旅游与财经高等职业技术学校、日照市职业技术学院等单位组成研究团队，进行合作攻关。从课题论证立项至今已三年有余，期间，课题研究团队全体成员投入大量的精力，付出辛勤的劳动，查阅文献资料，开展系列调研，几经寒暑，数易其稿，在中俄双方共同努力下，终将研究成果结集成书。

本书由中央教育科学研究所党委书记、研究员徐长发担任主编，主持课题的研究，进行总体策划，提出研究思路和框架，并对书稿进行审订；赖立协助主编进行课题研究的组织实施，负责全书的修改统稿。张男星、史习琳、秦岩等承担了大量组织协调和研究工作。书稿各部分具体分工情况如下：第一部分总报告由赖立、张竺鹏、孙诚、杨红、姜晓燕、刘玉娟等执笔。第二部分分报告《中国沈阳市职业教育发展研究报告》由徐涵、王启龙、王东梅、张英杰、张淼、李贺伟等执笔；《中国苏州市职业教育发展研究报告》由陶友华、孙建、丁蓓蓓等执笔，张竺鹏负责修改定稿；《中国日照市职业教育发展研究报告》由卞文峰、李连邺等执笔，赖立、刘玉娟负责修改定稿。俄罗斯三个州的分报告由姜炳军、赵伟、刘楠、单春燕翻译，姜晓燕负责修改、审校。赖立、周凤华、刘玉娟等同志编制调查问卷，并对调查数据进行统计处理，完成数据分析报告。

　　本书的研究并非尽善尽美，由于知识水平和调研本身的局限，难免有疏漏和不足之处，有些探讨还有待深入，诚恳希望专家、同行和广大读者不吝赐教。

总课题组
2010 年 10 月 25 日

出 版 人　所广一

责任编辑　樊慧英　张　羽

版式设计　杨玲玲

责任校对　曲凤玲

责任印制　曲凤玲

图书在版编目（CIP）数据

中俄典型地区职业教育调查与比较分析／徐长发
主编 . —北京：教育科学出版社，2010.12
ISBN 978 - 7 - 5041 - 5457 - 6

Ⅰ . ①中…　Ⅱ . ①徐…　Ⅲ . ①职业教育—对比研究—
中国、俄罗斯　Ⅳ . ①G719.2②G719.512

中国版本图书馆 CIP 数据核字（2010）第 264961 号

中俄典型地区职业教育调查与比较分析
ZHONG E DIANXING DIQU ZHIYE JIAOYU DIAOCHA YU BIJIAO FENXI

出版发行	教育科学出版社			
社　　址	北京·朝阳区安慧北里安园甲 9 号	市场部电话	010 - 64989009	
邮　　编	100101	编辑部电话	010 - 64989449	
传　　真	010 - 64891796	网　　址	http://www.esph.com.cn	
经　　销	各地新华书店			
制　　作	国民灰色图文中心			
印　　刷	保定市中画美凯印刷有限公司	版　　次	2010 年 12 月第 1 版	
开　　本	169 毫米×239 毫米　16 开	印　　次	2010 年 12 月第 1 次印刷	
印　　张	20.25	印　　数	1 - 3000 册	
字　　数	302 千	定　　价	45.00 元	